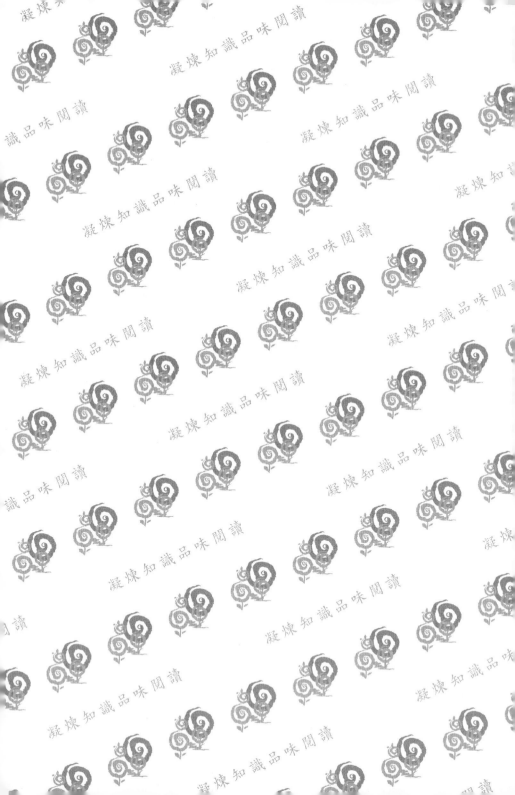

警察系列

警察行政法之變遷與行政罰法之實踐

蔡震榮　著

五南圖書出版公司 印行

序

　　本書是作者最近三年發表文章之集結，其中兩篇為國科會研究案發表之論文。

　　本書重點在於警察行政法與行政罰法之探討，其內容警察行政法占大宗，除對警察行政法內容敘述外，並敘述其與一般行政法以及一般行政機關之關係，尤其警察行政調查權，若干在警察組織規程中規定，處理他機關稽查與取締工作，如保七總隊；警械使用條例雖已經修正，但警械使用仍存在若干問題，值得探討。

　　其次，第二篇敘述防疫措施與警察活動之關聯性，此部分警察幾乎單獨執行衛生主管機關之工作，尤其警察取締口罩與處罰之事宜，就此部分，警察活動仍與一般行政機關調查與處罰（衛生單位）有相當關聯。

　　第三篇為對行政罰法實踐評析，分析行政罰法肥大症以及責罰不相當原則。

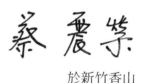

於新竹香山

目錄

序　　　　　　　　　　　　　　　　　　　　　　　　　　　　　I

第一篇　警察行政法之變遷　　　　　　　　　　　　　001

第一章　警察行政法對行政法發展之影響與未來課題　　003

第二章　警察行政調查裁處法制與運用　　　　　　　　047

第三章　從警察法規立法過程評析大法官之司法解釋　　111

第四章　論特別權力關係之發展與警察人事處分　　　　143

第五章　使用警械合法性判斷與事後救濟問題　　　　　163

第六章　從違法使用警械論立法缺失與司法審判權
　　　　之爭議　　　　　　　　　　　　　　　　　177

第二篇　防疫執法與警察管轄權　　　　　　　　　　195

第一章　防疫措施與人權保障　　　　　　　　　　　　197

第二章　特殊傳染性肺炎疫情下有關口罩取締與裁罰
　　　　管轄權之爭議　　　　　　　　　　　　　　225

第三篇　行政罰法之實踐　　　　　　　　　　　　　　239

第一章　評論釋字第786號解釋與行政罰法修法之趨勢　241

第二章　由公共危害概念論行政罰及刑事罰之立法裁
　　　　量及法實踐　　　　　　　　　　　　　　　259

第一篇

警察行政法之變遷

第一章
警察行政法對行政法發展之影響與未來課題*

---

* 本文曾刊登於《玄奘法律學報》，第37期，2022年6月，內容有略作修正。

壹、前言

　　警察行政法之發展，與時代之政治趨勢發展息息相關，行政法之發展深受警察法之影響。早期日本殖民時代實施警察政治的體制，警察依據日本政府1918年6月所頒布「台灣違警例」以及「犯罪即決」同時擁有違警處罰以及輕犯罪不經司法程序的裁決權，以警察統治殖民地之體制[1]。

　　1945年中華民國在台成立政府，將大陸國民政府時代已存在的法規作為警察執法之依據，包括行政執行法（1932年）、警械使用條例（1933年）以及違警罰法（1943年）。

　　中華民國政府來台後，制定了警察法（1953年），警察法與前述兩法屬於作用法不同，其屬組織法性質，規範內容在說明警察任務與職權、警察組織與人事制度等，並非係針對人民所實施之作用法，但卻在實務上經常被當成作用法使用。

　　行政法之發展受警察法規之影響，可分為三個階段：第一階段為警察專制時期（1945年至1991年動員戡亂時期），警察利用前述之法規，掌握人民生活之控制，且警察經常作為執政之工具。此階段警察行政法即是國家行政；第二階段為法治國啟蒙期（1991年廢除動員戡亂時期制定憲法增修條文後至2003年），是在台灣邁入憲政時代後之發展，民意逐漸發展時期，且經由司法院大法官之解釋，逐步實施民主與法治，執政當局也體驗到時代之改變，著手制定相關法律以為因應。其中，最重要是將違警罰法廢除，制定了社會秩序維護法，簡化警察管轄業務回歸秩序行政管轄機關[2]，削弱警察裁罰權，社會秩序維護法受理案件與違警罰法比較下跌甚多，以及對民眾生活之影響

---

[1] 林佳世，〈日治時期的台灣警察〉，《日新》，第5期，2005年9月，頁160。

[2] 秩序行政管轄機關是指對於違反命令或禁止規定者，享有裁罰權之行政機關而言。

不如以往；之後，修正行政執行法、行政訴訟法以及行政程序法，建立行政法之法秩序；第三階段爲法治國逐步成熟期（2003年迄今），在此期間內，有了行政罰法之頒布施行，以及因應司法院釋字第535號解釋，制定警察職權行使法，但在這同時，卻產生行政執行法與警察職權行使法規範重疊之立法技術上缺憾之處，值得探究。行政罰法施行後，卻又增加警察對於行政罰同時涉及刑事移送之職權。

台灣警察行政法現狀，是以第三階段警察職權行使法制定後，作爲現今法制探討之基準。該法制定後，將警察原本兩大任務防止危害以及犯罪偵察擴充至犯罪預防之第三任務，尤其是利用科技資料蒐集之部分。由於警察職權行使法之訂定，主要參考德國警察法而來，而今，科技資料蒐集在德國法有長足之發展，立法政策上已逐漸將警察法以及刑事訴訟法銜接一起，亦即，兩者（行政與刑事）只是發動之構成要件差異，但所採取手段卻相同，例如設置管制站、跟監或者大（住宅內）小（住宅外）監聽、電子監控以及運用科技侵入個人電腦等，利用科技調查與偵查，兩法皆有規定。警察任務與職權就法規範上，也逐漸由犯罪預防階段銜接到犯罪偵查上。

另外，值得一提的是，警察業務從警察專制權時代，在憲法增修條文制定後的脫警察化過程，一般行政業務回歸秩序行政機關，且將處罰權也回歸一般行政機關管轄[3]，但因行政機關處理管轄事務欠缺強制力，事事仍依賴警察，且行政罰法第26條刑事優先原則，在地方政府凡涉及刑事案件，只能責由司法警察移送，更增加警察之業務量。

本文將分幾個階段來討論，首先敘述過去台灣警察行政法對行政法發展之影響；其次，分析現行警察行政法，包括社會秩序維護法、行政執行法與警察職權行使法規範之重複規定，以及行政罰法施行後等對警察業務執行之負擔。最後本文要提出的是，警察在繁重業務及

---

[3] 目前社會秩序維護法處罰種類仍有商業主管機關管轄的勒令歇業以及停止營業，仍未完全回歸秩序行政機關。

法規範下，未來如何利用科技來減輕警察業務之負擔。

貳、中華民國成立時至動員戡亂時期結束前警察行政法之定位

　　此階段屬於所謂的警察國家的行政法，警察行政即國家行政。警察行政法之發展，受到兩方面之影響：其一，日本殖民時期，警察成為政治統治之工具，警察依據日本政府1918年6月所頒布「台灣違警例」以及「犯罪即決」之權限，同時擁有違警處罰以及輕犯罪不經司法程序的裁決權，以警察統治殖民地之體制[4]，即可稱之為警察國家。

　　1945年中華民國在台成立政府，回歸適用中華民國之法律。在此，台灣政府將大陸國民政府已頒布存在的法規，作為警察執法之依據，行政執行法、警械使用條例以及違警罰法。行政執行法訂定於1932年，該法之制定乃參考日本舊行政執行法（1900年制定）而來[5]，名稱雖稱為行政執行法，但所規定內容多屬警察強制權[6]。

　　1943年10月1日在民國時代修正公布的「違警罰法」（1943年至1991年），這是一部結合程序與實體的法律，從告發、偵訊、裁決、執行，甚至是救濟，全部由警察一手包辦的法典，司法系統之檢察官或法官完全不參與其中，堪稱是「小型的刑法」[7]。

---

[4] 林佳世，前揭註1。

[5] 蔡震榮，〈行政執行法〉，於翁岳生主編，《行政法》（下），元照出版，2020年，頁182以下。

[6] 該法第6條規定：「直接強制處分如左：一、對於人之管束。二、對於物之扣留、使用或處分，或限制其使用。三、對於家宅或其他處所之侵入。」其實是指臨時強制，主要規定警察強制執行之依據。

[7] 吳俊瑩，〈戰後臺灣關於「違警罰法」的批判內容與脈絡考察〉，《臺灣文獻》，第66卷第3期，2015年9月，頁153。

　　國民政府來台後，制定了警察法，但警察法與前述兩法屬於作用法不同，其屬組織法性質，但卻在實務上經常被當成作用法使用[8]。

一、違警罰法性質與定位

(一) 違警罰法訂定之緣起

　　清末光緒32年（1906年）清廷仿日本明治16年刑律第四篇違警罪，而訂定了違警罪章程，光緒34年（1908年）頒布違警令，民國4年（1915年）國民政府公布違警罰法。之後，民國17年（1928年）因公布刑法，違警罰法也隨之修正內容但並無重大修改；民國32年（1943年）國民政府針對「違警罰法」進行全盤修正（參考日本警察犯處罰令）[9]——此次修法成為施行於戰後臺灣的「違警罰法」的源頭——進一步確定違警裁決屬行政處分性質之處罰，明文規定不服警察官署的裁決，只能向其上級官署提起訴願（第46條）[10]。如從警察機關為裁處機關，且違警處罰只能採取行政救濟來看，違警罰法之設計為行政處罰之性質。

　　但其是一部結合程序與實體的法律，從告發、偵訊、裁決、執行，甚至是救濟，全部由警察一手包辦的法典，排除檢察官以及法院介入，立法者有意使該法維持行政處罰之性質[11]。違警罰法之設計，

---

[8]　一般稱組織法是指內部組織運作之法規，而作用法是指規範人民的外部法。

[9]　李鴻禧，〈違警罰法修廢問題之商榷〉，《中國論壇》，第8卷第8期，1979年7月，頁24；梁添盛，〈違警罰之性質與違警罰法之修正〉，《警學叢刊》，第9卷第4期，1979年6月，頁69。

[10]　清末將違警罪排除於現代型司法的審查之外，認為是一種行政罰，也為後來北京政府「違警罰法」（1915年）與國民政府所承繼民國時代「違警罰法」（1928年）均沿襲清末立法，上述法規對於違警處分的救濟，均無任何明文規定。沈嵐，〈中國近代治安處罰法規的演變——以違警罰法的去刑法化為視角〉，《政法論壇》，第29卷第4期，2011年7月，頁185。

[11]　吳俊瑩，前揭註7。

除了行政權外，也有立法權，警察機關透過違警罰法之授權或警察法之授權[12]，亦可訂定處罰之規定[13]，也享有不受司法影響的警察獨立行政救濟體制。違警罰法讓警察處罰時，可以選擇拘留、罰鍰或罰役之充分裁量，且救濟途徑只能向警察上級機關提起訴願，而不得訴諸法院，更剝奪人民救濟權[14]。

(二) 違警罰法對社會之影響

由於警察在違警罰法中享有不受限制的立法、司法與行政的充分權限，且裁量時利用不確定法律概念，其權限更形擴張，展現警察的威權，且其處罰範圍涉及一般市民生活細節[15]。據當時數據，在1954年6月至1955年4月間，觸犯違警罪人數，每百人中有5.7人受罰，與同期刑事案件每百人不到0.8人相比高出許多。1968年至1977年更高達每百人中有18人受罰，違警罰法確實影響人民生活[16]。

違警罰法分則中所管轄業務廣，主要分成妨害安寧秩序、妨害交通、妨害風俗、妨害衛生、妨害公務、誣告偽證或湮滅證據以及妨害

---

[12] 70年代有關電動玩具之管理，係警察機關依據違警罰法第54條第11款「營工商業不遵法令之規定者」，由警察機關在無法律授權下訂定公告禁止之行政命令；參閱蔡震榮，〈我國電動玩具管理之探討〉，《月旦法學雜誌》，第17期，1996年10月，頁25。

[13] 1953年訂定之警察法第9條第1款規定：「警察依法行使左列職權：一、發佈警察命令……」經濟部及內政部會銜修正發布之玩具槍管理規則命令（民國81年12月18日），參閱釋字第570號解釋。

[14] 謝瑞智，〈違警罰法修正方向之探討〉，《中國論壇》，第8卷第8期，1979年7月，頁19。

[15] 《國民生活須知》是1960年代末開始，台灣推行的「中華文化復興運動」的產物。當時在台灣街頭巷尾到處可以看見《國民生活須知》。王志和，〈國民生活須知與違警罰法〉，《警光》，第143卷，1971年，頁2-3。該文談到，員警抱怨警察管理太多國民須知事項，可知違警罰法影響國民生活重大。連取締長頭髮都屬違警罰法管轄，參閱自由時報原文網址，https://kknews.cc/culture/m5632p.html。

[16] 吳俊瑩，前揭註7，頁156。

他人身體財產等七章之違警行為；1950年代初期，與風俗有關特種營業許可證的審核與准駁同樣是由警察機關負責[17]。至於交通違警當時仍以違警罰法為準，直至1968年才頒布道路交通管理處罰條例之作用法[18]。

(三) 違警罰法違憲

台灣違警罰法（1943年）制定早於中華民國憲法（1946年），憲法第8條第1項規定：「人民身體之自由應予保障。除現行犯之逮捕由法律另定外，非經司法或警察機關依法定程序，不得逮捕拘禁。非由法院依法定程序，不得審問處罰。非依法定程序之逮捕、拘禁、審問、處罰，得拒絕之。」依其規定，只有法院才有處罰剝奪人民身體自由之權，而違警罰法授予警察機關裁處剝奪人身自由之權限，即屬違反憲法第8條之規定。

1. 違警罰法違憲聲浪

違警罰法在司法院宣布違憲之前（1980年釋字第166號解釋）各方撻伐，監察院在1961年8月由陶百川等人決議提案聲請司法院解釋[19]，但大法官會議始終擱置不予解釋，提案監委陶百川詢問當時的司法院院長謝冠生，為何大法官會議遲遲不作出解釋，謝冠生的回答是：他正與行政當局會商善後辦法，「等到」行政部門設置警務法庭的辦法決定了，司法院便可解釋「違警罰法」第18條第1款（拘留）

---

[17] 當時違警罰法第54條第1項第11款「營工商業不遵法令之規定者」，警察依此對特種行業採特許制度。

[18] 該條例之制定仍以處罰為主，欠缺程序之規定，係典型警察國家之立法模式。

[19] 聲請理由：「憲法第八條規定：『人民身體自由應予保障……非由法院依法定程序不得審問處罰』而現行違警罰法所規定主罰中之拘留罰役則均係對於人身自由之處罰且所有偵訊裁決處罰執行均由警察官署為之按之上開憲法第八條所規定人民身體自由應予保障非由法院依法定程序不得審問處罰之規定自不無牴觸。」

因違憲而無效，等於是看行政部門的臉色辦事[20]。

　　當時的民意機構包括省議會和地方議會以及學者專家都提出侵害人身自由之批評[21]；1978年中美關係轉變，警政署長孔令晟1979年9月28日在警政記者會發表擬草擬社會安寧秩序法[22]，有學者倡議制定行政罰法以替代違警罰法[23]。

2. 司法院釋字第166號解釋（1980年11月7日）

　　該號解釋理由書稱：「按人民身體之自由，應予保障，除現行犯之逮捕由法律另定外，非經司法或警察機關依法定程序不得逮捕拘禁，非由法院依法定程序不得審問處罰，憲法第八條第一項定有明文。是警察機關對於人民僅得依法定程序逮捕或拘禁，至有關人民身體自由之處罰，則屬於司法權，違警罰法所定由警察官署裁決之拘留、罰役，既係關於人民身體自由之處罰，即屬法院職權之範圍，自應由法院依法定程序為之，惟違警行為原非不應處罰，而違警罰法係在行憲前公布施行，行憲後為維護社會安全及防止危害，主管機關乃未即修改，迄今行憲三十餘年，情勢已有變更，為加強人民身體自由之保障，違警罰法有關拘留、罰役由警察官署裁決之規定，應迅改由法院依法定程序為之，以符憲法第八條第一項之本旨。」本號解釋並未宣示法律違憲之效力，亦即，並未宣示該法律何時失效，故警察機關仍延續適用違憲之法律，該法直到社會秩序維護法公布實施後而廢止[24]。

---

[20] 吳俊瑩，前揭註7，頁174，該文並參考陶百川，〈臺灣人權問題的證詞和我的意見〉，《中國論壇》，第5卷第7期，1978年1月，頁7以下。

[21] 吳俊瑩，前揭註7，頁169以下；謝瑞智，前揭註14，頁19。

[22] 楊建華，〈論構想中之社會安寧秩序法〉，《中國時報》，1979年10月3日，版3。

[23] 林山田，〈訂定行政罰法以代違警罰法〉，《中國論壇》，第8卷第8期，1979年7月，頁16。

[24] 翁岳生，〈大法官解釋效力的演變與發展類型分析〉，《現代法治國家之

3. 司法院釋字第251號解釋（1990年1月19日）

司法院釋字第251號解釋文稱：「違警罰法規定由警察官署裁決之拘留、罰役，係關於人民身體自由所爲之處罰，應迅改由法院依法定程序爲之，以符憲法第八條第一項之本旨，業經本院於中華民國六十九年十一月七日作成釋字第一六六號解釋在案。

依違警罰法第二十八條規定所爲『送交相當處所，施以矯正或令其學習生活技能』之處分，同屬限制人民之身體自由，其裁決由警察官署爲之，亦與憲法第八條第一項之本旨不符，應與拘留、罰役之裁決程序，一併改由法院依法定程序爲之。前述解釋之拘留、罰役及本件解釋之處分裁決程序規定，至遲應於中華民國八十年七月一日起失其效力，並應於此期限前修訂相關法律。本院釋字第一六六號解釋應予補充。」本號解釋再次強調違警罰法有關拘束人身自由部分違憲，並限期改善。因此，立法機關制定了社會秩序維護法取代了違警罰法。

二、行政執行法

行政執行法係於1932年國民政府於大陸制定後，在台灣實施。本法第6條所稱：「直接強制處分如左：一、對於人之管束。二、對於物之扣留、使用或處分，或限制其使用。三、對於家宅或其他處所之侵入。」即屬於警察強制權。當時並無即時強制之概念，因此法條採用警察所使用直接強制之方法，即稱其爲直接強制之概念。當時，警察即以該條規定，採取無程序規定之直接採取對人、物以及家宅之干涉與強制處分，更形加強警察之職權。所謂無程序規定，係指當時所稱之直接強制，並無先行告誡之程序（符合現今即時強制概念）。

釋憲制度與司法改革——翁岳生教授論文集》，元照出版，2020年，頁263-264。

本法第6條之直接強制手段雖未言明屬警察所用，但其實是警察機關所採取之手段，該法也列入警察法規之課程，並為國家考試科目。

三、警察法之頒布

1953年台灣警察先賢就警察組織以及其所管轄事務，制定了警察法。該法性質屬所謂的組織法，亦即，僅屬於警察任務與職權以及警察組織之規定，屬內部組織之規定，基本上不能以該法就為執法之依據（與人民產生關係之外部法）。但在事實上，警察先賢在草擬警察法之際，並無區分組織法或行為法之概念（立法者當時可能也不認知），致使警察機關適用該法之際，也毫無意識把其若干規定作為作用法加以使用[25]。

(一) 警察任務

警察法第2條規定警察任務，其稱：「警察任務為依法維持公共秩序，保護社會安全，防止一切危害，促進人民福利。」該條任務規定可謂包山包海，形同將國家任務包括其中，尤其強調「防止一切危害」，協助行政機關排除危害，似乎忽視其他機關也有排除危害之任務，這是典型警察國家的立法方式。

但第2條卻未將偵查犯罪列入任務範圍，然其卻出現在警察法第9條之職權範圍[26]。似乎僅承認偵查犯罪只是警察職權而非任務，可能

---

[25] 警察法第9條第1款：「警察依法行使左列職權：一、發佈警察命令。」結合第10條：「警察所為之命令或處分，如有違法或不當時，人民得依法訴請行政救濟。」使人誤解警察法第9條「發佈警察命令」是直接授予警察機關發布命令之職權。

[26] 偵查犯罪在德國法上認為是警察協助檢察官偵查犯罪，警察只負責輔助之單位。

是在刑事訴訟法上，警察只是檢察官之助手，居於協助之地位[27]，犯罪偵查只是輔助檢察官而已。且警察法第14條更規定：「刑事警察受檢察官之命執行職務時，如有廢弛職務情事，其主管長官應接受檢察官之提請，依法予以懲處。」

　　但在台灣法制，偵查犯罪嫌疑之初始，仍多數由警察開啓調查程序[28]，應肯認犯罪偵查屬警察任務之一，此點未來警察法修正時，應予補充[29]；且2003年警察職權行使法制定施行，將警察任務擴充至「犯罪預防」，更應將犯罪偵查規定爲警察任務中。

(二) 警察組織

　　警察法第5條規定：「內政部設警政署（司），執行全國警察行政事務，並掌理左列全國性警察業務：一、關於拱衛中樞，準備應變，及協助地方治安之保安警察業務。二、關於保護外僑及處理涉外案件之外事警察業務。三、關於管理出入國境及警備邊疆之國境警察業務。四、關於預防犯罪及協助偵查內亂外患重大犯罪之刑事警察業務。五、關於防護連跨數省河湖及警衛領海之水上警察業務。六、關於防護國營鐵路、航空、工礦、森林、漁、鹽等事業設施之各種專業警察業務。」

　　本條規定專業警察之設置，由此可見專業警察所管之業務相當廣，尤其第6款涉及國家重要公共設施以及民生事業之保護[30]。第6款

---

[27] 1945年國民政府制定調度司法警察條例，第1條規定：「檢察官因偵察犯罪，有指揮司法警察官，命令司法警察之權；推事於辦理自訴案件時亦同。」

[28] 警察任務從防止危害到犯罪偵查，因此常會發生警察活動從行政活動轉成犯罪偵查，但警察「前偵查」活動確認犯罪嫌疑之初始，係以警察行政權發動，究竟屬行政調查或司法調查，就有探究，一般認爲應爲司法活動之前端，並非行政調查而歸屬司法調查。

[29] 在德國刑事訴訟法同樣警察也是檢察官之助手，但在討論警察任務時也將警察犯罪偵查列入警察任務中。

[30] 隨著警察機關之變革，本條第3款之國境警察業務，於2007年1月2日成立內政

也隨著業務簡化或民營化，劃出警察管轄之範圍。

(三) 警察職權

警察法第9條爲警察職權之規定：「警察依法行使左列職權：一、發佈警察命令。二、違警處分。三、協助偵查犯罪。四、執行搜索、扣押、拘提及逮捕。五、行政執行。六、使用警械。七、有關警察業務之保安、正俗、交通、衛生、消防、救災、營業建築、市容整理、戶口查察、外事處理等事項。八、其他應執行法令事項[31]。」

本條文是將警察職權（第1款至第6款）與警察業務（第7款）統稱爲職權，第1款所稱「發佈警察命令」，指警察依法發布抽象的法規命令，但警察可否直接依據本款規定發布命令？大法官在司法院釋字第570號解釋宣布違憲，該號解釋稱警察法爲組織法，要有法令明確授權才可發布限制人民權利之法規[32]。

至於本條第2款至第6款所稱的警察職權，即可對應警察法第2條警察任務，而進一步具體化（先有任務後有職權），但非常可惜的是警察法當時的草擬者，未將警察犯罪偵查規定於任務中，但卻在本條第3款以及第4款出現犯罪偵查之職權，恐有將該項任務誤認爲職權，未來警察法修正更正其爲警察之任務。其他第2款、第5款、第6款之

部移民署；第5款水上警察業務，2000年1月28日行政院整合國防部海岸巡防司令部、内政部警政署水上警察局及財政部關稅總局八艘大型緝私艦，成立行政院海岸巡防署；上述兩業務已非屬警察管轄。

31 早期違警罰法尚無交通法規之存在，交通違規也是違警罰之一種，迄至1968年2月5日才制定了道路交通管理處罰條例。

32 司法院釋字第570號解釋理由書稱：「……内政部爲中央警察主管機關，依警察法第二條暨第九條第一款規定，固得依法行使職權發佈警察命令。然警察命令内容涉及人民自由權利者，亦應受前開法律保留原則之拘束。警察法第二條規定，警察任務爲依法維持公共秩序，保護社會安全，防止一切危害，促進人民福利；同法第九條第一款規定，警察有依法發佈警察命令之職權，僅具組織法之劃定職權與管轄事務之性質，欠缺行爲法之功能，不足以作爲發佈限制人民自由及權利之警察命令之授權依據。……」

職權，都有相關警察法規以爲因應，亦即，第2款之違警罰法（1943年），第5款之行政執行法（1932年）以及第6款警械使用條例（1933年）。台灣本土第一部行政作用法，係於1968年制定的道路交通管理處條例[33]。

四、警察法延伸的警察業務

　　警察業務，指警察爲達成警察任務，對人、地、時、物、事，依法實施維護、管理、禁制，而人民亦依法負有作爲或不作爲義務之警察活動。警察機關並有主辦及協辦業務之區別，主辦業務所依據之法規，是循警察體制頒行者；協辦業務所依據的法規，係各該主管機關循其行政體制頒行者[34]。警察法第9條第7款所規定「有關警察業務之保安、正俗、交通、衛生、消防、救災、營業建築、市容整理、戶口查察、外事處理等事項」即屬警察法所規定警察主辦業務，警察主辦業務在最近幾年有重大變化，戶政、消防以及移民業務已經分隸，成立單獨機關；至於衛生、營業建築、市容管理已不屬警察主辦業務，但仍爲警察協辦業務。

　　值得一提的是，警察法第2條警察任務包括「促進人民福利」究竟何指？2000年11月22日修正前警察法施行細則第2條第2項規定：「警察協助行政機關推行行政，以該機關遇有障礙，非警察協助不足以排除，或因障礙而有妨礙安寧秩序時爲限。」當時係指協助一般行政機關執行力不足的職務協助，或因該業務推行涉及警察管轄之安寧

---

[33] 早期無道路交通處罰條例時，有關交通違警規定在當時違警罰法分則第二章妨害交通之違警中。

[34] 宜蘭縣警察局礁溪分局，警察業務，https://ilcpbjs.eland.gov.tw/News_Content.aspx?n=A9CB76C7A9615306&sms=F35E5BF8BF0D4923&s=03E294051D0EEC18，最後瀏覽日期：2022年8月1日。

秩序[35]。另修正前施行細則第10條第1項第6款（現行法已刪除）進一步規定：「但協助其他行政事項，除法律另有規定及本細則第二條第二項之限制外，應以經內政部同意之他種行政命令有規定者為限。」而設定協助之限制在法律規定或他種行政命令上，且經內政部同意。此種規定是否等同行政執行法第6條所稱職務協助，仍有待進一步確認[36]，但它屬於警察協辦業務[37]。依上述施行細則第2條第2項再加上第10條第1項第6款協助一般行政機關有如下範圍之限制：

(一) 限於法律規定，諸多法律規定警察於必要時得協助之。

(二) 行政機關推行行政遇有障礙，非警察協助不足以排除或因障礙而有妨礙安寧秩序時。

(三) 經內政部同意之他種行政命令有規定，如當時省政府是依照內政部研訂之原則，而訂定攤販管理規則[38]。

從整體觀之，當時警察擁有處罰權與強制權，且一般行政機關處於弱勢，執行遇有障礙，即請求警察協助，警察主辦與協辦業務眾多，簡化主辦以及協辦業務一直是警察努力目標。

1963年2月時，台灣省政府為了減少警察協辦業務，減少員警勤務，制定「臺灣省政府簡化警察業務方案」報行政院核定實施，將警察的主要業務規定限於犯罪偵防、交通秩序管理、保安（指警備、消防、公共危險物品之取締及災害之搶救）、風化管制、違警處理等六

---

[35] 當時該施行細則之廢除修正是因為行政程序法第19條職務協助以及行政執行法第6條執行協助之施行，警察單位認為有重複規定之嫌而刪除；而刪除第2項修正後條文規定：「本法第二條規定之警察任務，區分如左：一、依法維持公共秩序，保護社會安全，防止一切危害為警察之主要任務。二、依法促進人民福利為警察之輔助任務。」反而無法彰顯其特色。

[36] 施行細則所稱的行政協助，有稱其是基於補充性原則（補充行政機關不足之處），而非職務協助。

[37] 警察主辦業務，係指警察組織法令所規定之職掌；協辦業務，則是指警察法第9條第8款所稱「其他應執行法令事項」。

[38] 鄭文竹，〈警察業務之未來走向〉，《警學叢刊》，第29卷3期，1998年11月，頁50。

項。其中明文規定不再由警察機關協辦的行政業務竟高達23種[39]；之後雖然歷經了三階段的警察業務簡化歷程[40]，但是中央及地方政府還是透過警察法要求警察須協助一般行政機關推行一般行政業務。根據警察勤務條例[41]，警察機關規劃例行勤務、清除道路障礙、美化市容拆除違規廣告、維護公序良俗、臨檢各種治安疑慮場所，如八大行業、旅社賓館、修車業、舊貨業等、透過戶口查察催收罰款、送達兵役召集令、查報違章、地下工廠等都列為警察協辦業務，使警察機關成為維持台灣社會治安、公共秩序及管制規章之主要執行機關[42]。

在美國國務院官員的眼中，曾謂戰後臺灣依舊存在著「警察國家」的氣氛[43]。原因在於戰後初期的警察，除有違警罰法作為處罰、行政執行法作為依據外，擁有相當多主辦業務外，依舊協辦龐雜的行政事務[44]。例如戰後的衛生機關雖另成系統，但防疫、保健等衛生工

---

[39] 〈檢發「臺灣省政府簡化警察業務方案」及其「臺灣省政府簡化警察業務方案實施程序」〉，《臺灣省政府公報》，春字第36期，1963年，頁13-14。

[40] 1976年、1980年以及1982年簡化業務，參閱「行政機關強制力行使之研究：行政機關與警察機關合作模式」，受委託單位：國立臺灣大學政治學系，研究主持人：章光明教授，協同主持人：陳愛娥副教授、洪文玲教授、葉一璋副教授，國家發展委員會編印，2014年3月，頁28以下。

[41] 該條例於1972年訂定，本條例屬於警察勤務之規劃署組織法性質。

[42] 「行政機關強制力行使之研究：行政機關與警察機關合作模式」，國家發展委員會，研究主持人：章光明教授，前揭註39，頁28以下。

[43] 陶百川，〈臺灣人權問題的證詞和我的意見〉，胡佛、李鴻禧主編，《成長的民主》，中國論壇社，1980年，頁354；轉引自：吳俊瑩，前揭註7，頁158，註24。

[44] 警察主辦業務為警察法規所規定之業務，民國42年制定之警察法第9條第7款：「有關警察業務之保安、正俗、交通、衛生、消防、救災、營業建築、市容整理、戶口查察、外事處理等事項。」以及違警罰法分則所處罰之事項，警察法施行細則第10條第6款：「有關警察業務之保安、正俗、交通、衛生、救災、營業、建築、市容整理、戶口查察、外事處理等事項，以警察組織法令規定之職掌為主。」為警察主辦業務，則是警察協助其他機關之業務與執行。

作的推行，多需警察協助，故衛生隊的管理，初期即是延續日本時代，有言「亦非警察機關不可」[45]。

五、小結

在此階段的警察法，承續日本殖民警察國家的型態，中華民國政府也引進違警罰法、行政執行法以及警械使用條例來強化警察權。並藉由強化對人民治理，且因為戒嚴，人民並無享有基本權，警察所管轄之業務，除主辦業務，也包括諸多行政協助業務，行政機關無法執行難以推行之業務，全都由具有強制力的警察包辦，其範圍幾乎涵蓋所有行政，堪稱典型的警察國時代。

參、廢除動員戡亂時期後法治國啓蒙期的警察行政法

一、解嚴後集會遊行法之制定

解嚴後基本權逐步開放，人民透過上街頭，表達自己意見，政府機關也感受有制定相關法律之必要，乃參考德國集會遊行法，於1988年制定了集會遊行法，該法之設計幾乎抄襲德國法，唯一不同的是，將德國法對人民集會遊行權報備制之要求（亦即人民舉辦集會遊行應向主管機關報備，未履行報備義務有處罰之規定），改為許可制，許可單位為警察分局[46]。集會遊行之許可制實施多年廣受批評，雖歷經

---

45 目前台灣防疫也多必須仰賴警察之協助。

46 當時政府體現改革決心，決定採取合於民主法制之法律，就集會遊行權參考多國制度，包括德日韓等國，最後決定採用德國制度，並將許可權限交給警察，讓警察在許可之際，得與集會遊行者協調集會遊行活動之路線與活動規

兩次司法院解釋，司法院釋字第445號以及釋字第718號解釋[47]，但基於集會遊行之和平規劃與舉辦，大法官仍維持許可制，主要理由參考釋字第718號解釋理由書所稱：「……主管機關爲兼顧集會自由保障與社會秩序維持（集會遊行法第1條參照），應預爲綢繆，故須由集會、遊行舉行者本於信賴、合作與溝通之立場適時提供主管機關必要資訊，俾供瞭解事件性質，盱衡社會整體狀況，就集會、遊行利用公共場所或路面之時間、地點與進行方式爲妥善之規劃，並就執法相關人力物力妥爲配置，以協助集會、遊行得順利舉行，並使社會秩序受到影響降到最低程度。在此範圍內，立法者有形成自由，得採行事前許可或報備程序，使主管機關能取得執法必要資訊，並妥爲因應。此所以集會遊行法第8條第1項規定，室外之集會、遊行，原則上應向主管機關申請許可，爲本院釋字第445號解釋所肯認。……」

二、社會秩序維護法之施行

　　在大法官兩次宣布違憲後，1991年6月29日社會秩序維護法公布施行，該法採行政法處罰種類，如同違警罰法、社會秩序維護法採行程序法與實體法兼具。其草擬之際諸多實務界以及學者主張社會秩序維護法應廢除拘留處分，回歸以罰鍰爲主之行政罰，但未爲當時立法政策所採[48]。該法仍保留拘留、勒令歇業以及停止營業之處分，但當時立法，將本法歸類爲行政罰而非刑法，處罰種類屬於行政罰之範

　　劃，以達到和平集會遊行之目的。

[47] 司法院釋字第718號解釋日期爲2014年3月21日，台灣已邁入法制國成熟期，但仍維持許可制，主要理由在於經由警察許可，警察得與申請者藉由許可之際，相互溝通協調，以達到和平舉行之目的。

[48] 林山田，〈行政刑法與行政犯的辯正〉，《法令月刊》，第40卷第9期，1989年9月，頁28；洪文玲，〈社會秩序維護法與案例研究〉，許福生主編，《警察法學與案例研究》，五南出版，2020年，頁327。

疇，只是將拘留之裁處由法院爲之，但由於法官裁處時，恐因裁處程序或有不足而發生窒礙情事，故於該法第92條規定：「法院受理違反本法案件，除本法有規定者外，準用刑事訴訟法之規定。」但並非將該法視爲輕犯罪性質[49]。

社會秩序維護法施行後，台灣可稱進入民主法治啓蒙期，1991年制定憲法增修條文，開啓民主法治之基礎，跟警察有關的是，將警察主辦與協辦業務，回歸一般主管行政機關，實施所謂的脫警察化之過程。表面上看，業務雖回歸一般主管機關，但長期以來，中央或地方行政機關缺乏強制力機構之設置，仍依賴警察協助業務之執行。

當時有幾個影響重要的行政法規頒布與重大修正，這些法規之修正主要以德國法規爲依循，影響台灣行政法發展之方向，行政訴訟法於1998年10月2日重大修正，行政執行法1998年11月11日修正，行政程序法1999年2月3日頒布。

與警察有關的是行政程序法第19條職務協助（業務協助），以及行政執行法第6條執行協助，如觀察1987年至2001年，警察的協辦業務仍非常多。

三、行政執行法的修正

1998年11月11日行政執行法重大修正如下：

(一) 創設了行政執行署

該署爲全國公法上金錢給付義務之執行機關，解決以往公法上金錢給付義務難以執行之困境。

---

[49] 參閱第92條立法理由，https://lis.ly.gov.tw/lglawc/lawsingle；但司法院大法官釋字第808號解釋即持此見解。

(二) 定義即時強制之機制

本法於第三章規定間接強制與直接強制有關的行爲或不行爲義務之執行，另於第四章即時強制，將原來行政執行法第6條所稱直接強制之方法，亦即，有關警察所採取人的管束、物的扣留以及家宅之進入，分別規定於即時強制中。雖然有第三章之規定，但一般行政機關，長期以來仰賴警察之習性並未改變，遇有執行障礙時，仍求助於警察。

(三) 本法修正後之缺憾

解嚴後，脫警察化將警察管轄一般之行政業務，回歸一般行政機關管轄，但在轉化過程中，未能積極訓練銜接一般行政機關之執行力，當時的警察法施行細則第2條第2項（協助一般行政機關執行業務）以及警察機關職務協助執行要點之規定，因行政程序法以及行政執行法職務協助之規定而廢除[50]，警察雖將一般行政業務移轉各該行政機關管轄，但警察機關卻仍無法脫手，遇有執行障礙時，行政機關仍請求警察協助，迄今，問題仍然存在。

未來是否仿照設計行政執行署之構想，而成立有關行爲不行爲之統一執行機關，有待考慮[51]。

另外，本法修正時，未考慮將警察所實施之即時強制措施（人的管束、物的扣留等），回歸警察機關，並適度修正即時強制措施，致警察職權行使法在2003年制定時有關即時強制措施，有重複立法之嫌。因而，法務部事後重新思考是否將行政執行法即時強制廢除之問題[52]。

---

[50] 上述兩規定都在行政執行法第6條以及行政程序法第19條職務協助之規定後廢除。

[51] 有執行力之機關，如海巡署、移民署以及廉政署等，未來地方政府可考慮成立強制執行機構。

[52] 東吳大學受法務部委託，於2012年舉辦行政執行法即時強制專章應否廢除之研討會。

四、警察組織縮減以及警察業務簡化

(一) 警察組織瘦身

警察組織之規制受到德國脫警察化之影響極深，因此自1987年解嚴後，將非屬警察機關管轄之業務逐漸移出，如：

1. 1992年，戶警分立。
2. 1995年，警消分立。
3. 1996年底，廣告物管理移由省（市）政府及縣（市）政府工商單位辦理。
4. 2000年，「保安警察第七總隊」（「水上警察局」），併入「海岸巡防署」。
5. 2007年，境管（含外籍人士、大陸、港澳地區人民居停留管理）改隸「移民署」。

除此之外，原先隸屬「交通部」之銀行以及考試院等單位派駐之警力也逐漸縮減中，由各單位自行聘僱保全人員爲之。但近幾年，卻有保育警察以及各專業警察臨時編組進駐各單位之情形，尤其最常見的食安問題，再度設立「保七總隊」，負責支持各行政機關執行不足之情形。內政部警政署保安警察第七總隊於2014年1月1日，配合政府組織改造政策，由原內政部警政署臺灣保安警察總隊、國家公園警察大隊、環境保護警察隊、森林暨自然保育警察隊、高屏溪流域專責警力等機關及任務編組單位整合成立，並且負責各整併前機關、單位之原有任務[53]。

(二) 業務簡化

近十年來，尤其在行政罰法頒布施行後，各業務主管機關推動業務，遇有干涉、取締等事項，大都沿循舊例將警察列爲協助單位，並

---

[53] 保七總隊協助他機關違規稽查、處罰事務，包括行政執行以及裁罰的行政調查等。

在其主管法律中規定行政法以及行政刑罰條款，或明定得會同警察機關執行之方式，使警察機關又成為各行政機關之第一線執行人力，不僅造成權責不明、反客為主的現象，亦使警察無法專注於治安及交通維護工作。

各行政機關主管法規，規定警察協助事項者，經統計有逐年增加的趨勢，2004年計約有66種，2009年增加至121種，2011年增加至147種，2012年增至176種，2013年已增至182種；其中，內政部主管法規15種、交通部主管法規28種、經濟部主管法規22種、衛生福利部主管法規29種、法務部及財政部主管法規各12種、農業委員會主管法規11種、司法院主管法規6種、行政院環境保護署主管法管7種、國防部主管法規6種，警察顯然已淪為各部會職務協助機關的主要機關[54]。

五、小結

在此民主法治啟蒙期，警察行政法制，開始學習與參考外國法治，為解決解嚴後人民上街頭活動，參考德國集會遊行法制定了集會遊行法，以警察分局作為集會遊行之許可機關，歷經兩次大法官之解釋，仍維持當時之許可制。

同樣地，社會秩序維護法草擬之初，也擬採用德國違反秩序法僅保留罰鍰處分，但經立法機關之考量，選擇原違警罰法處罰之種類，亦即，仍保留拘留、勒令歇業以及停止營業之處分，但為了符合司法院大法官解釋意旨，將其之裁罰轉由法院裁決之，法條中僅處予罰鍰規定之案件，警察機關仍保有裁罰權，但所有違警案件仍由警察調查、移送以及執行等。分則部分與違警罰法比較，將交通（另有道路交通管理處罰條例）與衛生違警（業務簡化回歸專業主管機關）部分刪除。

---

[54] 「行政機關強制力行使之研究：行政機關與警察機關合作模式」，前揭註39，頁31。

在此時期，雖歷經脫警察化，行政業務回歸專業主管機關，政府也嘗試簡化警察機關業務；行政執行法將行為不行為義務明確規定，並授予一般行政機關有即時強制處分權，但一般行政機關仍憚於實施強制手段，遇此情形多請求警察機關職務協助，警察機關協助之業務卻無明顯降低。

肆、警察行政法之現狀與一般行政法之關聯

一、改變警察行政法之司法院釋字第535號解釋

警察執行職務，在司法院釋字第535號解釋前（2001年12月14日），一直都無警察行政作用法來規定警察執行臨檢、盤查等勤務，其係依照警察勤務條例規定為之，由於該條例屬警察機關與警察人員勤務之組織法規，而缺乏該項勤務面對人民實施時應有之程序，亦即缺乏正當程序之規定。

釋字第535號解釋文稱：「……警察勤務條例該條例第十一條第三款，臨檢自屬警察執行勤務方式之一種。……

上開條例有關臨檢之規定，並無授權警察人員得不顧時間、地點及對象任意臨檢、取締或隨機檢查、盤查之立法本意。除法律另有規定外，警察人員執行場所之臨檢勤務，應限於已發生危害或依客觀、合理判斷易生危害之處所、交通工具或公共場所為之，其中處所為私人居住之空間者，並應受住宅相同之保障；對人實施之臨檢則須以有相當理由足認其行為已構成或即將發生危害者為限，且均應遵守比例原則，不得逾越必要程度。臨檢進行前應對在場者告以實施之事由，並出示證件表明其為執行人員之身分。臨檢應於現場實施，非經受臨檢人同意或無從確定其身分或現場為之對該受臨檢人將有不利影響或妨礙交通、安寧者，不得要求其同行至警察局、所進行盤查。其因發

現違法事實，應依法定程序處理者外，身分一經查明，即應任其離去，不得稽延。前述條例第十一條第三款之規定，於符合上開解釋意旨範圍內，予以適用，始無悖於維護人權之憲法意旨。現行警察執行職務法規有欠完備，有關機關應於本解釋公布之日起二年內依解釋意旨，……。」

　　該號解釋首先評斷警察勤務條例爲組織法之性質，但若用其對人實施臨檢盤查，則應具備法律正當程序之規定，亦即，如該條例仍適用於對人民實施，則要求立法機關對該條例應有適當之修正，以符合正當程序之要求。

　　本號解釋，對警察僅以組織法規實施對人民一定之作爲，提出嚴重質疑，警察對人民實施一定作爲（如臨檢、盤查），並無一般程序之規定，長期以來僅以只要有法律規定警察之職權，不管其爲組織法（內部法規）或作用法（外部法規），皆得作爲人民執法之依據，欠缺有關保障人民權益的一些正當程序之規定，亦即，警察對人民行使職權應具備尊重人民權益的正當程序之要求。本號解釋也促使執政當局開始重視警察勤務執行正當程序之要求。

二、警察職權行使法之制定

　　在司法院釋字第535號解釋前，1999年內政部警政署體認到警察臨檢勤務缺乏程序之規定，乃委託李震山教授等草擬「警察職務執行法」，該草案係以當時德國中央所擬警察法模範草案爲藍本[55]。該草案完成後，送內政部審查之際，恰逢司法院釋字第535號解釋，因此該草案退回警政署重新修正，並增列大法官解釋之主要內容[56]，所增

---

[55] 德國警察事務屬各邦之管轄之執掌，非屬聯邦得以制定統一的專法，因此聯邦在當時草擬即以模範草案稱之，提供給各邦參考。台灣草擬乃以當時模範草案爲準。

[56] 蔡震榮、黃清德，《警察職權行使法概論》，五南出版，2019年，4版，頁4以下。

列的內容則規定在警察職權行使法第6條（部分參考德國法）、第7條以及第8條，由於立法技術差，未真正消化與理解司法院釋字內容，衍生這三條在警察執法時產生諸多爭議[57]。

警察職權行使法之內容將警察之行政法上任務，由原來的防止危害任務擴充至預防危害與預防犯罪上，本法之內容第一章總則是參考德國法，第二章身分查證（第6條至第8條）係以司法院釋字第535號解釋文爲其主要內容，資料蒐集第9條至第18條則參考引用德國法條制定而成，此部分即屬所謂的預防犯罪性質的資料蒐集，爲本法所增加的警察第三任務[58]。如下圖[59]：

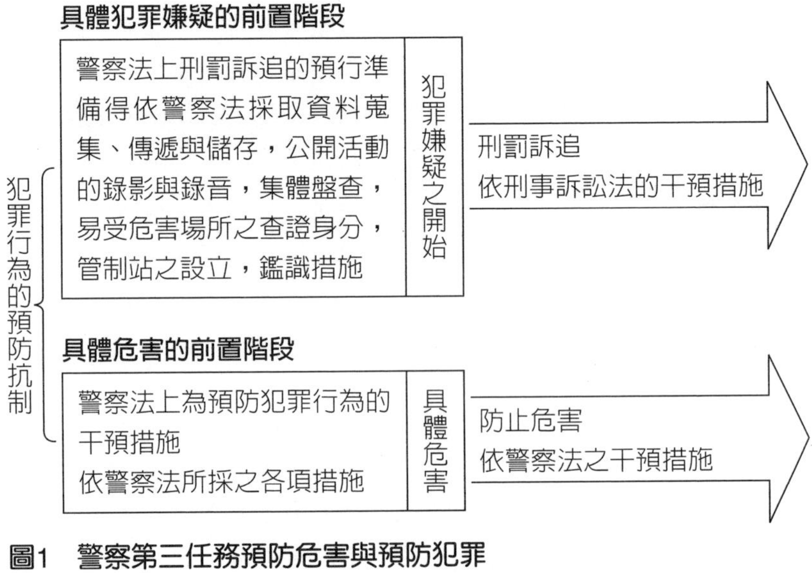

圖1　警察第三任務預防危害與預防犯罪

---

[57] 這三條就是規範警察執行路檢之程序規定，也是本法警察面對民眾執法之重心，由於法規範未能協調一致，致產生警察執行上不少困擾。

[58] 本法第9條所規定的內容是有關集會遊行活動中警察之蒐證，本條是應該放在集會遊行法中，才屬得當。

[59] 蔡震榮、黃清德，前揭註55，頁6。

　　前述第三任務，係指本法第6條（臨檢）至第18條規定屬之。

　　第三章即時強制是德國法所無之規定，本章之規定與1998年修正的行政執行法即時強制章節屬重複立法。為何警察職權行使法重複立法參考當時立法理由主要在於，有關這些手段（人的管束、物的扣留、場所之進入等）是警察個別領域所採之手段，將其專精化有其特殊必要性，為凸顯其特色，有單獨立法之必要[60]。

　　本文認為，兩法制定與修正時間不同，行政執行法於1998年修正增加了即時強制一章，因當時警察職權行使法尚未制定，故仍有制定之必要，但警察職權行使法制定後，行政執行法之即時強制一章，有無存在必要，即有探究[61]。

(一) 警察職權行使法與行政執行法法規範之糾葛

　　兩法就即時強制有重複立法之情形，如前所述，行政執行法修正在先，以往警察強制執行之規定都是引用該法，1998年行政執行法修正時，除了創造公法上金錢給付義務之強制執行機關「行政執行署」外，也另訂第三章之行為不行為義務之強制執行，明定強制執行應有的程序，亦即，包括告誡、確定與採取執行之手段（怠金、代履行以及直接強制）[62]。而2003年警察職權行使法制定時過於匆促，只想到即時強制之一章，卻未將行為不行為義務之執行也列入法條中，而目前有關行為不行為義務之執行，警察機關仍必須參考行政執行法之規定[63]。

---

[60] 參閱立法院第5屆第1會期第19次會議議案關係文書，陳其邁委員所提警察職權行使法草案，https://lis.ly.gov.tw/lgcgi/lgmeetimage?cfcacfcececbcfccc5c7d2c7ce，最後瀏覽日期：2022年8月10日。

[61] 行政執行法屬法務部管理之法規，法務部在警察職權行使法制定後也深感行政執行法有無存在必要，因此也針對此問題請學者提供意見加以討論。

[62] 日本之行政上強制執行，已廢除怠金，而稱行政代執行法，而與台灣行政執行法有所區別。

[63] 警察職權行使法第2條第2項規定：「本法所稱警察職權，係指警察為達成其

(二) 解決執行力不足之問題

行政執行法第6條增加執行協助之規定，卻仍未解決行政機關缺乏執行力之問題。且2005年行政罰法制定通過，秩序之行政機關（享有處罰權之機關，在德國法上稱爲秩序機關）爲查緝不法有必要採取調查之手段，如進入場所、住宅等，必須採取強制進入之手段。目前台灣實務上，強制進入場所，幾乎仍須仰賴警察機關之協助，如警察第二總隊取締智慧財產權大隊[64]，以及2015年1月1日成立的保安警察第七總隊，負責國土環境資源、森林、環保以及食安等事項之調查取締與執行，儼然成爲秩序機關之助手[65]。

從上所述，台灣雖有行政執行法以及行政罰法（第34條），提供給擁有處罰權之行政秩序機關使用，但由於秩序機關普遍缺乏強制執行之經驗與訓練，仍須警察機關之協助，警察機關之業務仍未實際減免。此種情形也發生在亞洲各國。

1. 日本

日本行政機關因憚於強制力之發動，且秩序機關處理若干事件如廢棄物之處理，往往有黑道介入，經常需請求警察機關協助處理，爲解決行政執行實效性問題，1990年在環保機關引進警察人員出向制度，部分現職警察官調任或支援環保機關[66]。警察出向制度，對環保

法定任務，於執行職務時，依法採取查證身分、鑑識身分、蒐集資料、通知、管束、驅離、直接強制、物之扣留、保管……。」雖也提到直接強制之職權，但在後續條文中，卻無進一步程序規定，殊爲可惜，未來有必要就直接強制手段就程序進一步規定。

[64] 保護智慧財產權警察大隊於民國93年11月正式納編入保二總隊。民國94年1月1日第五大隊（保護智慧財產權警察大隊）改制爲本總隊第一大隊。民國103年1月1日第一大隊改制爲刑事警察大隊。

[65] 蔡震榮，〈行政法強制執行之困境與職務協助〉，台灣行政法學會主編《行政組織／行政執行／訴願制度／食品安全／金融監理》，元照出版，2016年，頁247。

[66] 李憲人，〈脫警察化與遙控無人機之規制(上)〉，《全國律師》，第22卷第7期，2018年7月，頁87。

或廢棄物處理發揮一定執行實效，但是否擴及其他產業之行政機關仍有待觀察。

2. 中國大陸

　　與日本同樣，中國大陸則是成立城管機制，負責處罰以及強制執行事務。城管執法實際上是把原來分屬於不同機關的行政處罰權統一由一個相對獨立的部門即「城市管理綜合執法局」來行使。而城管執法的職權包括行政監督調查、行政處罰及行政強制執行。依據大陸「行政處罰法」第16條規定：「國務院或者經國務院授權的省、自治區、直轄市人民政府可以決定一個行政機關行使有關行政機關的行政處罰權。」此即大陸學者所謂的「相對集中行政處罰權制度[67]」。

　　從上所述，享有裁罰處分之秩序機關，各國普遍缺乏強制力，而須仰賴警察機關協助，在台灣特別嚴重，有關於此，是否可以參考他國之作法或採取如設立行政執行署般，嘗試就行為不行為部分，也設立相關行政執行機關，來減輕警察之負擔。

(三) 行政執行法即時強制章存廢

　　就此2012年10月26日東吳大學召開了行政執行法即時強制專章應否廢除之研討會，當時參與學者一致認為仍有其存在必要[68]。本文認為，行政執行法第37條至第40條所採取手段與警察職權行使法重複規定，因這些手段是警察職權所擁有之手段，是否刪除或者仍保留給一般行政機關使用才是重點，但可惜的是參與之學者卻未提及。

---

[67]　「行政機關強制力行使之研究：行政機關與警察機關合作模式」，前揭註40，頁82。

[68]　參與研討會學者只有林明鏘教授提到該法與警察職權行使法之關係，陳清秀與詹鎮榮提到德國法之規定，但行政執行法第37條至第40條重複規定是否應廢除，卻無人提起，殊為可惜。

三、行政罰法制定施行後與警察法規之關係

(一) 行政罰法與社會秩序維護法之關係

行政罰法制定時，有考慮到如何處理已經存在的社會秩序維護法，因此才有第24條第3項之規定。

行政罰法第24條第3項規定：「一行為違反社會秩序維護法及其他行政法上義務規定而應受處罰，如已裁處拘留者，不再受罰鍰之處罰。」司法程序優先原則採取不得重複處罰[69]。從當時立法理由觀之，似將拘留視為行政罰，而採可以折抵之規定[70]。

(二) 行政罰法第32條有關案件移送司法機關之問題

行政罰法第32條規定：「一行為同時觸犯刑事法律及違反行政法上義務規定者，應將涉及刑事部分移送該管司法機關。前項移送案件，司法機關就刑事案件為不起訴處分、緩起訴處分確定或為無罪、免訴、不受理、不付審理、不付保護處分、免刑、緩刑、撤銷緩刑之裁判確定，或撤銷緩起訴處分後經判決有罪確定者，應通知原移送之行政機關。前二項移送案件及業務聯繫之辦法，由行政院會同司法院定之。」

---

[69] 立法院第5屆第6會期第15次會議議案關係文書，行政罰法草案有關第24條第3項之立法說明，2005年1月14日印行，https://lis.ly.gov.tw/lgcgi/lgmeetimage?cfcacfc9cecdcfcdc5cacec8d2cac8cd，最後瀏覽日期：2022年8月8日。

[70] 司法院釋字第808號解釋理由書稱：「……惟社維法第三編分則所規範之各種違法行為，原即包含具與刑罰相若之『輕罪』行為……可知此等社維法第三編分則所規範之違法行為及其法益侵害，與同一行為事實之犯罪行為及其法益侵害間，應僅係量之差異，非本質之根本不同。……」本號解釋大法官似有將社會秩序維護法之性質視為輕罪，此與當初立法者認定其為行政罰，意見有所不同。

在此，由誰來移送司法機關，此問題目前認為，原則上要具有司法警察之機關才可移送[71]；若干新成立之機關，如廉政署、內政部移民署也屬具有司法警察移送之地位。

此問題增加警察機關移送之負擔，參考德國違反秩序法第41條第1項規定：「如有跡象顯示該違序行為同時觸犯刑事犯罪時，行政機關應將此事件移送檢察機關。」該條之規定，似可解決台灣只有司法警察才可移送之問題。在德國只要享有處罰之機關，即所謂的秩序行政機關，該等機關對於一行為同時涉及刑事部分，秩序機關即享有移送權，不必再由司法機關才可移送。本文建議，地方縣市政府似應制定類似稅捐機關移送辦法之規定，加強地方機關移送權責。

四、專業警察設立之困擾（警察業務擴充）

台灣專業警察之設立早期是為了解決警察業務之問題，乃依警察法第5條規定設立專業警察。

近來專業警察之設立，在於協助一般行政機關執行行政罰法以及行政執行法等有關之事務，此如保二、保三以及保七大隊等，保二總隊維護國營事業機構（台灣電力公司、加工出口區）、科學工業區安全、保護智慧財產權，有關侵權查緝工作成立保智大隊（刑事警察大隊）；保三總隊專責財政部及海關，並協助財政部及海關警衛查緝走私之責。

另配合政府組織改造政策，整合原內政部警政署臺灣保安警察總隊、國家公園警察大隊、環境保護警察隊、森林暨自然保育警察隊、高屏溪流域專責警力等機關及任務編組，成立內政部警政署保安警察第七總隊。

---

[71] 但稅捐機關也有移送之權，財政部臺北市國稅局稅務案件追究刑責處理作業要點，即規定稅捐稽徵機關也有移送之權。

　　因行政罰法之頒布，各行政機關雖享有處罰權，以及行政執行法強制執行之規定，但各該秩序機關需要強制執行時，都仰賴警察機關，且因人力不足，加上缺乏強制力之訓練，如遭遇抗拒，無法實施強制力等原因，都來請求警察幫助，立法機關也助其興，在各行政法規上制定請求警察之協助條文不斷增加，乃促使警察組織上之變革，成立專業警察組織解決各機關執行不足之問題[72]。

五、警察因婦幼保護新增的業務

(一) 依相關法規與警察之因應

　　警察機關傳統上在婦幼保護上為單純的執法者，亦即在此領域上，警察原本任務主要是具司法警察地位，對一些性犯罪行為負責移送之角色。但隨著婦幼保護相關法規的修訂及社會大眾的需求，警察機關的角色必須調整成執法者兼保護者以及預防犯罪的角色。由於新法令不斷增加，警察有關業務組織也不斷更新。

　　1995年制定通過「兒童及少年性交易防制條例」[73]，1995年8月起執行兒童及少年性交易防制業務；「性侵害犯罪防治法」於1997年1月22日公布起執行性侵害防治業務。

　　1998年制定通過「家庭暴力防治法」、2003年制定通過「兒童及少年福利與權益保障法」及 2005年制定通過「性騷擾防治法」等婦幼保護相關法案。

　　內政部依據性侵害犯罪防治法規定，於1997年5月9日成立「性侵害防治委員會」，並於1998年11月11日公布「性侵害犯罪加害人身心

---

[72] 這些專業警察組織上仍隸屬警政署，人員與薪資由警政單位派遣與核發；其並非隸屬行政機關之組織，只是負責上述機關行政稽查、取締與強制力之執行；警察機關在此意義下，執行他機關之部分業務。

[73] 已於2015年2月4日修正公布名稱為兒童及少年性剝削防制條例，並自2017年1月1日起施行。

治療及輔導教育辦法」，我國開始對性侵犯施以社區治療之處遇措施。而警政署依據性侵害犯罪防治法、性侵害犯罪加害人登記報到查訪及查閱辦法、警察職權行使法、治安顧慮人口查訪辦法及警察勤務區家戶查訪辦法，訂定「內政部警政署性侵害加害人登記報到及查訪執行計畫」，並於2013年配合計畫整併工作，將「性侵害加害人登記報到及查訪執行計畫」與「警察機關辦理性侵害案件整合性團隊服務方案計畫」兩計畫整併爲「警察機關辦理性侵害案件工作執行計畫」，並在2014年配合組織改造實施之，故警察於性侵害案件中，除了偵辦案件的入口外，尚具有登記、報到、查訪及實施複數監督之責任[74]。

(二) 警察因應婦幼業務組織之設立

　　縣市警察局成立婦幼警察隊、於分局設立家庭暴力防治官（以下簡稱家防官），以及辦理員警教育訓練等。其中，有關婦幼保護業務的主管機關，於2000年6月先在刑事警察局預防科下設「婦幼保護組」，專責婦幼保護工作，但隨著2013年8月6日內政部警政署組織法三讀通過，自2014年1月1日起，內政部警政署中原本的戶口組轉型爲防治組，並將原隸屬於刑事警察局預防科的婦幼保護業務，提升至警政署防治組的「婦幼保護科」。同案中，並將原隸屬於分局偵查隊的家防官，改隸防治組[75]。

　　因應政府組織再造，2013年7月23日衛生福利部成立，爲統合並擴大婦幼保護資源，原內政部之家防會移撥至衛生福利部保護服務司，移撥業務包含家庭暴力防治、性侵害犯罪防治、性騷擾防治、兒

---

[74] 高玉倫，〈警察機關執行性侵害加害人查訪功效成評估之研究〉，中央警察大學刑事警察研究所碩士論文，2014年6月，頁56-60。

[75] 「警察機關推動婦幼保護政策評估之研究」，內政部警政署委託研究報告，受委託單位：中央警察大學，研究主持人：章光明教授，協同主持人：吳秀光教授，2016年12月，頁5。

童及少年保護、兒童及少年性剝削防制等業務。

(三) 警察機關在家庭暴力防治法（以下簡稱家暴法）之權責

1. 警政主管機關之保護權責

家暴法第4條第2項第5款所稱警政主管機關，處理家庭暴力被害人及其未成年子女人身安全之維護及緊急處理、家庭暴力犯罪偵查與刑事案件資料統計等相關事宜。

2. 聲請保護令及保護被害人採取相關措施

依家暴法第10條第2項規定，除被害人得向法院聲請通常保護令、暫時保護令外，檢察官、警察機關或直轄市、（市）主管機關得向法院聲請保護令。

依第22條規定：「警察機關應依保護令，保護被害人至被害人或相對人之住居所，確保其安全占有住居所、汽車、機車或其他個人生活上、職業上或教育上必需品。前項汽車、機車或其他個人生活上、職業上或教育上必需品，相對人應依保護令交付而未交付者，警察機關得依被害人之請求，進入住宅、建築物或其他標的物所在處所解除相對人之占有或扣留取交被害人。」

依第48條之規定：「警察人員處理家庭暴力案件，必要時應採取下列方法保護被害人及防止家庭暴力之發生：一、於法院核發緊急保護令前，在被害人住居所守護或採取其他保護被害人或其家庭成員之必要安全措施。二、保護被害人及其子女至庇護所或醫療機構。三、告知被害人其得行使之權利、救濟途徑及服務措施。四、查訪並告誡相對人。五、訪查被害人及其家庭成員，並提供必要之安全措施。警察人員處理家庭暴力案件，應製作書面紀錄；其格式，由中央警政主管機關定之。」

(四) 跟蹤騷擾防制法上警察之權責

1. 警察告誡之核發

民國110年12月1日制定跟蹤騷擾防制法（以下簡稱跟騷法），警察於該法中扮演行為人告誡之行政處置措施、聲請保護令以及成立犯罪移送司法警察之地位，這也是新增的業務。在本法中警察為預防該跟騷行為發生，授予警察機關發布告誡處分書權限[76]。

跟騷法第4條警察機關受理跟蹤騷擾行為案件，應即開始調查、製作書面紀錄，並告知被害人得行使之權利及服務措施。

前項案件經調查有跟蹤騷擾行為之犯罪嫌疑者，警察機關應依職權或被害人之請求，核發書面告誡予行為人；必要時，並應採取其他保護被害人之適當措施。

行為人或被害人對於警察機關核發或不核發書面告誡不服時，得於收受書面告誡或不核發書面告誡之通知後10日內，經原警察機關向其上級警察機關表示異議。

前項異議，原警察機關認為有理由者，應立即更正之；認為無理由者，應於5日內加具書面理由送上級警察機關決定。上級警察機關認為有理由者，應立即更正之；認為無理由者，應予維持。

行為人或被害人對於前項上級警察機關之決定，不得再聲明不服。

2. 警察告誡書之效力

第5條規定：「行為人經警察機關依前條第二項規定為書面告誡後二年內，再為跟蹤騷擾行為者，被害人得向法院聲請保護令；被害人為未成年人、身心障礙者或因故難以委任代理人者，其配偶、法定代理人、三親等內之血親或姻親，得為其向法院聲請之。檢察官或警察機關得依職權向法院聲請保護令。保護令之聲請、撤銷、變更、延

---

[76] 本項措施是參考日本在跟騷法行政指導之權，日本行政指導行為屬事實行為，但在台灣告誡處分書則是行政處分。

長及抗告，均免徵裁判費，並準用民事訴訟法第七十七條之二十三第四項規定。家庭暴力防治法所定家庭成員間、現有或曾有親密關係之未同居伴侶間之跟蹤騷擾行為，應依家庭暴力防治法規定聲請民事保護令，不適用本法關於保護令之規定。」

該條除規定告誡書之效力外，另警察機關得依職權向法院聲請保護令之權責。

(五) 日本家暴與跟騷法與警察

日本政府體認立法防止家庭暴力之重要性，分別於2000年及2001年制定「糾纏騷擾防治法」及「家庭暴力防治法」，破除「法不入家門」之陳腐觀念，俾利建構完善家庭暴力防治體系，謀求人權之維護，落實日本憲法揭櫫男女平等之理念。

日本警察執行家暴法之任務及職權，規定於該法第6條「發現婚姻家暴受害者通報的責任」、第8條「警察官對家暴被害的防止」及第8條之2「警察本部長等援助」。

日本警察雖無於各都道府縣警察（日本警察本部）獨立成立婦幼部處理家暴、兒虐及糾纏擾騷案件，而交由生活安全部處理，惟日本家暴法規範對象僅於「配偶關係」及「內緣關係」為對象，且排除「跟縱」及「騷擾」之犯罪類型，另有「糾纏騷擾防治法」之規定[77]。

(六) 台灣在婦幼法規上加重警察行政法上業務

警察在此領域上加重犯罪預防責任，而採取必要之行政處置與保護措施，警察從受理、調查以及聲請保護令等，工作業務量大，再加上最近通過之跟騷法，警察有實施告誡並有申請保護令之權限，以及

---

[77] 「精進組改後警政婦幼保護工作之研究」，內政部警政署委託研究，研究主持人：許春金教授，協同主持人：陳玉書副教授、蔡田木教授，2015年12月，頁39以下。

如符合跟騷規定，受害人堅持提告警察有移送檢察官之義務，可為警察從行政上責任到司法移送集於一身。

　　從上分析，警察在婦幼法規上之權責，為警察新興之業務，該項事務自跟騷法成立後，增加警察核發告誡書之業務，更加重警察之負擔，亦使得台灣警察無所不管，仍未脫離警察國陰影。

　　跟騷法自2022年6月1日實施至6月30日，警察機關受（處）理394件跟蹤騷擾案件，屬一般關係案件計200件，已核發書面告誡144件（72%）；屬家庭暴力跟騷案件計194件，已核發書面告誡139件（此類案件因可直接聲請保護令，且考量雙方關係及個案衝突高低差距極大，書面告誡的核發充分尊重被害人意願核發，核發率71.6%），依據家庭暴力防治法聲請保護令115件。

　　在此，產生一個問題，究竟警察機關於家暴事件，在法無規定下，可否核發告誡書[78]？本文認為，在依法行政原則下，雖跟騷法有警察告誡書之規定，但家暴法並無規定，對於家暴事件，警察並無權限核發告誡書之權。

伍、警察行政法之未來課題

一、警察職權行使法之修正與創新

(一) 學者之介紹

　　警察職權行使法之制定，除參考司法院釋字第535號解釋外，主

---

[78] 參閱中華警政研究學會，警政與警察法相關圓桌論壇（第47場）【跟蹤騷擾防制法實施1月之回顧與前瞻】論壇，記錄日期：2022年8月5日14：00，內政部警政署防治組陳玲君調用主任與談，http://www.acpr.org.tw/PDF/Panel_20220805_Review%20of%20Prevention%20of%20entanglement.pdf，最後瀏覽日期：2020年10月1日。

要內容及精神係參考德國法而來，而今德國為因應反恐，而須即時取得相關資訊，法律上增加諸多手段，尤其運用科技工具方面，制定了相當多法條。另外，德國中央制定聯邦刑事警察局法，授予中央刑事警察諸多科技偵防法條[79]；反觀台灣的警察法規，仍停在當初制定時之法律狀態，恐警察職權行使法已不合時宜。

在國內學者也提出，警察利用科技方式之職權，大多以德國法為例，如集會遊行現場使用無人機之規定是否違憲之問題[80]，警察透過資訊科技進入電腦蒐集資料的法律問題[81]，警察的線上搜索之法律問題[82]，M化車法制出路[83]。

目前在德國警察法規定諸多使用科技方式來蒐集資料，也面臨可否通過違憲之審查。

---

[79] 參閱黃清德，〈警察透過資訊科技進入電腦蒐集資料的法律問題〉，《警察法學》，第20期，2021年11月，頁213-260。該論文提到德國2008年12月修正的聯邦刑事局法（Bundeskriminalamtgesetz, BKAG）第20k條規定，授權聯邦刑事局（Bundeskriminalamt, BKA）為防止國際恐怖主義的危害，防止人民生命、身體或自由的緊急危害，或是國家受到脅迫狀態或人類存在的公共利益的緊急威脅，得不用通知當事人，得實施網際網路蒐集資料，利用科技工具秘密侵入人民的資訊科技系統設備蒐集資訊，資料銷毀等在同條文也都有相關規定，此措施有法官保留原則適用。

[80] 德國巴伐利亞邦警察任務法規定，警察得引用無人機蒐集現場集會遊行者資料，經聯邦憲法法院宣布該條文未區別是否屬現場滋擾者，一律蒐集所有參與者之資訊，侵害個人隱私權而無效。參閱李寧修，〈當代科技發展下國家集會遊行資料蒐集的憲法界限：德國聯邦憲法法院「巴伐利亞邦集會遊行法部分暫停適用」裁定引發的反思〉，《東吳公法論叢》，第9期，2016年7月，頁185以下。

[81] 黃清德，〈警察透過資訊科技進入電腦蒐集資料的法律問題〉，《華岡法粹》，第66期，2019年6月，頁1以下。

[82] 謝碩駿，〈警察機關的駭客任務——論線上搜索在警察法領域內實施的法律問題〉，《臺北大學法學論叢》，第93期，2015年3月，頁1以下。

[83] 王士帆，〈M化車法制出路——德國 IMSI-Catcher 科技偵查借鏡〉，《臺北大學法學論叢》，第121期，2022年3月，頁55以下。

(二) 德國有關科技偵查犯罪與警察預防犯罪規範重疊之規定

引進德國警察法時，吾人觀察到德國警察法與刑事訴訟法就若干規範，兩法規有重複規定之情形，如台灣警察職權行使法第6條第1項第6款設置管制站、第10條跟監以及線民等規定；另外德國法之大監聽（住宅內）、小監聽（住宅外）也屬重複規定之情況，如聯邦刑事警察局法（警察行政法）運用科技方式反恐，亦屬如此。德國聯邦刑事局法第20k條規定，授權聯邦刑事局為防止國際恐怖主義的危害，防止人民生命、身體或自由的緊急危害，或是國家受到脅迫狀態或人類存在的公共利益的緊急威脅，得不用通知當事人，得實施網際網路蒐集資料，利用科技工具秘密侵入人民的資訊科技系統設備蒐集資訊。

針對修正後聯邦刑事局法關於實施網際網路蒐集資料的規定，德國聯邦憲法法院於2016年4月20日判決指出，資料於符合其蒐集目的的情形下，立法者得允許其除原先的偵查程序外，只要該蒐集機關將其使用於自身任務的履行，所要保障的法益同一，且係為追訴或預防同類型犯罪，即不會違反目的拘束原則；立法者亦得就目的外利用的情形加以規範[84]。但聯邦憲法法院認為，聯邦刑事局法第20k條關於存取資訊技術系統（informationstechnische Systeme）之規定，對於個人生活自我形成權之維護亦未提供充分之保障，因其並未建置一得獨立審查監控所得資料之單位，其必須是來自外部的監督，非受託執行安全維護任務，且不受聯邦刑事犯罪調查局指揮監督之人員執行。聯邦憲法法院認為，警察發動相關職權所要保護之法益，應限於有可預見之充分、具體危害的情況，且對於第三人亦應有相應之保護[85]。就

---

84 黃清德，前揭註79，頁238。

85 李寧修，自由與安全之衡平：國家預防性干預行政之理論與法制研究，科技部補助專題研究計畫（104年8月1日至105年7月31日）成果報告，期末報告，2016年10月30日，頁9-10。

此，德國聯邦憲法法院容許此種雙重的立法模式。目前台灣法務部草擬科技偵查法草案[86]，雖僅提供犯罪偵察之用，未來警察職權行使法修正，亦可作為修法之參考。

二、警察防疫與科技利用

談到警察運用科技，則應觀察目前台灣整體防疫作為時，警察雖非防疫主管機關，但防疫工作仍需請求警察機關協助，而扮演著重要角色。

2019年疫情初期為防堵病毒入侵須嚴格執行邊境管制，負責集中檢疫所安全維護，並在外籍人士入境後的14天居家檢疫期間，提供健康關懷及協助，而員警為防範感染者對社區產生破口，除積極協助追查感染源，找出接觸者，並利用智慧科技追查居家隔離及居家檢疫失聯人口，更對與確診者接觸的失聯人口，採取比照重大刑案的方式介入協查，以快速斬斷傳播鏈。

舉臺北市防疫作為為例：運用智慧科技輔助居家隔離、檢疫本市以電子圍籬方式管制居家隔離及檢疫對象，若接獲告警簡訊，立即派員到場查證，自2020年2月迄至2021年6月30日止，累計居家隔離9,682人次、居家檢疫2,542人次，另通報違規報請主管機關裁罰計186人次。

執行「傳染病防治法」違規取締及裁罰作法，臺北市政府於2021年5月26日公告授權委任本局（警察局）執行二、三級疫情警戒期間「傳染病防治法」相關裁罰，目前以裁罰未佩戴口罩（第36條、第37條）及群聚（第37條）為主，以及負責後續送達、訴願、催繳、強制執行等行政程序[87]。

---

86 參閱法務部民國109年9月8日法檢字第10904527940號函。

87 臺北市政府民國110年5月26日府授衛疾字第11001194502號函：依據傳染病防治法第36條、第37條、第58條、第67條、第 69條及第70條、嚴重特殊傳染性

　　從警察執行這些防疫期間額外的任務中，如疫調電子足跡的權限，並無相關法律授權，似難符合法律保留之規定。在疫情過去之後，這些爭議可能就會浮出檯面，使得警察人員要面臨責任追究與訟累。

　　疫情期間，有許多規定都是中央疫情指揮中心發布的，而警察許多防疫勤務，也是依中央疫情指揮中心指示而辦理，很多民眾對於相關規定卻懷疑是否於法有據？而中央疫情指揮中心始終跟民眾表示，依據「嚴重特殊傳染性肺炎防治及紓困振興特別條例」第7條規定，指揮官得實施必要的應變措施與處置。此項規定是否也包括警察於疫情中所採取之措施，如手機定位採「電子圍籬智慧監控系統」，防疫對象如手機離開居家隔離範圍，警察機關勤務指揮中心即可接收到「防役對象脫離監控範圍」簡訊，並立即派遣警力前往居家檢疫者宅查訪，警察利用M車偽裝的基地台，而擷取確定者手機移動之位置。由於第7條之規定過於概括，且並無相關程序之規定，未來民眾如有質疑，恐難逃過違憲之審查。

三、小結

　　從上分析，台灣警察職權行使法已面臨修法之必要，且目前台灣法務部草擬科技偵查法作為刑事偵查之依據，該法若干規定，似可以仿照德國雙重規定，將若干權限，重複規定警察職權行使法中，只是發動要件有別即可；另外，發動這些要件之程序規定相當重要，此

肺炎防治及紓困振興特別條例第15條第2項及第17條、行政程序法第15條第1項及臺北市政府組織自治條例第2條第2項（中央法令規定市政府為主管機關者，市政府得將其權限委任所屬下級機關辦理）及第5項（公告之，並刊登市政府公報）與臺北市嚴重特殊傳染性肺炎流行疫情指揮中心第142次會議決議辦理。警察機關成為委任取締口罩機關；參閱蔡震榮，〈特殊傳染性肺炎疫情下有關口罩取締與裁罰管轄權之爭議〉，《月旦醫學法報告》，第60期，2021年10月，頁59以下。

外，如同德國法規定般，如有侵害人民之基本權，應聲請法官之核准，有法官保留之適用。

陸、結論

一、科技執法之必要

修正警察職權行使法，並採用德國犯罪偵查與警察預防犯罪雙重立法之規定，防範於先，且警察業務針對婦女保護方面也可以使用科技監控[88]。未來警察應善用科技，以簡化業務量。

二、加強秩序機關之移送權

因應行政罰法第26條之刑事案件移送之問題，應透過立法（包括中央與地方法規），授予秩序機關有移送之權，解決目前警察移送之問題。目前，除行政執行分署、廉政署、海巡署、內政部移民署署秩序機關外，稅捐稽徵機關也有移送之規定[89]。本文認為，各該縣市政府也應制定類似規定，以加強各地方秩序機關之責任。

三、加強行政機關執行力減化警察業務負擔

此部分是一直無法解決之事，如何加強行政機關執行力，尤其地

---

[88] 跟騷法施行細則第2條第1項規定：「中央主管機關為辦理本法第二條第二項第一款之統籌及督導事宜，應建置及管理跟蹤騷擾電子資料庫。」

[89] 參閱財政部臺北市國稅局稅務案件追究刑責處理作業要點（民國95年2月5日）之移送規定。

方政府特別嚴重，本文認為可以仿效日本出向制度，將高級警政人員借調地方行政機關，協助完成執行力之建置。

參考文獻

1. 林佳世，〈日治時期的台灣警察〉，《日新》，第5期，2005年9月。

2. 林山田，〈訂定行政罰法以代違警罰法〉，《中國論壇》，第8卷第8期，1979年7月。

3. 林山田，〈行政刑法與行政犯的辯正〉，《法令月刊》，第40卷第9期，1989年9月。

4. 王志和，〈國民生活須知與違警罰法〉，《警光》，第143卷，1971年。

5. 王士帆，〈M化車法制出路——德國IMSI-Catcher科技偵查借鏡〉，《臺北大學法學論叢》，第121期，2022年3月。

6. 吳俊瑩，〈戰後臺灣關於「違警罰法」的批判內容與脈絡考察〉，《臺灣文獻》，第66卷第3期，2015年9月。

7. 李鴻禧，〈違警罰法修廢問題之商榷〉，《中國論壇》，第8卷第8期，1979年7月。

8. 李憲人，〈脫警察化與遙控無人機之規制（上）〉，《全國律師》，第22卷第7期，2018年7月。

9. 李寧修，〈當代科技發展下國家集會遊行資料蒐集的憲法界限：德國聯邦憲法法院「巴伐利亞邦集會遊行法部分暫停適用」裁定引發的反思〉，《東吳公法論叢》，第9期，2016年7月。

10. 黃清德，〈警察透過資訊科技進入電腦蒐集資料的法律問題〉，《警察法學》，第20期，2021年11月。

11. 黃清德，〈警察透過資訊科技進入電腦蒐集資料的法律問題〉，《華岡法粹》，第66期，2019年6月。

12. 梁添盛，〈違警罰之性質與違警罰法之修正〉，《警學叢刊》，第9卷第4期，1979年6月。

13. 沈嵐，〈中國近代治安處罰法規的演變——以違警罰法的去刑法化為視角〉，《政法論壇》，第29卷第4期，2011年7月。

14. 陶百川，〈臺灣人權問題的證詞和我的意見〉，《中國論壇》，第5卷第7期，1978年1月。

15. 楊建華，〈論構想中之社會安寧秩序法〉，《中國時報》，1979年10月3日，版3。

16. 鄭文竹，〈警察業務之未來走向〉，《警學叢刊》，第29卷3期，1998年11月。

17. 洪文玲，〈社會秩序維護法與案例研究〉，許福生主編，《警察法學與案例研究》，五南出版，2020年。

18. 蔡震榮，〈行政執行法〉，翁岳生主編，《行政法》（下），元照出版，2020年。

19. 蔡震榮，〈我國電動玩具管理之探討〉，《月旦法學雜誌》，第17期，1996年10月。

20. 蔡震榮、黃清德，《警察職權行使法概論》，五南出版，2019年，4版。

21. 蔡震榮，〈行政法強制執行之困境與職務協助〉，台灣行政法學會主編，《行政組織／行政執行／訴願制度／食品安全／金融監理》，元照出版，2016年。

22. 蔡震榮，〈特殊傳染性肺炎疫情下有關口罩取締與裁罰管轄權之爭議〉，《月旦醫學法報告》，第60期，2021年10月。

23. 謝瑞智，〈違警罰法修正方向之探討〉，《中國論壇》，第8卷第8期，1979年7月。

24. 謝碩駿，〈警察機關的駭客任務——論線上搜索在警察法領域內實施的法律問題〉，《臺北大學法學論叢》，第93期，2015年3月。

25.翁岳生，《現代法治國家之釋憲制度與司法改革 —— 翁岳生教授論文集》，元照出版，2020年。

26.高玉倫，〈警察機關執行性侵害加害人查訪功效成評估之研究〉，中央警察大學刑事警察研究所碩士論文，2014年6月。

27.「警察機關推動婦幼保護政策評估之研究」，內政部警政署委託研究報告，受委託單位：中央警察大學，研究主持人：章光明教授，協同主持人：吳秀光教授，2016年12月。

28.「行政機關強制力行使之研究：行政機關與警察機關合作模式」，國家發展委員會編印，受委託單位：國立臺灣大學政治學系，研究主持人：章光明教授，協同主持人：陳愛娥副教授、洪文玲教授、葉一璋副教授，2014年3月。

29.「精進組改後警政婦幼保護工作之研究」，內政部警政署委託研究，研究主持人：許春金教授，協同主持人：陳玉書副教授、蔡田木教授，2015年12月。

|第二章|
警察行政調查裁處法制與運用*

---

* 本文乃係作者於2012年國科會「行政罰法調查程序之比較」研究之延伸，後
  發表於《軍法專刊》，第67卷第5期，2021年10月，文章有略作修改。

壹、前言

　　行政調查，為各行政領域為落實法之執行所必須採行之手段，由於各行政領域之執行有其不同之法制規範及專業性考量，我國並無一部全般之行政調查專法可供各行政機關執法使用，而係由各機關依實際需要，於個別行政作用法中為必要之規範[1]，當行政機關發現團體或個人具有違法之可能時，自須進行蒐集並調查相關事證，若經研析相關事證，認確有涉法或違規情事時，即可依法對其作成相關裁罰之行政處分。而蒐集資料為警察一切行政作為之基礎，此一措施之必要性及重要性並不因時代潮流之變異而有所不同，警察蒐集資料雖屬預防犯罪然具干預作用，影響人民權利甚鉅，故於法律保留原則之拘束下，須有明確之法律授權為基礎，始得進行。隨著科技之發展，各種蒐集資料之工具日新月異，為利取得個人相關資料，如利用監視錄影器、違規測速照相、ETC、衛星定位系統或無人機空拍等，將對政府欲達成其特定行政目的，應有相當之助益。

　　基於行政調查之證據及方法對警察機關從事行政調查占有極重要之地位，故有深入探討之必要，目前行政調查及裁處程序之法源依據，主要仍係依行政程序法及行政罰法之規範進行，而警察行政調查則各依其個別法規[2]，因此，本文將以行政程序法及行政罰法等規範之相關調查程序為中心，透過文獻分析及比較研究方法，就其規範之相關條文，分別以證據蒐集及各種不同之調查方法依序論述，並針對現行有關行政調查法制規範不足之處，依據學理之探討及實務之規範提供檢討與建議，以作為警察實施行政調查之法源依據，俾供警察機

---

[1] 郭介恆，〈經濟行政調查程序及相關爭議之探討〉，《東吳公法論叢》，第7期，2014年7月，頁116。

[2] 如警察職權行使法之資料蒐集，社會秩序維護法之調查以及道路交通管理處罰條例之稽查等，都屬警察行政調查之手段。

關於實施行政調查時，遵循適用。

貳、行政調查之概念

　　行政機關之行政調查權限，基於機關功能性之規範，可作為行政機關規制權發動之準備程序，並適時蒐集資料，當行政機關發現有相關違法事證時，自應依職權進行調查，故行政調查之功能與後續作成規制人民之處分具有密切關聯性，並為其重要之依據，乃為行政機關規制權發動前提之資料蒐集機能[3]。另行政調查所蒐集之資料，亦可作為後續行政機關政策擬定與施政計畫之基礎，故須就國家經濟情勢及社會狀態為廣泛全面之調查，並得事先要求規制對象提供詳細之文書、資料或物品及得通知到場陳述意見，並透過資料之取得與研析，以發現規制權發動之必要性，並達成規制之目的。

一、行政調查之基本概述

(一) 行政調查於行政法上之定位

　　我國現行對於「行政調查」並未有明確之定義，於其他個別行政法規中，常見之用詞包括檢查、臨檢、取締、查驗及盤查等，均有行政機關以資料蒐集方式，取得相關事證資料，作成行政處分之意義，如稅捐稽徵法第30條第1項規定，稅捐稽徵機關或財政部賦稅署指定之調查人員，為調查課稅資料，得向有關機關、團體或個人進行調查，要求提示帳簿、文據或其他有關文件，或通知納稅義務人，到達其指定辦公處所備詢，並據以作成相關行政處分。我國對行政機關

3　陳景發，〈論行政調查與犯罪偵查〉，《中央警察大學法學論集》，第3期，1998年3月，頁134。

之資料蒐集行為，有以「行政調查」或「行政檢查」等名詞稱之[4]；又認「行政調查」指行政機關為達成其特定行政目的，依法行使法定職權，包含決定政策方針、擬定施政計畫、頒訂行政命令、決定應否核發執照，或取締違法實施裁罰等，均應透過資料蒐集、掌握現實狀況，就相關之人、物品或處所實施訪談、查驗或檢查等全般資料蒐集活動[5]。另亦有學者認為，「行政調查」乃係行政機關為作成處分或其他處置，透過蒐集、分析構成其前提之事實或證據資料，及經由法規規範各種申報、申請或報備等由當事人提供相關資料之機制，或授權行政機關得行使查詢、訪談或檢驗等調查手段。此種行政機關為達成特定行政目的，對個人或團體所為之各種資料蒐集活動[6]。若從比較法而言，美國法稱之為「administrative investigation」即行政調查[7]，並將行政檢查再區分為基於行政目的之行政檢查，及具有與刑事搜索類似之行政搜查[8]。日本法亦以行政調查指稱[9]；另德國法分

---

[4] 例如吳庚，併用「行政調查」與「行政檢查」用語，認「行政檢查」或「行政調查」係指行政機關為達成行政上之目的，依法令規定對人、處所或物件所為之訪視、查詢、查察或檢驗等行為之總稱。參照吳庚，《行政法之理論與實用》，自版，2003年，增訂8版，頁450。王立達，〈我國行政調查制度之法制化〉，《憲政時代》，第24卷第4期，1999年4月，頁57以下。

[5] 洪文玲，〈論行政調查〉，台灣行政法學會主編，《行政法爭議問題研究》（上），五南出版，2000年，頁724-725。

[6] 劉宗德，〈日本行政調查制度之研究〉，《政大法學評論》，第52期，1994年12月，頁111。

[7] 按美國聯邦行政程序法第555條(c)規定：「除經法律授權外，對於報告、檢查或其他調查之行為，或要求之程序或要件，不得簽發、制定或強制之。」亦即行政機關因調查資料或證據之必要，經法律授權後得檢查住居所、傳喚當事人、證人或要求提出文件紀錄。羅傳賢，《美國行政程序法論》，五南出版，1985年，頁79。洪文玲，《行政調查與法之制約》，學知出版社，1998年，頁107。

[8] 王兆鵬，〈臨檢與行政搜索〉，《月旦法學雜誌》，第85期，2002年6月，頁151。

[9] 陳景發，〈論行政調查之法的統制〉，《中央警察大學法學論集》，創刊號，1996年3月，頁75以下。

別以行政檢查或資料蒐集表示之[10]。因此，行政調查與行政檢查之概念，在行政實定法上與學者間常交互使用，其內涵亦多所重疊。

　　據上，「行政檢查」及「資料蒐集」僅爲其調查之方法或手段[11]，行政調查係指行政機關爲達成行政目的，發現事實眞相，因調查事證之必要，依法所採取之資料蒐集或檢查措施[12]之整體行爲。因此，行政調查之範圍應包括行政檢查在內。

(二) 行政檢查之意義及分類

　　行政檢查行爲以不同的型態出現，並將行政檢查之範圍伸入各個社會活動內，如稅務行爲、環保、藥品、建築等行政領域之行政管理措施，均有賴行政檢查來發現事實眞相，以維護公益之目的。

　　我國實定法上與行政檢查概念相當之用語甚多，且爲行政調查之下位概念，亦爲行政調查手段之一，例如檢驗、勘查、檢查、抽樣、搜查等，其主要功能均在蒐集資料，以達成行政機關特定之行政目的，惟其實施往往可能會干預人民憲法上所受保障之隱私權、財產權、工作權、人身自由權，或其他法令賦予人民之權利，隨時都有可能侵害受檢查人之權利、自由，然卻又爲行政機關不可欠缺之行政措施。

　　行政檢查分類如下：

1. 依其功能可區分爲取締性（制止性）、規劃性（預防性）、規制性等三種檢查方式：

　　(1) 取締性檢查：爲杜絕違法情事之發生，行政機關需蒐集違法事

---

[10] 董保城，〈德國行政檢查法制——以工商業爲例並兼論我國工商業檢查〉，《政大法學評論》，第53期，1995年6月，頁91。德國「資料蒐集」係達成行政目的之重要手段，該項權限之發動依據、界限及救濟，皆有制度性之規範。

[11] 李震山，《行政法導論》，三民出版，2011年，增訂9版，頁365。

[12] 李震山，〈行政調查之立法芻議〉，行政院法規委員會編印，《行政調查制度之研討——行政院94年第2次法制研討會實錄》，2006年6月，頁39。

證，作為取締之根據，可針對個別事件進行檢查，此種檢查多造成對人民之財產權、隱私權與自由權之干涉，依法治國家原則，此種檢查須有法律授權依據。如警察機關之保七總隊協助他機關、保二總隊保智大隊之稽查與取締，以及保三總隊貨櫃安全檢查等。

(2) 規劃性檢查：為提供行政機關規劃未來施政方向、政策等所為蒐集資料活動，如公平會為擬定公平交易政策對事業活動進行檢查、警察進入營業場所檢查。

(3) 規制性檢查：此種檢查並非以取締違法為目的，而係透過調查督促業者自動履行法定義務，如稅捐稽徵法第30條、水污染防治法第26條以及食品安全衛生管理法第41條之檢查等，又如消防機關之消防安全檢查。

2. 依其行使之對象，可區分為「對人」、「對物」及「對場所」之檢查，就不同對象行使行政檢查，因涉及憲法保障之基本權利不同，故檢查方式亦會有所差異：

(1) 對人之檢查：對人之檢查如身分之查證、資料之蒐集等措施，因涉及人身自由及隱私權之保障，故應限制其行使之條件，與對物檢查之區別在於發動門檻之高低，「對人檢查」比「對物檢查」之要件來得嚴格，且程序上較為嚴謹，行政機關不得以檢查之名行搜索之實，亦有可能適用刑事偵查程序之令狀原則，以保障憲法賦予人民之人身自由權及隱私權。如警察之臨檢、盤查以及帶往勤務處所等。

(2) 對物之檢查：對物之檢查，可能涉及人民財產權之保障，然財產權負有社會義務，因此在合理期待之範圍內，人民原則上應有忍受調查之義務，故得命相關之人接受物件之檢查或檢驗，同時亦得為物之扣留，必要時並得使用強制力。另對物檢查則需注意實施檢查時，應請對受檢查之物有事實上管理者或其代理人或相關證人到場，以免產生爭議，例如進出口貨物若違反海關緝私條例第36條、第37條之規定時，若有處以沒入之處

罰，則應由關稅局人員、報關行及進出口之受貨人或出貨人到場監看，並實施沒入手段。保三總隊之貨櫃安全檢查以及警察職權行使法第8條對交通工具之檢查，亦同。

(3) 對場所之檢查：對場所之檢查則涉及人民之居住自由權、財產權及隱私權等憲法保障之基本權利，故欲進入住宅實施行政檢查，其要件必須嚴格界定，應限於該住宅已發生危害或依客觀、合理判斷易生危害者；若係對於營業場所之檢查，有對外營業之需求，其私密性的保障要求並不強烈，故在有法律授權下，為達成調查目的之必要進入營業場所檢查，應得直接為之[13]。警察職權行使法第6條第3項對營業場所之檢查，進入公眾得出入之場所，應於營業時間為之，並不得任意妨礙其營業之規定。

(三) 行政調查之分類

行政調查措施依對於受調查之相對人是否具有拘束力及強制力之性質，區分下列二類。

1. 任意性調查

又稱為一般性調查，係行政機關本於組織法上之法定任務所實施不具強制力，亦無後續制裁作為擔保之調查。因該調查活動之實施有賴於相對人之自願配合、主動提供協助或同意，是否接受調查相對人有自主決定權，並未直接或間接以權力性手段迫使相對人接受調查，原則上並未對其自由權利造成干涉或僅為輕微干涉，故無須有作用法上之授權[14]，不屬法律保留事項，得由行政機關依職權為之[15]。例如

---

[13] 王兆鵬，前揭註8，頁162-163。

[14] 賴恆盈，〈行政調查之研究──以消費者保護行政為例〉，《憲政時代》，第35卷第2期，2009年10月，頁202。

[15] 李惠宗，《行政法要義》，元照出版，2012年9月，6版，頁286。

稅捐機關不必待有人檢舉逃漏稅，即得主動調查課稅之事實基礎，而
採取以實地站崗查核納稅義務人實際營業額之方式為之[16]。

2. 強制性調查

行政機關本於作用法上之依據，所實施具有強制力或有後續制裁
效果之調查，又可分為：

(1) 實力強制調查：行政機關得不待受調查者之同意，逕以實力實施
之強制調查，例如社會秩序維護法第42條，對於現行違反本法之
行為人，警察人員得即時制止其行為，並得逕行通知到場；其不
服通知者，得強制其到場。此種調查類型侵犯人民之自由權利甚
大，故應須法律明確授權，始得為之，且其行使強制力之程度，
不得逾越比例原則。

(2) 間接強制調查：受調查者若無正當理由而抗拒調查，行政機關得
處以罰鍰，以間接強制實施調查，例如稅捐稽徵法第46條。對於
此種調查類型，因得以違反相對人意思之行政強制手段施加制
裁，亦對人民自由權利有所侵害，故仍須有法律依據或明確授
權，始符法律保留原則。

(3) 複合（混合）強制調查：法律明文規定得兼採實力強制調查與間
接強制調查等多重擔保措施之強制調查。例如建築法第91條規
定，違反第73條第2項規定，未經核准變更使用擅自使用建築物
者，處建築物所有權人、使用人、機械遊樂設施之經營者新臺幣6
萬元以上30萬元以下罰鍰，並限期改善或補辦手續，屆期仍未改
善或補辦手續而繼續使用者，得連續處罰，並限期停止其使用。
必要時，並停止供水供電、封閉或命其於期限內自行拆除，恢復
原狀或強制拆除。故複合強制調查係同時運用罰鍰與實力強制調
查手段，以作為行政調查之擔保。

---

[16] 陳文貴，〈行政調查與行政檢查及行政搜索之法律關係〉，《法令月刊》，
第60卷第3期，2009年3月，頁77。

(四) 警察行政調查

　　警察行政調查是指警察機關基於警察預防危害或犯罪以及防止危害等任務，為發現事實真相，且因調查事證之必要，依法所採取之資料蒐集、檢查措施以及進行稽查與取締之整體行為。警察行政調查包羅萬象範圍廣，除一般行政秩序罰之調查外，尚有前述所稱對人、物及場所之檢查活動以及預防犯罪資料蒐集等。此外，警察機關也協助他機關之調查，如保警大隊協助稽查與取締之行政調查業務[17]。此部分問題相當大，現行專業警力係依各該主管法令進行取締、查緝等業務，警察在各該作用法上並無警察行政調查之權，但在警察組織規程上卻規定其職責，如內政部警政署保安警察第二總隊辦事細則以及內政部警政署保安警察第七總隊辦事細則，都在組織法規上訂定警察之稽查與取締之職責。就此，產生主管機關稽查與取締人力與警察專責警力重疊之現象，形成警力浪費之情形，且若干行政機關藉由專責法規有職務協助之規定，則將本身職權權責由警察機關負擔之，且這類案件，通常具有行政刑罰之規定，如智財法、電信法等藉由專責警察之介入，有關一行為涉及行政罰與行事罰，由警察行政調查後移送，免除該專業主管機關移送之職責[18]。

---

[17] 在此部分監察院於101年5月3日由林鉅鋃、杜善良委員調查，據審計部99年度中央政府總決算審核報告，有關內政部警政署所屬專業警力之設置未盡周妥，警力需求評估尚欠覈實，提出報告稱，司法警察機關與一般行政機關之行政權，核屬不同權責，行政機關執行業務如有需要，自得依據行政程序法第19條規定，請求警察機關予以行政支援，兼以各地均有警（分）局及派出所，警力支援應無問題。惟現行專業警力係依各該主管法令進行取締、查緝等業務，如通訊傳播法令執行職務，且受主管機關指揮、監督，顯示原可依相關法令申請支援，變相成為該主管機關之查緝人力，與主管機關自有查緝人力仍有重疊之處，形同分攤行政責任並充作行政機關稽查人員，顯欠合理。

[18] 行政罰法第26條由司法警察移送，法律並無規定，此部分有待檢討。

(五) 行政調查採行職權調查主義

按行政程序法第36條規定，行政調查採職權調查主義，行政機關為達成其特定行政目的，依職權進行事證調查，並決定調查之範圍、對象及方法，不受當事人主張之拘束，惟仍應就當事人有利及不利事項一併注意。換言之，行政機關對調查事件應負有全般調查事實及資料蒐集之責，而非受調查相對人或其他相關人之責任，雖相對人或其他第三人亦有協力義務，但其範圍僅限於提供必要之文書、資料或物品，或接受檢查、臨檢或查驗，最終仍應由行政機關負擔對調查事件之查明及澄清之義務。然行政機關之調查並非均無限制，若行政機關之調查方法顯無法達成事件澄明目的，或無助於事實真相之釐清時，則應停止調查[19]。若調查方法須花費大量勞力、時間及費用，而仍未能有助釐清事實時，基於比例原則考量，其調查方法仍應受到限制[20]。

另按行政程序法第37條規定，當事人得於調查程序自行提出證據，亦得向行政機關申請調查事實及證據，爰此，依前開規定應係賦予當事人於行政調查程序中，有請求調查證據之權利；惟行政機關認無調查之必要者，僅需於最後決定中敘明理由，得不為調查，尤其係當事人所提供之證據並非具有決定重要性，或行政機關業藉由其他資料提供已明確釐清事實，或該證據明顯僅為拖延程序進行等情形[21]。有關行政機關作成各種公權力行政行為，首須確定其所欲規制之事實關係，該事實關係之確定有賴調查事實及證據，一旦對該特定事件調查事證，應視為程序業已開始，若於行政決定所依據之事實未明時，行政機關即負有調查義務，此時行政機關並無裁量權，至如何進行調

---

[19] 洪家殷，〈論行政調查中職權調查之概念及範圍——以行政程序法相關規定為中心〉，《東吳法律學報》，第21卷第3期，2010年1月，頁18。

[20] 李震山，前揭註11，頁495。

[21] 洪家殷，〈論行政調查之證據及調查方法——以行政程序法相關規定為中心〉，《東海法律研究》，第35期，2011年12月，頁8。

查，即關於調查之方法之選擇，由行政機關依合義務裁量爲之[22]。

二、行政調查與隱私權之適用

(一) 隱私權於行政調查程序之運用

1. 個人資訊自決權之限制

　　行政調查乃行政機關爲達成特定行政目的，所進行資料蒐集之整體活動。而其實施之「資料蒐集」活動進程中所取得之資料，若與個人有關，則可能涉及「資訊自決權」。換言之，此種資料自決權確保個人有權決定其個人資料提供與否。若欲對此加以限制，僅得於公益範圍，始可爲之，並應以法律限制[23]。故任何行政調查蒐集取得之資料，在未經當事人同意下提供給他機關，此種資料之傳遞，均屬對其隱私權之侵害[24]。在德國實務判決中，亦確認個人依其基本法第1條第1項及第2條第1項[25]規定之一般人格權——個人資訊自決權，可免於個人資料遭無限制蒐集、儲存、傳遞及運用。基於行政機關對蒐集取得之個人資料處理具有干預性質，故其干預之範圍亦須於具體個案中予以確認決定。

　　有關資訊自決權指「個人有權決定，是否將個人資料公開與提供

---

[22] 施銘權，〈稅務調查之正當行政程序——以憲法、納稅者權利保護法及相關規範爲中心〉，《中正財經法學》，第21期，2020年7月，頁187。

[23] Stefen Zeitler, Allgemeines und Besonderes Polizeirecht für Baden-wüttemberg, 1998, Rdnr, 365f.

[24] 蔡震榮，《警察職權行使法概論》，自版，2012年11月，修訂2版，頁164。

[25] 原文：GG Art 1 (1) Die Würde des Menschen ist unantastbar. Art 2 (1) Jeder hat das Recht auf die freie Entfaltung seiner Persönlichkeit, soweit er nicht die Rechte anderer verletzt und nicht gegen die verfassungsmäßige Ordnung oder das Sittengesetz verstößt.

使用」，又稱「資訊自主決定權」[26]，係由德國聯邦憲法法院於1983年「人口普查案」（Volkszählungsurteil, BverfGE 65.1）判決首創提出之概念，若人民無從知悉個人資訊會為何人、在何範圍、在何時及在何種情況下被他人知悉，將與憲法保障之資訊自主決定權未合，並依此作出結論認為，在現代資訊處理技術條件下人格權之自由發展，是以保護個人來對抗其個人資料被毫無限制之蒐集、儲存、傳遞及運用為前提，亦即依前開基本法第2條第1項結合同法第1條第1項規定之一般人格權，原則上擔保個人決定其個人資料使用與否[27]；而我國經由大法官釋字第585號解釋後，依其意旨指出個人有自行決定是否將其個人資料交付與提供利用之權利。此權利在於透露資訊之自主決定權及資訊利用之知悉權[28]。換言之，在強調國家機關與個人若非獲得當事人之許可，不可任意蒐集、儲存、傳遞及運用個人之資料。

2. 隱私權保護之範圍

現因處於資訊發展時代，行政機關進行各種資料蒐集、處理及利用等事項，均須大量並廣泛使用電腦資訊，面對全面電腦資訊化之行政作業程序，有關個人隱私權保護，亦逐漸轉型著重於資料蒐集之限制、資料之精確、查詢及更正資料、接受資料蒐集通知及確認資料是否存在等權利[29]，並漸由消極排除侵害，發展至機關須積極排除可能

---

[26] 程明修，〈基本權各論基礎講座(3)——資訊自決權：遺傳基因訊息〉，《法學講座》，第19期，2003年7月，頁2。

[27] BVerfG: Vollkszählungsurteil(15.12.1983), Urteil des Bundesverfassungsgerichts vom 15. Dezember 1983, Az.: 1 BvR 209/83, 1 BvR 269/83, 1 BvR 362/83, 1 BvR 420/83, 1 BvR 440/83, 1 BvR 484/83 (last visited: 2021/6/20).

[28] 黃昭元，〈無指紋即無身分證？換發國民身分證與強制全民捺指紋的憲法爭議分析〉，《民主‧人權‧正義：蘇俊雄教授七秩華誕祝壽論文集》，元照出版，2005年，頁471-472。

[29] 劉江彬，〈隱私權之保護〉，氏著，《資訊法論》，三民書局經銷，1986年，頁214。董保城、法治斌，《憲法新論》，元照出版，2010年，4版，頁240。

之侵害[30]。

　　基於憲法並未明定有「隱私權」之規範，自大法官釋字第293號解釋後，即於憲法第22條規定之概括條款中，將隱私權納入人民基本權之保障。惟依該號解釋，並未詳細說明隱私權保護之範圍；迄至釋字第585號解釋才明確指出：「……其中隱私權雖非憲法明文列舉之權利，惟基於人性尊嚴與個人主體性之維護及人格發展之完整，並為保障個人生活秘密空間免於他人侵擾及個人資料之自主控制，隱私權乃為不可或缺之基本權利，而受憲法第二十二條所保障……。」另於釋字第603號解釋，亦揭示指紋乃屬重要之個人資料，個人對其指紋資料之「自主控制」，應受隱私權及資訊自主權之保障。其中有關自主控制個人資料之權利，包含保障人民有決定是否揭露其個人資料，及於何種範圍內、於何時、以何種方式、向何人揭露之決定權，並保障人民對其個人資料之使用有知悉與控制權，及資料記載錯誤之更正權。此乃奠基於人性尊嚴與個人主體性之維護及人格發展之完整。在現今資訊社會中，由於網際網路、電腦及手機等各種資訊傳播技術之發展，對個人資料之蒐集、儲存或利用更加便捷迅速，亦使個人資料之保護更形重要。釋字第689號解釋理由書稱：「……現今資訊科技高度發展及相關設備之方便取得，個人之私人活動受注視、監看、監聽或公開揭露等侵擾之可能大為增加，個人之私人活動及隱私受保護之需要，亦隨之提升。是個人縱於公共場域中，亦應享有依社會通念得不受他人持續注視、監看、監聽、接近等侵擾之私人活動領域及個人資料自主，而受法律所保護[31]。……」

　　綜上，鑑於前開大法官解釋明確揭示隱私權為憲法第22條規定之概括權利外，亦將資訊隱私之概念納入隱私權保護範圍，而使隱私

---

30 王澤鑑，〈基本理論與一般侵權行為〉，《侵權行為法》（一），三民書局經銷，1998年，頁148。

31 以合理期待為準，且該期待須依社會通念認為合理者，則可主張隱私權保障，參閱釋字第689號解釋理由書邊碼7。

權兼具消極與積極之權利面向。申言之,傳統之隱私權較著重於消極之防衛性質,以防止他人侵入個人私領域;而現行隱私權則因社會全面資訊化之結果,認為傳統隱私權不足以因應資訊大量流動及一旦脫離個人掌控就事實上將無法回復原狀之特性,從而認為隱私權尚含有積極性質,亦即資訊隱私權賦予個人得對其資訊行使控制及更正之權利[32]。

(二) 隱私權保障之衝突

行政調查與刑事偵查程序之差異,在於刑事偵查乃就行為人之行為不法予以非難之程序;而行政調查係行政機關為達成其特定行政目的,所進行之資料蒐集行為,兩者雖有程度上之不同,惟均可能干涉相對人之基本權利,基於前述相關大法官解釋,業已明確說明隱私權為憲法第22條規定之概括權利,且其保障範圍在於「個人生活秘密空間免於他人侵害」及「個人資料之自主控制」等權利;在我國司法實務中,多認為刑事偵查程序之搜索、扣押等強制處分乃係典型侵害人民隱私權之措施;然行政調查雖係行政機關為釐清事實真相,以達成特定行政目的所實施之手段,惟其調查方法對人民基本權干涉之影響,亦可能不小於前開刑事訴訟程序中之搜索及扣押處分,故行政調查方法亦有可能侵害人民憲法所保障之合理隱私期待。是以,行政調查依職權所蒐集取得之相關資料,基於隱私權之保障,除法律另有明定外,行使調查權之機關應不得無故任意揭露或提供他人使用。然依政府資訊公開法第9條規定,人民得向政府機關申請資訊公開,將可能使行政機關於行政調查後所取得資料之運用,產生對他人隱私權保障之衝突[33]。當然隱私權之保障並非絕對,仍應有其界限存在,並應

---

[32] 周逸濱,〈行政機關個人資料保護法制之研究—以日本法為比較中心〉,國立臺北大學法律學系研究所碩士論文,2008年6月,頁24-25。

[33] 郭介恆,〈行政調查與資訊隱私權—以美國法制為例〉,台灣行政法學會主編,《行政調查之建制與人權保障行政訴訟之前置救濟方法與程序》,元照出版,2009年,頁15。

受憲法第23條規定之限制[34]。

　　基此，行政機關通知人民到場進行行政調查，主要在使當事人提供文書、資料及物品或實施鑑定，鑑於資訊自決權及隱私權之保障，對於個人資料既可自主決定、掌控，自得決定是否要將相關資料提供予行政機關調查。是行政機關通知人民到場進行行政調查或實施鑑定之程序，應均可能對其個人資訊自決權和隱私權產生干涉或侵害。

　　警察行政調查中諸多涉及資料蒐集，尤其警察職權行使法第二章「身分查證及資料蒐集」（第6條至第15條），這些條文之資料蒐集，原則上並非是基於防止危害目的，而主要係基於預防犯罪之目的所採取的臨檢、盤查或設置管制站（第6條、第7條），檢查交通工具（第8條），集會遊行場所資料蒐集（第9條），裝設監視器，或以現有之攝影或其他科技工具蒐集資料（第10條），跟監（第11條），線民（第12條、第13條），通知到場即時調查或執行鑑識措施（第14條）以及治安顧慮人口查訪（第15條）。

三、行政調查方法與證據法則

(一) 一般行政調查方法之檢視

　　現行有關行政程序之調查事實及證據程序，依行政程序法第36條規定，行政機關應依職權調查證據，不受當事人主張之拘束，對當事人有利及不利事項一律注意。申言之，行政機關為達成特定行政目的，發現事實真相，因調查證據之必要，可採取之調查方法，得依職權裁量決定之，以釐清事實，並據以作成行政決定。現行有關行政調查之方法除其他個別行政法之規範外，於行政程序法第39條至第42條已有明確規定，以下茲就前開行政程序法規定之調查方法摘述如次。

---

[34] 洪家殷，〈公務機關資料之蒐集與個人資料之保護〉，《東吳法律學報》，第30卷第4期，2018年11月，頁39。

1. 得通知相關人到場陳述意見

依行政程序法第39條規定，行政機關基於調查事實及證據之必要，得以書面通知相關之人到場陳述意見。換言之，行政機關為釐清事實真相，得以書面通知相關之人到場陳述意見，因相關人就有關事實之經過應有一定之認識，且可能為受處分之對象，故通知其到場陳述意見，除可保障其申辯之權益外，亦可藉由其他相關之人及有關公務員之陳述協助行政機關釐清相關事實，並掌握有利之證據，爰此乃為最重要之調查方法[35]。然有關調查相對人之陳述，亦屬當事人協力義務範圍，故使其分擔陳述事實經過之責任，應為法治國原則之所許[36]。

2. 得要求相關人提供文書、資料或物品

依行政程序法第40條規定，行政機關為調查事實及證據之必要，得要求當事人或第三人提供必要之文書、資料或物品。有關要求當事人或第三人提供文書、資料或物品之行為，亦屬協力義務範圍，並為任意性調查方法。另就其他機關而言，依行政程序法第19條規定，行政機關為發揮行政一體之功能，於其權限範圍內有相互協助之義務。因此，行政機關就其執行職務必要所持有之文書資料或相關物品，於不妨害國家安全、國防機密與刑事偵查不公開之情形下，應有相互提供之義務。

3. 送請鑑定

由於行政任務日益複雜，涉及專業知識之運用亦愈廣泛，囿於行政機關之人力及裝備之限制，實務上經常須藉助鑑定人之專業技能，進行事實及證據之調查。爰依行政程序法第41條規定，行政機關得選

---

[35] 洪家殷，〈行政調查與刑事偵查之界限〉，《東吳法律學報》，第25卷第1期，2013年7月，頁5。

[36] 李震山，前揭註11，頁497。

定適當之人為鑑定，亦即當行政機關依職權行使調查證據，若涉有專業知識，當調查機關欠缺該專業時，可送請鑑定人進行鑑定，俾利事實真相之釐清。另行政調查之鑑定人概念與訴訟法上並無不同，乃基於其專業知識及經驗，協助行政機關確認事實[37]。反之，若該事實依一般日常生活經驗即可判斷時，即無送請鑑定之必要。

4. 實施勘驗

依行政程序法第42條規定，行政機關為發現事實真相，得實施勘驗。「勘驗」乃為行政機關為釐清事實所實施之一種調查方法。申言之，指行政機關得親自體驗事實狀況，並依勘驗人員親至現場體驗直接依五官感知相關證據事實之進程，或委託機關或個人至相對人、標的、現場或事件，對於認定事實相關之人、地進行勘查其現象及性狀，並實地觀看或調查相關事實發生之全貌，完竣勘驗紀錄製作，除有不能通知之情形外，應通知當事人到場陳述意見，俾供行政機關日後據以作成行政決定。

5. 進入檢查

行政機關為了確認人民是否遵守法規，常須藉由進入住宅、工廠或營業場所實施檢查或調查，主要係基於行政目的，預防危害之發生或制止違法之持續[38]。如水利法於2016年修正前，水利主管機關對於工廠私自挖井抽取地下水，無法進入該工廠檢查[39]，乃於2016年第96條之3第1項增訂進入檢查之規定，而稱：「主管機關或水利機關為執行有關水權、河川、排水、海堤、水庫、水利建造物、地下水鑿井業或用水計畫之管理，認有違反本法禁止或限制規定或有隱匿用水量逃漏耗水費之虞時，得派員進入事業場所、建築物或土地實施檢查，並

---

[37] 洪家殷，前揭註19，頁7。

[38] 洪家殷，〈行政調查與刑事偵查之界限〉，《警察法學》，第17期，2018年7月，頁7。

[39] 因私人工廠或魚塭挖取地下水造成地層下陷，影響高速鐵路之行駛安全。

得令相關人員爲必要之說明、配合措施或提供相關資料；被檢查者不得規避、妨礙或拒絕。有具體事實足認有違反實施檢查之行爲且規避、妨礙或拒絕檢查時，主管機關或水利機關得強制進入；必要時，並得商請轄區內警察機關協助之。」又如警察職權行使法第6條規定警察於公共場所或合法進入之場所，得對於下列各款之人查證其身分，該條第3項並規定，警察進入公眾得出入之場所，應於營業時間爲之，並不得任意妨礙其營業[40]。

(二) 警察行政調查之檢視

　　警察行政調查屬特別行政調查，警察除本身職權，犯罪預防之調查如警察職權行使法所規定盤查、資料蒐集，以及違警或違序之調查與處罰等外，也協助其他秩序機關實施稽查與取締之業務，如保二、保三、保七警察警察以及刑事警察局，執行其他秩序機關多項調查協助之任務。因此，警察行政調查範圍即廣，茲敘述如下。

1. 警察職權範圍內之行政調查

　　依據警察法規授予職權所採之行政調查，包括事前預防犯罪之調查（檢查）[41]、違警行爲調查與處罰、違反道路交通之稽查與處罰[42]，以及警察職權範圍內，如保全業法以及當舖業法之調查與處罰等。警察法規中行政調查規定最爲詳細的是社會秩序維護法，第二編處罰程序第二章調查，包括四個條文，有關開始調查之時機、物的扣留、通知嫌疑人到場以及即時制止其行爲，並得逕行通知到場等[43]。

---

[40] 入出國及移民法第67條也有類似進入場所之規定。

[41] 如警察職權行使臨檢盤查、資料蒐集之規定，治安顧慮人口之查訪以及家戶訪查等。

[42] 警察職權範圍內之行政調查，有關處罰部分，如社會秩序維護法以及道路交通管理處罰條例，部分裁罰管轄權雖不屬警察（法院或監理所），但警察仍必須負責違規行爲之調查與取締。

[43] 未來警察行政調查制定專法，則可以本章爲基礎。

2. 警察職權範圍外之行政調查

　　在警察組織中的保安警察，負責若干秩序機關之稽查與取締，如刑事警察局電信大隊統合、支援、取締、偵查違反通訊傳播法令及相關犯罪案件，保二總隊之保智大隊，保三總隊之貨櫃安全檢查以及保七總隊成立各大隊處理其他秩序機關之稽查與取締工作[44]。另外，警政署就新興業務婦幼安全事務成立防治組，配置人力處理衛生福利部事務，屬組織法之規定。另在協助他機關業務，在管轄機關作用法上會有職務協助或配合檢查之規定[45]，就此部分警政署另有組織辦事細則規定警察大隊有協助稽查與取締之業務，無形中增加警察業務量，讓警察不勝負擔。

(三) 違反行政法上義務之行為人查證程序

1. 對違反行政法上義務行為人之處置

　　依行政罰法第34條規定，行政機關對現行違反行政法上義務之行為人，得為下列之處置：(1)即時制止其行為；(2)製作書面紀錄；(3)為保全證據之措施，遇有抗拒保全證據之行為且情況急迫者，得使用強制力排除其抗拒；(4)確認其身分，其拒絕或規避身分之查證，經勸導無效，致確實無法辨認其身分且情況急迫者，得令其隨同到指定處所查證身分；其不隨同到指定處所接受身分查證者，得會同警察人員強制為之。前開規定目的係為防止違反行政法義務之行為持續進行，致生更嚴重之損害，明定列舉行政機關對於違反行政法義務之行

---

[44] 保二、保三警總隊處理他機關業務，係源自於傳統保警派駐他機關執行警衛任務而衍生出來之任務，保七總隊之稽查與取締則屬一般秩序機關無法完成任務，請警察機關協助之業務，其中最主要就是行政調查。

[45] 參閱「行政機關強制力行使之研究：行政機關與警察機關合作模式」，國家發展委員會編印，受委託單位：國立臺灣大學政治學系，研究主持人：章光明教授，協同主持人：陳愛娥副教授、洪文玲教授、葉一璋副教授，2014年3月，頁175以下，附錄5警察職務協助182種法規表。

爲，得視個案情形，即時制止之；又爲利行政裁處程序之進行，得製作書面紀錄或爲保全證據措施或確認其身分之處置。

2. 即時制止、保全證據及確認身分性質之釐清

(1) 即時制止：即時制止之行爲可否使用強制力及其法律性質爲何，有釐清之必要，若將該處置措施解釋爲命令停止之行爲者，其法律性質應爲行政處分，人民即負有停止行爲之義務，若人民自行遵從，行政機關則不可使用強制力。倘將該處置措施認定爲得以強制力即時制止其行爲者，性質似較接近對於危害防止之「即時強制」，應屬具干預性質之事實行爲。故由立法意旨觀之，應係爲防止違反行政法上義務行爲持續進行，致生更嚴重之損害，賦予行政機關對現行違反行政法上義務之行爲，得視實際情況，即時制止之。是以，爲避免損害之擴大而言，應將即時制止之措施認定爲「即時強制」之事實行爲似較爲合宜。

(2) 保全證據：行政機關對現行違反行政法義務之行爲人，得爲保全證據之措施；如遇有抗拒保全證據之行爲且情況急迫者，得使用強制力排除其抗拒。前開規定爲現場處理之措施，並賦予行政機關得以強制力排除其抗拒之權限，故其本質仍應屬事實行爲。

(3) 確認身分：查證確認身分之措施究爲行政處分或事實行爲，尚有爭議，若論其性質，僅係短暫之確認身分，並無一定之法效性存在。惟於大法官釋字第535號解釋後，益臻明確，基於該解釋肯認臨檢之查證身分係爲「行政處分」，且依警察職權行使法第6條亦規定「查證身分」屬行政處分。又依目前德國警察法亦有將查證身分視爲行政處分之情形[46]。另有關查證確認身分之程序並未明定期限，似未允當，解釋上應以查證確認其身分後，即應使其離開，最長不得逾3小時，故應類推適用警察職權行使法第7條之

---

46 德國警察法將查證身分、驅離管束等加以類型化，稱之爲類型化措施（Standardmassnahmen），具行政處分性質。

規定。綜上，有關令其隨同至指定處所查證身分之法律性質，有認應屬不具法效性之事實行為，亦有認應為行政處分。是依前開大法官解釋意旨，考量其使人民負有隨同至指定處所查證身分之義務，若不遵從將受強制力之限制，故依其性質應定義為行政處分，似較能保障人民救濟之權利。

(四) 行政調查之證據法則

1. 行政調查之自由心證原則

　　行政機關經由行政調查而蒐集之各種證據資料，即須透過證據之評估，以確認與其後續作成行政決定有關事實之存否，倘該證據經評估後，已可確認待證事實，則行政調查程序應可告終結[47]。至行政機關如何評價證據，並無一般性之規定，惟對事實真偽之判斷，依行政程序法第43條規定：「行政機關為處分或其他行政行為，應斟酌全部陳述與調查事實及證據之結果，依論理及經驗法則判斷事實之真偽，並將其決定及理由告知當事人。」應由行政機關對於決定有關事實之存否，及該事實之真偽，本其專業及良知，利用各種證據方法所取得之證據資料，依論理法則及經驗法則綜合判斷之[48]。爰此，行政調查乃採自由心證原則，有關證據之證明力，由行政機關本於確信自由判斷。而「自由心證」並非無證據亦可認定事實，亦非證據之取捨漫無標準，行政機關作成處分或決定，仍須以依法調查所獲得心證之事實為基礎，對證明力之判斷更不能違背論理法則及經驗法則[49]。

2. 證據法則之採用

　　行政機關對於行政程序中所進行之證據調查，究應採法定證據主

---

[47] 洪家殷，前揭註19，頁10。

[48] 洪家殷，前揭註21，頁15-16。

[49] 羅傳賢，前揭註7，頁100。

義或自由心證原則,尚有爭議。基於「法定證據主義」之證據證明力應須由法律明定,不容行政機關裁量判斷,且特定事實應以特定之證據方法證明之;而「自由心證原則」,乃有關證據之證明力,得由行政機關本於確信自由判斷,故鑑於行政程序著重專業、迅速及效能之特性,並爲達成特定之行政目的,應賦予行政機關自由心證似較法定證據爲宜。行政機關經斟酌全般意見陳述及調查證據後,得依自由心證判斷事實之眞僞,並應將心證之結果告知當事人及如何得此心證之理由,以求愼重。

四、行政調查救濟程序之審視與檢討

行政調查若違反行政程序法規範之相關程序者,如承辦公務之人員應迴避而未迴避、告知決定程序有瑕疵或違反說明理由義務等,因行政調查多數爲任意性、非獨立之行政措施,應屬程序行爲,故有關行政調查程序過程中之救濟,依行政程序法第174條規定,僅能於實體決定聲明不服時,一併提出聲明,無法單獨就該調查手段提起救濟;另依大法官釋字第535號解釋理由書提及得於行政調查程序中,由執行公務人員開立執行紀錄等方式辦理。

(一) 違法行政調查救濟之容許

對於違法之行政調查,受調查之相對人得予拒絕,惟就調查程序之適法性,若調查機關與相對人間之認知不同,得否容許相對人提起行政爭訟程序予以救濟,尚有爭議。

1. 允許對間接強制調查提起行政訴訟救濟

間接強制調查係以行政刑罰或行政罰爲強制手段[50],以達成行政

---

[50] 以強制手段達成行政調查,可區分爲已行政罰或刑罰爲擔保之間接強制調查,以及直接以實力強制執行之直接強制調查。參閱洪家殷,〈行政調查行

調查之目的。依現行規定，相對人無法對間接強制措施單獨提起行政訴訟，因行政調查為行政機關作成行政決定前之準備程序，其調查方法並未具備規制內容，亦未發生法效力[51]。於日本實務中，雖有將「即時強制檢查」解釋為忍受命令及實行行為兩者之綜合體，而允許得為撤銷訴訟標的之規範[52]，故對間接強制調查方法不服，得對之提起撤銷訴訟[53]救濟。惟我國並未有間接強制調查得單獨提起行政爭訟之相關規定，但有氏認為，若事前以通知書通知相對人，仍可對其提起課予義務訴訟之「禁止實施調查」或「確認調查權限不存在」之訴訟[54]。另亦有氏認為若該調查行為已嚴重影響人民之權利時，仍應許其保護其權利之機會，如主管機關之人員進入工廠或建築物內查核或抽驗檢查時，倘有妨礙、干擾現場工作或有洩漏機密之行為，致使相對人之權利受有損害時，應使其得於現場表示異議之權利[55]。是日後似應明確規範容許對間接強制方法，得以提起救濟之規定，俾確保人民權利。若影響受調查相對人之人身自由或財產權，亦得允許其提起國家賠償之請求。

2. 直接強制調查之事後救濟特性

直接強制調查指就相對人之人身或處所，行政機關以實力實現行政調查之目的。其中較有爭議者，應為「實力強制進入處所檢查」之方法。直接強制進入處所檢查若有事前通知，可將該事前通知視為行政處分，而應給予提前聲明不服之機會；惟實務上，實力強制進入檢

為之強制及救濟〉，《月旦法學教室》，第241期，2022年11月，頁10。

[51] 董保城，〈行政程序中程序行為法律性質及其效果〉，《政大法學評論》，第51期，1994年6月，頁84。

[52] 芝池義一，《行政法總論講義》，有斐閣，2006年，4版補訂版，頁274。

[53] 劉宗德，前揭註6，頁134-135。

[54] 洪文玲，前揭註5，頁756-766。

[55] 洪家般，〈從臺灣食品安全法制論行政調查之實施〉，《月旦醫事法報告》，第47期，2020年9月，頁18。

查多數為無預警，並無事前通知，縱為違法，僅能拒絕或規避調查，而於遭裁罰處分之行政爭訟或國家賠償訴訟中，確認其程序違法之事後救濟而已[56]。

(二) 行政機關怠為實施行政調查之救濟

對於行政機關怠為行政調查得否提起救濟，應視怠為進行調查之效果，對該特定具體事件之影響而定。若行政機關怠為進行調查部分事證資料或自始均未開始調查，而逕依現有證據作成終局處分，致使當事人權益受損；或利害第三人享有調查請求權，請求行政機關調查，而行政機關怠為進行，怠為對受規制之當事人作成規制性或制裁性處分，致人民權益受損。通常行政調查為行政機關作成終局決定前之準備程序，若該怠為進行調查之證據為作成終局決定之主要依據，即有可能導致該決定之無效或得撤銷。惟因無調查行為存在，故當事人僅能對終局決定聲明不服。另有關調查請求權之救濟評估，若因公務員之故意或過失怠於對受調查當事人進行調查，致其權益受有損害時，可否對之提起行政爭訟，應視行政調查性質而定。若請求行政機關實施行政調查之作為屬「行政處分」，似可依行政訴訟法第5條第1項提起課予義務訴訟，請求行政機關作成必要之行政調查；若請求作成之調查程序屬「事實行為」，可另依行政訴訟法第8條規定提起一般給付訴訟，要求行政機關作成行政調查[57]。倘人民之權益因此而遭受侵害，亦可提起國家賠償訴訟[58]。

---

[56] 劉宗德，前揭註6，頁136。

[57] 吳庚，前揭註4，頁640-644。

[58] 蔡秀卿，〈行政調查法制之探討〉，東吳大學法律學系研究所碩士論文，2006年7月，頁149-150。

參、行政調查與刑事偵查之交錯

　　「行政調查」指行政機關為達成其行政目的，因調查事證之必要，依行政程序法或其他個別行政法令規定對人、處所或物品所採取之資料蒐集、訪視實施、查察、檢查、抽樣、盤查或檢驗之措施，以預防違法行為或狀態之發生；另刑事偵查乃係檢察官為釐清犯罪嫌疑人之犯罪事實，依刑事訴訟法規定所為之調查手段，以發現真實，並判斷犯罪嫌疑人得否依法提起公訴之依據。兩者雖係國家機關就特定行政目的，依法所進行資料蒐集、調查證據之程序，有其共通性，然其間仍有很大之差異。在行政調查程序中，有關警察之職務行為，因具有輔助司法機關部分職權之特性，故如何深入區分行政警察與司法警察，將是實務運作上之難題；大概僅能就具體個案，依各該法律規範要件加以判斷。我國法制受限於法律依據、執法主體、程序及救濟程序規範之不同，致使區分行政調查與刑事犯罪偵查之手段，有其重要及必要性[59]。以下就行政調查與刑事偵查間之關聯性等面向加以說明，以釐清兩者之關係。

一、刑事偵查之概念

(一) 具有權利干涉之性質

　　客觀法秩序所應許個體主張之權利稱為「主觀權利」，主觀權利具有使擁有此主觀權利者得以成為權利主體之性質。憲法於人民基本權利領域中設有「主觀公權利」之概念，使人民得對國家或高權團體提出司法上之請求權，如憲法第8條第1項規定之人身自由權，人民除現行犯之逮捕由法律另有規定外，非經司法或警察機關依法定程序，

---

[59] 蔡秀卿，前揭註58，頁29-30。

不得逮捕拘禁；非由法院依法定程序，不得審問處罰；非依法定程序之逮捕、拘禁、審問及處罰得拒絕之。在此法規範中呈現出對人民權利之法律保留概念，即對現行犯之逮捕及依法定程序進行逮捕、拘禁、審問或處罰之程序規範。又憲法第23條規定人民憲法上之各項自由權利，除為防止妨礙他人自由、避免緊急危難、維持社會秩序或增進公共利益所必要之目的外，不得以法律限制之。具體而言，須符「比例原則」及具有「特定目的」——除為防止妨礙他人自由、避免緊急危難、維持社會秩序或增進公共利益所必要者，及於「特定法律基礎」（法律保留）上，國家或高權機關始可對人民基本權利進行干涉，如此之干涉行為，即為「權利干涉」。

(二) 權利干涉之效果

依警察職權行使法及刑事訴訟法之規範與對人民權利干涉具有緊密關係，依憲法第24條規定，違法權利干涉之手段，凡公務員違法侵害人民之自由或權利者，除依法律受懲戒外，仍應負刑事或民事責任，使受侵害之人民就其所受損害，得依法向國家請求賠償。然由於合法之權利干涉，並未牴觸憲法第24條規定，係因警察職權行使法與刑事訴訟法之授權規範，具有刑法上阻卻違法事由之效力，依刑法第21條第1項規定不罰。

爰此，藉由阻卻違法事由之成立，使原本對人民各項基本權利，如人身自由、居住自由、財產權及隱私權等權利干涉行為，不成立不法。其中各項基本權利干涉行為中，以搜索及扣押處分對事證之蒐集具有重大意義，而事證之蒐集基礎在於對證據之調查，換言之，蒐集證據之本質即為一種調查或搜查行為。

(三) 刑事搜查於訴訟法上意義與原則

任意調查原則乃係以強制處分為比較概念，兩者間關鍵之連結在於「對個人重要利益之侵害」，所謂「強制處分」即指侵害個人重

要權利之處分[60]，於國家追訴犯罪時，為蒐集、保全證據之必要，而對行為人所施加之強制措施，故強制處分係對人民基本權利具有重大之干涉或侵害[61]，惟其仍賦有以下訴訟法上之功能：1.偵查犯罪；2.證據保全；3.訴訟要件之確認；4.訴訟進行之保障；5.保障判決之執行；6.預防犯罪。爰對基本權利之重要干涉應須符合強制處分法定主義，其意義與法律保留原則並無二致，亦即對強制處分唯有在法定原則下，始得實施。另任意處分則不以侵害個人重要權利為內容之措施。是依強制處分所為之搜查為「強制搜查」；而不依強制處分所為之搜查稱為「任意搜查」。基此強制搜查依前述唯有在法律規定下始得實施，故刑事搜查為免恣意侵害人民權利，應儘可能依任意搜查方式進行，即為「任意搜查原則」。換言之，刑事訴訟法上應以任意搜查為原則，並以強制搜查為例外。因強制搜查通常伴隨對人民之權利干涉，故應儘量避免，並應輔以令狀原則，以發揮強制處分法定主義之程序保障機能，且應將強制處分置於司法審查控制下為之，始符憲法保障人民基本權利之意旨。

在任意搜查之界限上，有關行政警察之活動是否均未能形成刑事訴訟法上重要利益之侵害，尚非無疑。行政警察活動嚴格以論並非刑事訴訟上之搜查行為，但其與上述之任意搜查活動經常具有重疊性，尤其對獲得承諾之任意搜查將產生更多討論餘地，如於自由權或財產權方面乃可得支配之利益，若獲得嫌疑人或被告同意時，亦可能成立任意搜查。另對個人資料之蒐集方面，如與犯罪搜查無關時，可否完全認定為任意搜查之性質，亦非無疑。例如在德國刑事訴訟法中，對此種資訊之處理為有關「柵網資料比對追緝」之層面，將犯罪之特徵與某些人之數據特徵為比對，找出其中可能之犯罪嫌疑者；乃係透過資訊檢索搜查出嫌疑犯，原則上依德國刑事訴訟法第98a條及第98b條

---

[60] 田口守一，《刑事訴訟法》，弘文堂，2017年，7版，頁42。

[61] Roxin, Strafverfahrensrecht, §29 Rn. 3.

規定，須經由法官保留始得爲之，但緊急情況下得由檢察官下令之，然事後應即請求法院確認之[62]。

另以下就刑事偵查規範對人、對物發動證據調查之程序要件及時機說明如次。

1. 搜查之端緒及搜查機關之主觀判斷

搜查機關發動偵查之必要條件，乃係「認爲犯罪行爲有可能存在」之情形，使搜查機關認爲犯罪行爲有可能存在之理由，即爲「搜查之端緒」。當搜查機關主觀上感知有犯罪行爲可能存在時，即可形成「初始干涉權」。初始干涉權所涉及爲「前階搜查」或「前偵查」之問題，前階搜查之目的在於界定「初始懷疑」；搜查之端緒乃係透過某種具體線索使偵查機關感知犯罪行爲有可能存在之理由。通常發現此些具體線索可區分以下要件：

(1) 偵查實質要件：偵查機關主觀、自發性或職權上所進行感知行爲，或經由其他認識可能性管道，甚至偶然獲知之犯行感知，如盤查、車輛攔檢或所持物品檢查，或自新聞報導或網路上得知可能犯罪之訊息。按其實質內容可分爲以下情形：①必須有具體事證存在；②依刑事經驗法則，有理由相信可能有一犯罪行爲存在；③具有法律上之不法推論。

(2) 偵查形式要件：由偵查機關以外者感知發現犯罪行爲存在或可能存在，而向偵查機關告知所爲之行爲，如告訴或告發等。申言之，搜查之端緒通常可能與無犯罪認知或迴避危害之行政警察活動性質重疊。警察活動可區分爲行政警察與司法警察活動二類，搜查之端緒行爲之性質於警察活動體系上，應可歸屬於行政警察活動範疇。「犯罪行爲探知活動」於程度與性質上（前階偵查理論）均尚未成立「搜查活動」，而搜查活動於體系上屬司法警察活動，兩者具有直接連動關係，甚有可能於形式上透過行政警察

活動以進行司法警察活動，因而於正式搜查行為前之警察活動有可能於不知不覺間轉向成使人民承受一定不利益之活動，故於此種先前警察活動中，或至少在認定為「前偵查」活動中，即應有「適正程序原則」（緊急性、必要性及相當性）之適用[63]。換言之，於任意偵查方面，須適用「適正搜查基準」。故警察機關若於進行其警察活動時，於一般警察活動原則外，尚須另依具體情況考量適用前揭「適正程序原則」。

2. 刑事訴訟法證據蒐集程序中對物之蒐集

在進行搜查行為後，司法警察或偵查機關之活動重心轉移至證據蒐集上，對於證據之蒐集行為中，主要係對物之證據蒐集。又對物之證據蒐集可分為任意處分與強制處分如下：

(1) 物之證據蒐集之任意處分，如犯罪現場之封鎖、蒐證調查或對現場目擊者之訪查等。

(2) 物之證據蒐集之強制處分，如搜索、扣押等依刑事訴訟法規定之強制處分。

3. 刑事訴訟程序對犯罪嫌疑人之偵查

當客觀上行為人若具有犯行嫌疑時，在刑事訴訟程序上便成立「嫌疑人」地位，嫌疑人為程序之客體，同時亦是主體，因其受有特定權利，亦可影響變更程序之進程。賦予嫌疑人法定地位及權利具有積極意義，因嫌疑人之法定地位，可凸顯出形成嫌疑人地位之操作性基準，以避免偵查機關為破壞其權利而刻意隱蔽嫌疑人之嫌疑特性[64]。再者，單純嫌疑之對象，若要形成刑事訴訟法上犯行嫌疑人可能，除客觀之犯行嫌疑特徵外，尚須具有「刑事追訴機關之意志活動」，此種意志活動展現出刑事追訴機關欲將單純之嫌疑對象，轉換

---

[63] 日本最大判平成四・七・一民集四六卷五號頁437參照。

[64] BVerfG StV 2001, 601; BGHSt GrS 50, 48.

爲刑事訴訟上之嫌疑人以對其展開刑事訴訟程序[65]。而如此之意志活動即爲「刑事訴追意志活動」[66]。然一旦存在有「具體事實根據」，且偵查機關依其職業上偵查犯罪之經驗法則判斷，認爲該具體事實根據，將使關係人參與一可得追訴之犯罪行爲變得具有可能性時，此時即由單純之嫌疑要素凝聚成爲具體初始懷疑[67]。爰此，偵查機關即具有義務將單純嫌疑人轉換成刑事訴訟法意義上之嫌疑人[68]。

二、行政調查與刑事偵查程序之區別

行政調查之調查主體，以行政部門之相關主管機關爲主，例如稅捐稽徵機關爲調查課稅資料，其調查主體即以稅捐機關或賦稅署行政人員爲主；而刑事偵查即以檢察官爲偵查主體，並由司法警察（官）爲輔助機關，惟仍有例外情形，如行政警察及司法警察行使職權之交錯，及如何由行政警察轉換成司法警察，可能亦有兩者兼具之情形。

(一) 行政調查程序

有關行政調查之方法依行政程序法第39條至第42條規定，概有得通知相關之人陳述意見、得要求相關人提供文書、資料或物品、送請鑑定及實施勘驗等。原則上行政機關於實施調查時，通常不採取強制力，且依當事人協力義務，亦有主動配合提供相關證據資料之情形，若當行政機關實施行政調查過程中，當事人拒絕提供相關事實資料時，行政機關原則上並無強制力，僅能爲任意性調查，惟例外得依個

---

[65] Beulke, Strafprozessrecht, 10. Aufl., Rn. 110ff.

[66] Löffelmann/Walther/Reitzenstein, Das strafprozessuale Ermittlungsverfahren, 2007, §1 A.III Rn.10.

[67] BGH StV 1988, 441; LR-Beulke, §152 Rn. 22; Jahn, Institut für Kriminalwissenschaften und Rechtsphilosophie, S.545.

[68] 德國刑事訴訟法第152條第2項規定之偵查強制原則（Ermittlungszwang）。

別行政法規之特別規定，施以強制力，以達成其特定行政目的。如依稅捐稽徵法第30條規定，稅捐稽徵機關爲調查稅捐資料，得向機關、團體或個人進行調查，要求提供相關文件，相對人不得拒絕，否則依同法第46條規定，將受科處罰鍰之行政裁罰。

(二) 刑事偵查程序

　　刑事偵查程序係在確認犯罪嫌疑人之犯罪事實成立與否，而進行之調查程序，以作爲後續定罪之證據。其偵查作爲雖有傳喚犯罪嫌疑人到庭陳述意見、鑑定或勘查等調查程序，惟可能均含有強制性，如拘提、逮捕、搜索、扣押、監聽及羈押等處分，更係以強制性手段調查相關事證，以達犯罪偵查之目的。

(三) 差異比較

　　依違法嫌疑程度與性質而言，一個違法行爲可能構成違序與犯罪之不同，於執行調查之程序上，爲特定行政目的之調查與刑事犯罪偵查目的之程序要求，則有所不同[69]。行政調查目的，則依個別行政法規授權，行使相關調查手段，並依職權進行相關資料蒐集或進行證據鑑定、勘驗，或透過行政檢查手段，對人、物或處所實施行政調查，俾以發現事實眞相，並據以作成終局之決定；另犯罪偵查之執行，乃係依刑事訴訟法之偵查法制規定進行，確認犯罪嫌疑人之犯罪事實成立與否，而實施之調查程序，以作爲後續定罪之證據。故兩者之間目的、手段及程序均非相同。

---

[69] 許義寶，〈移民行政調查職權之研究〉，《涉外執法與政策學報》，第7期，2017年5月，頁93。

三、行政搜查與刑事搜索之關係

(一) 行政調查與刑事偵查之界限

　　行政調查之界限，即為行政調查與刑事偵查程序之轉換，由於行政調查之個別調查，經常具有強制性，涉及人民之居住自由、財產權及隱私權等基本權利之重大侵害，故應由法律明確規定及授權之範圍始得進行；而刑事偵查依刑事訴訟法規定較有嚴謹之規範，如行為人涉有犯罪嫌疑時，應由檢察官向法院聲請核發搜索票，於符合令狀原則後，始可進行刑事偵查之各項強制處分措施。另有關刑事偵查之開始，應為前述當搜查機關主觀上感知有犯罪行為存在時，形成之「起始懷疑」，以透過偵查機關主觀或職權上所進行之感知作為，而認定具體犯罪事證之存在，並須具有相當理由，始得據以發動刑事偵查程序。若行政機關先以行政調查為目的所進行之調查程序，嗣而查知相對人具有犯罪嫌疑時，應如何啟動刑事偵查程序，似須有嚴格之限制，俾免行政機關以行政調查之方式，而行刑事搜索之實。倘行政機關於行政調查進程中發現可能涉有犯罪嫌疑之事證資料時，依刑事訴訟法第241條規定，即應向偵查機關告發，再由偵查機關進行刑事偵查，故行政機關完成刑事告發時，亦可成為行政調查與刑事偵查之界限[70]。

(二) 行政搜查適用令狀原則之時機

　　行政機關為行政調查進程中，對人民權利侵害最為重大的乃為強制進入處所檢查之調查方法，因該調查方法涉及人民居住自由、營業自由及隱私權之侵害，故當須符法律保留原則。惟是否應適用刑事訴訟法之令狀原則，如警察權限行使進程中，警察所採取之「進入處所」、「拘束身體」、「盤查」及「扣留」等措施，與依刑事訴訟法

---

[70] 洪家殷，前揭註34，頁23。

所為之強制處分，並無不同，故刑事偵查程序規範之「令狀原則」是否亦應適用於行政調查程序，似有討論空間。目前行政機關無論對人、物或處所實施強制檢查措施之目的，若係為日後據以作成行政裁罰性之不利處分，除個別行政法規之特別規定外，原則上僅須符法律授權規定，即可就相關之人、處所或物品實施行政檢查，行政機關縱無搜索票，仍可進行相關檢查措施，尚難謂構成權利之侵害。惟有氏認為[71]，為符合憲法賦予人民隱私權之保障，無論是否屬刑事上之犯罪嫌疑人，或基於公行政目的之一般性行政檢查措施，且其檢查目的，雖非為犯罪訴追，亦應均有其適用。換言之，行政機關進入人民住宅及對其人身、物品之檢查，於通常認知下，似應取得法院之令狀，始得為之[72]。另依日本實務見解[73]，無論行政調查與刑事目的均有其憲法第35條規定令狀主義之適用，除行政機關須非以追訴刑事責任為目的之進入檢查，且取得之資料不當然使用於刑事程序等情形外，始例外無違憲之虞。綜觀我國法之相關規範，僅依個別行政法規授權之規定，行政機關即得派員進入處所實施檢查，似對人民活動隱私權或居住自由權之過度侵害，為確保憲法賦予人民基本權之保障，並建立令狀原則機制之普世價值，應得考慮納入令狀原則之規範，並可參考日本法之規定，於個別行政法規中，如計量法第148條第5項規定，明定行政調查程序之「進入檢查」，不得解釋授予刑事偵查權

---

[71] 陳文貴，〈行政調查與行政檢查及行政搜索之法律關係〉，《法令月刊》，第60卷第3期，2009年3月，頁79。

[72] 陳文貴，〈行政檢查與令狀原則之界限探討〉，《中原財經法學》，第39期，2017年12月，頁145。

[73] 於日本川崎民商事件判決中，最高裁判所認為憲法第35條規定對於搜索及扣押之令狀原則規定，亦應適用於行政程序；惟基於以下之理由始得以無令狀原則適用：(一)檢查並非以追訴刑事責任為目的；(二)取得之資料不當然使用於刑事程序；(三)調查手段僅為間接強制而無直接行使實力；(四)從課稅目的而言，質問檢查具有高度必要性，可不受憲法令狀原則之限制。參閱https://www.courts.go.jp/app/files/hanrei_jp/962/050962_hanrei.pdf，最後瀏覽日期：2021年6月1日。

限之規定[74]，俾利區分令狀原則適用時機，並建構完整之行政調查機制。但有持反對意見認為，行政調查目的有別於刑事偵查，調查手段之強度即應受限制，普遍適用令狀原則，顯非妥適[75]。

本文認為，強制進入在行政調查上，只要符合法律保留原則既可進入，無須令狀[76]，但若涉及犯罪嫌疑案件，則於個別法規特別規定，如稅捐稽徵法第31條第1項規定：「稅捐稽徵機關對逃漏所得稅及營業稅涉有犯罪嫌疑之案件，得敘明事由，聲請當地司法機關簽發搜索票後，會同當地警察或自治人員，進入藏置帳簿、文件或證物之處所，實施搜查；搜查時非上述機關人員不得參與。經搜索獲得有關帳簿、文件或證物，統由參加搜查人員，會同攜回該管稽徵機關，依法處理。」本條係專業主管機關向當地司法機關聲請搜索票之規定，足以作為其他具有處罰權之秩序機關參考，不必事事仰賴警察。

(三) 緘默權適用之判別

緘默權之主張是保障人民在刑事訴訟程序中之權利，相對於刑事訴訟，行政調查過程中，對人民權利干涉，較刑事程序輕微，且行政調查有其特定目的須達成，基於公共利益考量，若使相對人得主張緘默權，將對特定目的之達成形成重大挑戰，故緘默權於行政調查程序中原則上應不得適用[77]。惟若行政機關開始行政調查時不知行為人涉

---

[74] 日本計量法第148条（立入検査）：「5第一項から第三項までの規定による権限は、犯罪捜査のために認められたものと解釈してはならない。」

[75] 洪家殷，前揭註38，頁34。

[76] 水污染防治法第26條第1項規定：「各級主管機關得派員攜帶證明文件，進入事業、污水下水道系統或建築物污水處理設施之場所，為下列各項查證工作：一、檢查污染物來源及廢（污）水處理、排放情形。二、索取有關資料。三、採樣、流量測定及有關廢（污）水處理、排放情形之攝影。」即屬只要法律有規定無須令狀的例子。

[77] 洪家殷，前揭註34，頁39。且行政調查法規中經常有規定當事人協力之義務，如行政程序法第39條陳述意見之規定以及稅捐稽徵法第30條後段「通知

有犯罪之事實，而於調查過程中始發現其涉及犯罪事實而應轉換為刑事偵查時，其調查結果很可能將使行為人受到刑事訴追，故應於轉換時以刑事偵查程序視之，即非屬單純之行政調查，行為人自可主張緘默權[78]。

肆、行政調查於警察裁處程序之運用

行政罰之實施乃對人民權利之侵害，於裁罰前之調查程序，更應遵守正當法律程序，基於有權利必有救濟之法理，事後亦應給予權利救濟之機會。行政機關對於是否有違反行政法上義務之行為，應採取主動積極調查之原則，依行政程序法第34條規定：「行政程序之開始，由行政機關依職權定之。但依本法或其他法規之規定有開始行政程序之義務，或當事人已依法規之規定提出申請者，不在此限。」因此，於行政裁處前之調查程序，應依職權進行並採主動調查為原則。但仍應適用行政程序法之「調查事實及證據」相關規範及一般法律原則。

一、警察裁處之調查程序

由於警察機關依現行個別行政法進行之調查程序規範種類繁多且均未相同，除依行政程序法及行政罰法規定進行行政調查外，另社會秩序維護法、警察職權行使法及道路交通管理處罰條例亦為警察機關裁處調查程序之重要依據。爰本文以前開法規規定之行政調查方法作

納稅義務人，到達其辦公處所備詢，被調查者不得拒絕」屬於緘默權主張之例外情形。

[78] 洪家殷，前揭註38，頁39。

為探討核心，以藉此就行政調查之方法、程序及後續救濟規範情形，加以介紹、釐清。

(一) 社會秩序維護法之調查法制

社會秩序維護法有關調查程序，指對違反社會秩序維護法之行為，藉由詢問嫌疑人、證人進行深入查明事實真相，蒐集相關證據，以作為裁處依據之準備程序。依該法規定，警察機關有先行調查權，為調查之主體，其調查手段主要為詢問，不拘形式，亦不拘地點行之。另因現行法制已有屬一般規範之行政程序法第36條至第43條等相關規定，得以作為行政違規調查與裁處程序之依據，且有行政罰法第第33條至第44條之裁處程序及警察職權行使法之「查證身分及蒐集資料」等規定，可資規範。

1. 裁處罰鍰之調查

(1) 調查之開始：依社會秩序維護法第39條規定，警察機關因警察人員發現、民眾舉報、行為人自首或其他情形知有違反本法行為之嫌疑者，應即開始調查。有關開始調查，即指開始主動、獨立依職權進行調查程序，無須聽命於法官或檢察官之指揮或命令，如對於非現行違序之行為人得發出書面通知單。爰此，警察機關若知有違序嫌疑人應採立即調查原則以明真相，因違序行為之追究，依同法第31條規定，時效僅二個月，逾二個月者，警察機關即不得訊問、處罰，且不得移送法院。2023年2月19日T1聯盟球賽爆發出賽史以來最嚴重的衝突，桃園永豐雲豹隊與台灣啤酒英熊隊的兩方成員大打出手。有網友看不下去，向警方告發球員鬥毆違反社會秩序維護法，轄區警方受理後，即是依本條規定著手調查處理之[79]。

---

[79] 如調查屬實，警方是否得依社會秩序維護法第87條：「有下列各款行為之一者，處新臺幣一萬八千元以下罰鍰：……二、互相鬥毆者。……」端賴舉辦球賽之場所，是否屬公眾得出入場所，且有妨礙社會秩序之情事。

(2) 涉案物裁處確定前之保全與裁處確定後之處理：依社會秩序維護法第40條規定：「可爲證據或應予沒入之物，應妥予保管。但在裁處確定後，保管物未經沒入者，予以發還所有人、持有人或保管人；如無所有人、持有人或保管人者，依法處理。」[80]有關物證或依同法第22條、第23條規定應予沒入之物，爲防止被行爲人處分而無法作爲證據或沒入之執行，於當場查獲者應帶案處理，於裁處確定前應妥予保管，不得交由行爲人或第三人保管，以保全證據。另於裁處確定後，保管物未經沒入者，應予發還所有人、持有人或保管人；如無所有人、持有人或保管人者，依有關法律處理。

(3) 相關人之通知、詢問與強制到場：依社會秩序維護法第41條第1項規定，警察機關爲調查違反社維法行爲之事實，應通知嫌疑人，並得通知證人或關係人。故「通知」乃爲警察機關命令違序之嫌疑人或得請相關證人或關係人前往指定處所接受調查之方法[81]。而詢問爲履行調查證據之主要手段，原則上以書面通知至警察機關內行之，若對現行違反社維法之行爲人，警察人員得即時制止其行爲，並得逕行通知到場；其不服通知者，得依同法第42條規定強制其到場。另對違序嫌疑人進行調查時，嫌疑人就其姓名、住所或居所爲不實之陳述或拒絕陳述者，應構成同法第67條第1項第2款規定之違序要件，可移由簡易庭裁處拘留或科處罰鍰[82]。

---

[80] 本條規定仍有所不足，應參考行政罰法第36條第1項規定，得沒入或可爲證據之物，得扣留之。亦即，社會秩序維護法應加上扣留之規定。

[81] 2023年2月19日T1聯盟球賽爆發出賽史以來最嚴重的衝突，警察也依本條規定，傳訊嫌疑人。

[82] 警察依警察職權行使法查證身分時，受查證人拒絕提供身分資料或拒絕陳述，可否依本條款處罰？本文持否定意見，因爲本條款亦針對違序之行爲，不得用在警察查證身分上。

2. 裁處種類

違反社會秩序維護法之裁處，分由法院及警察機關作成決定，前者稱爲裁定，後者爲處分，故統稱爲裁處[83]。專屬警察機關裁處案件規定在社會秩序維護法第43條第1項：「左列各款案件，警察機關於訊問後，除有繼續調查必要者外，應即作成處分書：一、違反本法行爲專處罰鍰或申誡之案件。二、違反本法行爲選擇處罰鍰或申誡之案件。三、依第一款、第二款之處分，併宣告沒入者。四、單獨宣告沒入者。五、認爲對第一款、第二款之案件應免除處罰者。」本條項規定之外之處罰，則由法院爲之。

不管警察或法院管轄之案件，皆由警察實施裁處前之行政調查[84]。

(二) 警察職權行使法之調查法制

警察就其權限之行使，性質上屬行政機關所爲之行政行爲，故警察職權之行使，應結合行政調查或行政檢查權，方能蒐集證據與資料，對於其蒐集資料之方式及法制說明如次。

1. 身分之查證

依警察職權行使法第6條第1項規定：「警察於公共場所或合法進入之場所，得對於下列各款之人查證其身分：一、合理懷疑其有犯罪之嫌疑或有犯罪之虞者。二、有事實足認其對已發生之犯罪或即將發生之犯罪知情者。三、有事實足認爲防止其本人或他人生命、身體之具體危害，有查證其身分之必要者。四、滯留於有事實足認有陰謀、

---

[83] 陳斐鈴，〈社會秩序維護法〉，蔡震榮、黃清德、陳斐鈴，《警察法規論（二）》，新學林出版，2021年，頁101。

[84] 從社會秩序維護法第46條第1項規定：「法院受理警察機關移送之違反本法案件後，除須審問或調查者外，應迅速制作裁定書。」即可得知法院係依警察移送案件來審理，且依本法第92條規定：「法院受理違反本法案件，除本法有規定者外，準用刑事訴訟法之規定。」

預備、著手實施重大犯罪或有人犯藏匿之處所者。五、滯留於應有停（居）留許可之處所，而無停（居）留許可者。六、行經指定公共場所、路段及管制站者。」

2. 攔停交通工具、詢問姓名等措施

依警察職權行使法第7條規定，警察若依同法第6條規定，為查證人民身分，得採取下列之必要措施：(1)攔停人、車、船及其他交通工具；(2)詢問姓名；(3)令出示身分證明文件；(4)若有明顯事實足認其有攜帶足以自殺、自傷或傷害他人生命或身體之物者，得檢查其身體及所攜帶之物。另詢問姓名及令出示身分證明文件之方法顯然無法查證身分時，警察得將該人民帶往勤務處所查證；帶往時非遇抗拒不得使用強制力，且其時間自攔停起，不得逾3小時，並應即向該管警察勤務指揮中心報告及通知其指定之親友或律師。

3. 對於交通工具之檢查

依警察職權行使法第8條規定，警察對於已發生危害或依客觀合理判斷易生危害之交通工具，得予以攔停並要求駕駛人或乘客出示相關證件或查證其身分、檢查引擎等特徵、要求駕駛人接受酒精濃度測試之檢定。另針對交通工具之駕駛人或乘客有異常舉動而合理懷疑其將有危害行為時，得強制其離車；有事實足認其有犯罪之虞者，並得檢查交通工具。

4. 蒐集資料之態樣

依警察職權行使法第9條規定，警察依事實足認集會遊行或其他公共活動參與者之行為，對公共安全或秩序有危害之虞時，於該活動期間，得予攝影、錄音或以其他科技工具，蒐集參與者現場活動資料；另按第10條規定，對於經常發生或經合理判斷可能發生犯罪案件之公共場所或公眾得出入之場所，得裝設監視器，或其他科技工具蒐集資料，屬靜態之資料蒐集；第11條規定，對重大犯罪之嫌疑對象，以目視或科技工具設備，進行觀察及動態掌握等資料蒐集活動；第12

條、第13條規定，得利用線民秘密蒐集特定對象之資料，以防止危害或犯罪之發生。

5. 蒐集資料須符特定目的

　　警察機關對於依警察職權行使法規定所蒐集資料之利用，應於法令職掌之必要範圍內爲之，並須與蒐集之特定目的相符。故警察機關對個人資料之處理，應有「目的拘束原則」之適用，亦即警察機關以特定目的所蒐集之資料，僅能以該目的加以利用、儲存或傳遞，不得逾越該目的之範圍，且不得漫無目的之爲之。惟若作爲警察教育與訓練之用，或作爲統計、文書檔案與刑法追訴之用等，則不在此限[85]。另於指紋資料蒐集上，其蒐集目的應具體明確，不得單純以「儲存」爲前提進行蒐集。換言之，指紋資料既經政府機關蒐集後，其利用、傳遞等事項，亦須符合蒐集目的，除法律另有規定外，不得爲他目的之處理。

6. 資料之傳遞運用

　　警察機關於其行使職權之目的範圍內，必要時，得依其他機關之請求，傳遞與個人有關之資料。其他機關亦得依警察機關之請求，傳遞其保存與個人有關之資料。故警察機關若依其他機關之請求，傳遞與個人有關之資料，依前開規定，應須符合警察行使職權之目的範圍；倘於警察機關間內部資訊之傳遞，仍應有「目的違反禁止」之適用。另警察若以監察通訊方式蒐集之資料，自須依通訊保障及監察法第18條第1項規定辦理，不得提供與其他機關（構）、團體或個人使用。

7. 通知到場（警察職權行使法第14條）

(1) 通知到場與其他條文之比較分析：警察職權行使法第7條無法身分

---

[85] Josef König Eingriffsrecht, Massnahmen der polizei nach der Strafprozessordnung und dem polizeigesetz Baden-württemberg, 1997, S.410.

查證時，以及第8條警察攔停要求駕駛人接受酒精濃度測試之檢定，都有可能以「通知到場」來執行下一步措施。原警察職權行使法該條草案內容規定：「警察依前條規定無法查證身分時，得採取非侵入性之鑑識措施。」後來被刪除。因此，在實務上本條之通知到場，有可能是延續上述法條後續之行為。

(2) 通知到場之法律性質：通知到場之性質，應屬行政調查之行為，警察在執行警察職權時，如有事實不明有進一步調查之必要，才得以使用，由於本條調查行為之法律形成要件過於寬廣，本條規定是刑事訴訟法犯罪發生前，預防危害或犯罪之階段，屬行政法規範之範圍，因此似可以參考行政程序法第39條規定：「行政機關基於調查事實及證據之必要，得以書面通知相關之人陳述意見。通知書中應記載詢問目的、時間、地點、得否委託他人到場及不到場所生之效果。」本條規定是屬於任意性，而非強制性之調查，屬事實行為而非行政處分。但在事實上，民眾即可能被半強迫式到達警察指定之場所，接受進一步的調查。

8. 治安顧慮人口查察

　　無治安顧慮人口規定時，早期戶口查察將人口分為一種戶、二種戶、三種戶，其中區隔是以其所違反法條之可非難程度而言，一種戶即相當接近於治安顧慮人口範圍，二種戶則是較具危險之家戶或行業如：(1)所犯刑事案件經起訴或少年法院裁定保護處分者。但過失、酒醉駕駛及簡易程序判決案件除外；(2)由一種戶經改列為二種戶者；(3)受毒品戒治人：指毒品危害防制條例第25條第2項警察機關得採驗尿液者；(4)自衛槍枝戶；(5)委託寄售及舊貨業、汽機車修配保管業、當舖業；(6)旅（賓）館及其他供公眾住宿處所；(7)其他影響治安場所或人口。然而除了上述一、二種戶以外之一般人民即為第三種戶。

(1) 治安顧慮人口查訪實施要件

　　① 維護社會治安，並防制治安顧慮人口再犯。

② 曾犯殺人、強盜、搶奪、放火、妨害性自主、恐嚇取財、擄
　　人勒贖、竊盜、詐欺、訪害自由、組織犯罪之罪，受毒品戒
　　治人或曾犯製造、運輸、販賣、持有毒品或槍砲彈藥之罪。
③ 經執行完畢或假釋出獄者。
④ 查訪期間，以刑執行完畢或假釋出獄後三年內為限。

(2) 治安顧慮人口查訪之性質與效果

本條文並未賦予警察機關任何之強制力，因此實施查訪僅屬於所
謂「事實行為」，當事人若拒絕警察之查訪，警察只能採用其他資料
蒐集之手段為之。

(3) 治安顧慮人口查訪及家戶訪查規範之訂定

由於早期戶口查察所規範之對象與現今之治安顧慮人口似乎有所
重疊，所以在治安顧慮人口訪查實施後，警政署於2007年12月13日原
有之戶口查察作業規定修改成警察勤務區家戶訪查辦法，與治安顧慮
人口雙管齊下，此種作法類似將早期之戶口查察一分為二，將一、二
種戶獨立出來為治安顧慮人口訪查之對象；三種戶則成為家戶訪查之
對象。此二者之法律授權均為明確，治安顧慮人口查訪辦法是由警察
職權行使法第15條第3項所授權訂定，而家戶訪查辦法之授權則是由
警察勤務條例第11條第1款訂定之。2018年修正為警察勤務區訪查辦
法。

(4) 警察勤務區訪查辦法

治安顧慮人口查訪及家戶訪查之實施，都屬任意性的調查，不具
強制性的事實行為。

警察勤務區家戶訪查辦法乃內政部依警察勤務條例第11條第1款
授權規定，於2007年12月13日訂定發布施行，全文共計17條。茲配合
現行警察勤務區（以下簡稱警勤區）員警已不再逐家逐戶實施訪查之
現況，2018年4月11日修正本辦法名稱為「警察勤務區訪查辦法」。

本辦法第2條區分治安顧慮人口而稱：「警察勤務區（以下簡稱
警勤區）員警依本辦法規定執行訪查。但治安顧慮人口之查訪，依治
安顧慮人口查訪相關法令規定辦理。警勤區訪查之目的為達成犯罪預

防、為民服務及社會治安調查等任務。」

第8條規定查訪方式而稱：「警勤區員警實施訪查，以實地個別訪查為原則；必要時，得以聯合訪查或座談會方式實施。警勤區訪查，以座談會方式實施者，應將訪查時間及地點，於訪查日三日前，以書面通知受訪查者。」

(三) 道路交通管理處罰條例之調查法制

道路交通管理處罰條例第2條規定，道路交通管理、處罰，依本條例規定；本條例未規定者，依其他法律規定。爰此，有關道路交通管理處罰條例未規定事項，如調查方法、證據法則等，將依行政程序法或行政罰法等規定辦理。

1. 職權調查事證

按行政程序法第36條規定：「行政機關應依職權調查證據，不受當事人主張之拘束，對當事人有利及不利事項一律注意。」故有關道路交通管理稽查證據之調查係採職權進行主義，由行政機關依職權運用可掌握之資料來源，以闡明事實之存在與否或真偽，故其得使用之證據方法，原則上應不受限制。至調查方法為何，自應由警察機關視具體個案需求選擇之。

2. 調查舉發之主體

依道路交通管理處罰條例第7條規定，道路交通管理之稽查，違規紀錄，由交通勤務警察，或依法令執行交通稽查任務人員執行之。另依同條例第7條之1規定，民眾得敘明違規事實或檢具違規證據資料，向公路主管或警察機關檢舉，經查證屬實者，應即舉發。故公路主管及警察機關以外之自然人、法人、團體或其他機關，均得作為本條文規定之檢舉交通違規事件之主體。

3. 以科學儀器為輔助之證據蒐集

按道路交通管理處罰條例第7條之2第1項規定：「汽車駕駛人之

行為有下列情形之一,當場不能或不宜攔截製單舉發者,得逕行舉發:一、闖紅燈或平交道。……七、經以科學儀器取得證據資料證明其行為違規。」上開第7款規定意旨係因除同條項第1款至第6款所列違規行為外,其他違規行為(例如超速駕駛)無法以目擊方式逕行舉發,有以科學儀器取得證據資料後再行製單舉發之必要,爰於第7款特別明文規定。至於第1款至第6款所列違規行為,其行為態樣本即得以目擊方式逕行舉發,倘以科學儀器取得證據資料後再行製單舉發,係屬調查證據方法之一,由機關依職權選擇適當方式為之,無待法律之規定。行政機關舉發上開條例第7條之2第1項第1款至第6款之違規行為以科學儀器取證之作法,其目的當係為加強證明力,俾免相當時日經過後舉證之困難,基於職權調查主義,自無不可。

4. 違反法定程序取證之證據能力判斷

按違反道路交通管理事件統一裁罰基準及處理細則第19條之2規定,警察於執行酒精濃度檢測前,應全程連續錄影之程序要求,屬法定程序,故警察欲對汽車駕駛人實施酒精濃度測試檢定時,均應踐行上開程序,如未遵守前開程序規定,即屬違反法定程序。惟警察執行酒精濃度檢測時,違背法定程序所取得之證據,其有無證據能力之認定,除法律另有規定外(如道路交通管理處罰條例第7條之2第2項第9款、第3項,關於超速違規行為,經測速照取得證據之規定),則應審酌人權保障及公共利益之均衡維護(參考刑事訴訟法第158條之4之規範意旨)。因此,交通違規之裁處程序,係以確定國家具體之裁罰權為目的,為保全證據並確保行政罰之執行,固有實施行政調查之必要,且為確保依法行政原則,增進人民對行政之信賴,實施行政程序之公務員自應遵守正當法律程序原則。然違背法定程序取得之證據,若不分情節,一概以程序違法為由,否定其證據能力,從究明事實真相之角度而言,難謂適當;反之,若一概以究明事實真相之必要為由,肯定其證據能力,從人權保障之角度而言,亦屬過當。因此,除法律另有規定外,為兼顧程序正義及發現實體真實,應於行政救濟程

序個案審理中，就個人基本人權之保障及公共利益之均衡維護，依比例原則及法益權衡原則，予以客觀之判斷，亦即宜就違背法定程序之程度、違背法定程序時之主觀意圖（即實施行政調查之公務員是否明知違法並故意爲之）、違背法定程序時之狀況（即程序之違反是否有緊急或不得已之情形）、侵害被調查人權益之種類及輕重、違反交通法規之行爲所生之危險或實害、禁止使用該證據對於預防將來違法取得證據之效果、行政機關如依法定程序，有無發現該證據之可能性，及證據取得之違法對裁罰處分相對人之行政救濟有無產生不利益，與其程度等情狀予以審酌，以決定應否賦予證據能力[86]。

二、法院裁判之案例探討

(一) 警察開立之臨檢紀錄表得作爲他機關裁罰依據

1. 事實概要

　　緣上訴人於民國90年6月14日經臺北市政府核准在臺北市中山區○路○段115巷7號、9號2樓開設「豪傑資訊社」，領有臺北市政府商號營利事業登記證，核准登記之營業項目爲電子資訊供應服務業（不含擷取網路遊戲軟體供人遊戲）；資訊軟體服務業；資料處理服務業；食品、飲料零售業；事務性機器設備零售業。案經臺北市政府警察局中山分局於同（90）年11月3日19時臨檢查獲「豪傑資訊社」有設置以電腦方式操縱產生聲光彩像之際際網路遊戲設施，供不特定人士消費之情事，該分局乃通報被上訴人（臺北市政府）等權責機關查處。臺北市政府認上訴人未經核准擅自經營資訊休閒服務業，違反商業登記法第8條第3項規定，且前業經臺北市政府處罰鍰並命令停止

---

[86] 108年度高等行政法院及地方法院行政訴訟庭業務交流提案第5號高等行政法院表決之多數意見；最高法院93年台上字第664號刑事判例、最高行政法院103年度判字第407號判決意旨亦有採類似見解。

經營登記範圍外業務，爰依同法第33條第2項規定，處以新臺幣3萬元罰鍰，並命令應即停止經營登記範圍外之業務。上訴人不服，提起訴願，經遭駁回，遂提起行政訴訟[87]。經最高行政法院判決上訴駁回在案。

2. 爭點

行政機關作成限制或剝奪人民自由或權利之行政處分前，依行政程序法第102條規定，應通知處分相對人陳述意見，然被上訴人作成系爭處分前，並未給予上訴人陳述與說明之機會，有違上開行政程序法之規定。本件行政處分乃依臺北市政府警察局中山分局製作之臨檢紀錄表，該紀錄表係以臨檢電子遊戲機業者之表格為之，其行政目的並不相符，且屬他機關取得之證據，並非權屬之行政機關所蒐得之事證資料，似屬傳聞證據，原處分機關以此作為行政處分之依據，尚難謂合於行政程序。

3. 案例評析

行政機關基於調查事實及證據之必要，得以書面通知相關人陳述意見，固為行政程序法第39條所明定。惟該條文僅係規定行政機關「得」通知相關之人陳述意見，並無強制性；換言之，行政機關如採其他方法，已足以完成證據及事實之調查，非必要以書面通知相關之人陳述意見，亦不違法。本案例參照原處分卷所附「臺北市政府警察局中山分局臨檢紀錄表」所示，於其檢查情形欄中，已給予上訴人陳述意見之機會，並經在場管理人簽名、按指印，臺北市政府依上開臨檢紀錄表，作成對上訴人科處罰鍰及命令應即停止經營登記範圍外業務之行政處分，於處分前未通知上訴人陳述意見，因符行政程序法第103條第5款規定行政處分所根據之事實，客觀上明白足以確認，原處分似未違法。惟於傳聞證據是否適用於行政證據部分，並非無疑。

---

[87] 最高行政法院93年度判字第964號判決參照。

　　在刑事訴訟程序中符合信用性、必要性之傳聞證據，乃屬傳聞法則之例外，具有證據能力。然行政主管機關並未親臨現場稽核，僅憑他機關之調查報告、警察之臨檢紀錄表或刑事移送報告書或相關筆錄之記載，即作為行政罰裁處依據，顯為傳聞證據，是否有證據排除法則之適用？依法務部看法，警察機關雖非相關商業行政主管機關，惟警察分局之臨檢紀錄表，係依實務製作之公文書，符合公文書之形式要件，該紀錄表僅係將營業場所之實際營業情形，不加價值判斷，詳實記載於紀錄表內，就事實面而言，自具有證據能力。例如現今全球嚴重特殊傳染性肺炎（COVID-19）已迅速流行爆發，截至目前已有15,000多例確診，主管機關為防治特殊法定傳染病流傳、擴散，視實際需要，而宣布諸多防疫措施，如禁止室內5人聚會及室外10人以上之活動、人員外出應全程佩戴口罩及進入餐廳等八大行業場所亦均須採實名制等防疫措施；惟查緝稽核單位概由警察機關實施臨檢予以告發、取締，若查獲事業、個人或團體如有違反相關防疫措施者，則將查獲事實函送地方主管機關，依傳染病防治法第67條等相關規定予以裁罰。

　　綜上，依現行實務上，證據資料如何判斷，應為證據之評價問題，於自由心證原則下，其證據價值如何，是否足以證明待證之事實，乃應由行政機關斟酌全般事實及調查證據之結果，依據論理法則及經驗法則而為判斷。因此，前述傳聞證據之證據能力有無判斷，仍應由行政機關依職權調查主義，採自由心證原則，依論理及經驗法則判斷其真實性後，始得使用之。

(二) 行政調查合法取得之證據，運用於刑事案件得具證據能力

1. 事實概要

　　被告楊○與其員工均明知渠等並未向主管機關申請核發廢棄物清除、處理機關（構）許可文件，而未領有廢棄物清除、處理許可文

件，竟共同基於非法從事清除、處理廢棄物之犯意聯絡，且共同基於意圖為自己不法所有之竊盜犯意聯絡，與甲營造公司、乙工業股份有限公司分別簽訂合約工程委託書，約由被告楊○及其員工負責拆除丙公司位於新北市○區○段地號○號等15筆土地及丙公司位於同小段地號○號等9筆土地上原丁廠之地上物後，渠等即僱工於丁廠所坐落之廠區土地上，未經丁廠或該等土地所有權人之同意，駕駛挖土機、碾石機、砂石車等機具、車輛，接續挖取其中如A、B、F區所示土地區域之砂石，並於現場以碾石機碾碎該等砂石後，堆置於如C、D、E區所示土地區域，再接續以砂石車將該等砂石載出，而以此種方式盜採上開土地中之砂石；復陸續載運營建廢土、瀝青廢料、油泥垃圾、廢木材及廢布等之營建混合物，至前揭開挖土地處傾倒回填掩埋，而以此方式非法從事廢棄物清除、處理。嗣前揭地號○號等土地所有權人祭祀公業法人新北市之代表人發覺有異，遂於同日報警處理而循線查獲上情[88]。

2. 爭點

　　被告楊○認依廢棄物清理法第9條第1項前段僅規定行政主管機關得以「進入」、「攔檢」、「檢查」或「採樣」之手段確認廢棄物處理等情，並未允許行政機關得開挖探知地底土壤內容物等資訊，所為逾越法律授權，實係無令狀之違法搜索，其會勘紀錄為傳聞證據，應無證據能力，且臺灣省土木技師公會指派之鑑定人未具備地質之專業知識，所證乃其主觀推想、臆測之詞，既無補強證據，其鑑定報告亦不具證據能力；況被告另行委託之戊環境分析股份有限公司所為之鑑定報告，記載C、D、E區之土石成分為石頭、磚塊RC、砂石加瀝青混合物等，係出自現場廠房等地上物之成分，絕無傾倒廢棄物，原判決遽認本件犯行顯有違誤。

---

[88] 最高法院105年度台上字第411號刑事判決參照。

3. 案例評析

　　行政調查，係指行政機關為達成行政上之目的，依法令規定對人、處所或物品所為之訪視、勘驗、查察或檢驗等行為。倘行政機關所為之行政調查，具有法令上之依據，且實施之過程及手段合於目的性與正當性，則其將行政調查結果及所取得之相關資料，提供予偵查機關作為偵辦之證據資料，該等證據資料自屬合法取得之證據。而行政機關得選定適當之人為鑑定，為行政程序法第41條第1項所明定，因實施行政調查之必要而為之鑑定，核屬行政調查方法之一，殊無因係行政機關基於行政調查而委託發動者即謂該鑑定報告無證據適格之理，此與刑事訴訟法第198條第1項規定，鑑定人由審判長、受命法官或檢察官選任之規定並無扞格。又倘事實審法院於審判程序中已賦予被告詰問權，對受行政機關委託而實際參與鑑定之人，就其專業資格、採取之鑑定方法、過程及得結論之推理等情為充分之詰問，則該鑑定意見乃經法院合法調查所得之證據，自得採為裁判之基礎。

　　倘行政機關未能遵守相關行政法令規定，違法蒐集取得之事證資料，得否於刑事訴訟程序中具有證據能力，例如行政機關人員未依相關行政法令規定，違法採樣並送請鑑定單位所檢測之鑑定報告，得否於刑事訴訟程序採為證據？對於違反行政程序所作成之檢測報告，若經行政法上評價為不適格證據者，基本上刑事偵查機關自應予拒絕適用，惟基於刑事訴訟程序考量證據禁止法則並非絕對二分模式，亦即並非所有違法取得之證據均不具證據能力，應予排除適用。因此，違反行政規範程序所蒐集取得之事證資料，自不應直接論以不具證據能力，而似可採刑事訴訟程序之「證據禁止法則」評價加以檢視；實務上，亦有認為該檢測報告於刑事訴訟程序之證據能力有無判斷，不應僅以行政機關之違法採樣為證據法要求法則，仍應回歸適用刑事訴訟法第158條之4規定，作為判斷標準[89]。

---

[89] 最高法院104年度台上字第1083號刑事判決參照。

(三) 行政調查與刑事偵查界限之釐清

1. 事實概要

　　新北市政府警察局樹林分局偵查隊小隊長曾甲、偵查佐李乙與同分局警員數名，於民國105年1月3日上午11時30分許，至新北市○區○街○號2樓（以下簡稱系爭地點）查緝賭博案件時，因被告宋丙與在場之林丁均拒絕告知眞實姓名年籍資料，經警表明須將渠等帶往勤務處所查證身分，被告宋丙、林丁均明知曾甲等人業出示證件表明警察身分，正依法執行公務，竟皆基於妨害公務之犯意，拒絕配合盤查而與曾甲等警員發生拉扯，拉扯過程中，曾甲之手臂甚遭林丁之指甲劃傷（傷害部分未據告訴），被告2人以此強暴方式妨害曾甲等人依法執行公務，嗣爲警當場逮捕。因認被告宋丙、林丁均涉犯刑法第135條第1項之妨害公務罪嫌。案經原審認被告宋丙、林丁均無妨害公務犯意，判決被告2人均無罪，檢察官提請上訴[90]。

2. 爭點

　　按刑法第135條第1項之妨害公務罪，以公務員依法執行職務時加以妨害爲要件，若超越職務範圍以外之行爲，即不得謂爲依法執行職務，縱令對之有所妨阻，要無妨害公務之可言。該罪所謂依法，指依據法令而言，故公務員所執行者，若非法令內所應爲之職務，縱對之施以強暴脅迫，除其程度足以構成他項罪名者，得論以他罪外，要難以妨害公務論，若所施之強暴脅迫，係出於防衛公務員不法執行之職務，而其行爲並未過當者，亦即無犯罪之可言。是被告2人拒絕接受查證身分，而分別與員警發生拉扯，及被告林丁於拉扯時指甲劃傷曾甲之手臂等事實，是否構成妨害公務罪，自應究明偵查隊小隊長曾甲、偵查佐李乙與另2名員警案發時是否係依法執行警察職務，倘警方係依法執行職務，被告2人拒絕查證身分及拉扯等所爲，即具有違

法性及可責性，但警方如非依法執行職務，被告2人自無構成妨害公務罪之可言。

3. 案例評析

　　本案檢察官上訴後，經終審法院審認被告2人因拒絕接受查證身分及與曾甲等員警拉扯之行為，主觀上難認係基於妨害公務之故意，客觀上亦無從認定員警係依法執行職務，故難以指其有妨害公務之犯行，自應為無罪之諭知。

　　按警察實施之行政調查與犯罪偵查，依其事務本質通常具有高度密接性、重疊性，實施行政調查之際，若有事實足認相對人涉有犯罪嫌疑時，即有轉換進入刑事偵查之必要，不容繼續以行政調查手段取得刑事犯罪證據。惟因行政調查與犯罪偵查之本質不同，容許侵害人民基本權之發動要件，亦非相同，為免警察「假行政調查之名，而行犯罪偵查之實」，以規避較為嚴格之司法審查或正當法律程序，警察於執行職務前如已預見行政調查及蒐集資料過程中，倘有轉換為刑事偵查之高度可能性，則其執行職務行為不僅應符警察職權行使法之規定，並應符合刑事程序法之相關規範，始符正當法律程序。換言之，倘警察執行職務之目的，原本即為實施犯罪偵查蒐集取得刑事證據，或實質上與蒐集取得追究刑事責任之證據資料直接發生連結作用，基於刑事偵查吸收行政調查之程序優位概念，除性質上顯不相容（如具有急迫性、或告知、給予辯解機會將導致難以達成行政目的等）者外，自應同時受刑事程序法諸原則之拘束。

三、對現行調查法制之檢討

(一) 現行行政調查方法未能有效達成行政目的

　　由於目前行政機關之行政調查方法，除個別行政法規之特別規定外，主要仍係依行政程序法第39條至第42條規定列舉之得通知相關之

人到場陳述意見、得要求提供文書、資料或物品、送請鑑定及實施勘驗等規定進行，惟鑑於現今科技日新月異及為實現調查目的之必要，前開規範之調查方法似未能有效使行政機關達成發現事實真相之目的，仍有諸多調查上之窒礙，不足以落實行政調查之功能，故為提升行政效能，仍應賦予行政機關更加完備之調查方法，例如制定強制進入建築物或處所檢（搜）查之法源，並能行使質問權[91]，或如同道路交通管理處罰條例規定得以科學儀器採證，如使用電子偵測、數位方式記錄、衛星追蹤器或無人機照相蒐證等蒐集資料之方法[92]，以增進行政調查之成效，並落實法律保留原則。

(二) 調查方法未具強制性，無法有效落實證據調查

行政程序法有關通知相關之人到場陳述意見及要求提供文書、資料或物品等調查方法之規定，均為「得」以書面通知或「得」要求提供文書資料等方式為之，並未具強制性，而為任意性調查，若通知相關之人到場陳述意見而其未到場，或要求當事人、相關之人提供相關文書、資料或物品等，而遭拒絕或逾期未為提供時，並無相關強制履行或處罰之法律效果，現行規範之調查方法，將使警察機關之行政調查程序徒勞無功，未能完備證據蒐集如期發現事實真相，達成調查目的，並使行政調查效果未能有顯著成效，而影響日後作成決定之正確性。

(三) 確認身分未明定查證期限

行政機關對現行違反行政法上義務之行為人，依行政罰法第34條第1項第4款規定，得為確認其身分，其拒絕或規避身分之查證，經勸導無效，致確實無法辨認其身分且情況急迫者，得令其隨同到指定處

---

[91] 和田英夫，《行政法》，日本評論社，1990年，頁273。

[92] 陳愛娥，〈行政罰之調查程序──行政罰法第八章之修法建議〉，《法學叢刊》，第61卷第4期，2016年10月，頁47。

所查證身分；其不隨同到指定處所接受身分查證者，得會同警察人員強制爲之。惟有關確認身分之程序未明定查證期限，似未允當，故爲保障人民基本權利，並考量行政罰法立法意旨，應以查證確認其身分後，即應使其離開，以明定查證期限爲宜。

(四) 個人資料傳遞、利用與儲存規範之欠缺

隨著資訊社會對個人資料保護意識之普及，行政調查法制有關個人資料傳遞、利用與儲存之規定十分欠缺，基於保障個人資訊隱私權，有關行政調查程序中所蒐集之個人資料，後續相關傳遞、利用與儲存之措施，仍應符合蒐集之目的，並應有明確之規範，俾符法制。

(五) 未明定當事人協力義務範圍

行政機關依職權進行行爲人違反行政法義務之調查進程中，爲釐清事實，查明眞相，依法應由當事人提供相關文件、資料、電子檔案或物品，俾供行政機關釐清確認行爲人之違法與否，故行政機關並未因此即負有自行提出所有相關事證資料之義務，於行政調查之程序中，當事人亦應負擔一定之協力義務。由於對相關之人於行政罰查證程序之協力義務範圍與種類，目前尚缺乏一般性之規定，行政罰法亦未有明確之規範，僅於個別行政法規中依其規範目的，自行規定。故對於當事人協力義務之類型、內容及違反之效果與救濟等，均未有完整之規範，因此後續若能明定當事人協力義務之範圍，將有助於行政機關釐清事實[93]，達成行政機關特定之行政目的。

(六) 未有明確完備之救濟程序

有關行政機關之行政調查手段，若有違反相關程序之情形者，依行政程序法第174條規定，僅能於實體決定聲明不服時，一併聲明；

---

[93] 洪家殷，〈行政罰調查程序中之當事人協力義務〉，台灣行政法學會主編，《當事人協力義務／行政調查／國家賠償》，元照出版，2006年，頁130。

另依大法官釋字第535號解釋理由書提及得請執行公務員開立執行紀錄，於事後向行政法院提起訴訟救濟，似未立即給予當事人權利救濟之機會，故為保障當事人之訴訟權利，避免行政機關恣意發動行政調查，仍應建立完備之行政調查救濟程序。然依行政罰法第35條規定，行為人對於行政機關有關強制排除抗拒保全證據或強制到指定處所查證身分不服者，雖得向該行政機關執行職務之人員，當場陳述理由表示異議，惟僅限於行政機關對強制排除抗拒保全證據或強制到指定處所查證身分等情形不服，始得允許行為人當場聲明異議，或依該法第36條第1項規定所為之扣留處分，並依同法第41條規定，關係人若對扣留不服者，得向扣留機關聲明異議。然並未及於其他行政調查程序，故為免行政機關之行政調查手段違法侵害人民權利，應給予其明確之救濟途徑，以落實憲法保障人民訴訟之基本權利。

伍、結論

一、建議於行政罰法增訂符合現況有效之行政調查方法

鑑於科技日新月異，行政機關於實施行政調查時之調查方法，亦應與時俱進，因科技化發展，調查工具日趨精緻化及效能化，為有效蒐集違反行政法上義務行為人之違規證據，故建議應於行政罰法中增訂得以科學儀器採證、無人飛行載具或衛星影像蒐證等科技蒐集資料方法，亦有其必要性[94]，俾利行政罰之裁處。另警察機關於調查事實時，應兼顧事實真相與行政效能，可增訂強制進入建築物或處所檢查，並得行使質問權之規範，應有助於事實之釐清。復為達強化證人作證之功能，將其明列為調查方法之一種，並規範完整之作為證人、

---

[94] 陳愛娥，前揭註92，頁52。

到場陳述意見、具結及眞實陳述等義務之規定[95]，應更爲周延，俾使
證人之義務更加明確化。

二、確認身分之查證應明定爲行政處分，期限最長不得逾3小時

依行政罰法第34條第1項第4款規定，得爲確認其身分，其拒絕或
規避身分之查證，經勸導無效，致確實無法辨認其身分且情況急迫
者，得令其隨同到指定處所查證身分；其不隨同到指定處所接受身分
查證者，得會同警察人員強制爲之。因查證確認身分之措施究爲行政
處分或事實行爲，尙有爭議，故考量大法官釋字第535號解釋意旨及
警察職權行使法之規範，應將其明定爲行政處分爲宜，且後續亦應許
人民提起行政爭訟救濟之權利；另行政罰法有關查證確認身分之程
序並未明定期限，基於人權保障，允宜參考警察職權行使法第7條規
定，將查證確認身分期限，以最長不得逾3小時爲限。

三、賦予行政調查之立即救濟程序

爲解決現行法針對行政機關之行政調查手段，若有違反相關程
序，無法立即給予當事人權利救濟之情形，建議可增訂當事人對行政
機關行使之調查方法、應遵守之程序或其他侵害利益之情事，得當場
立即聲明異議之規定，並得對聲明異議後之決定不服，另得提起行政
訴訟救濟之機會，以保障當事人訴訟權利。

---

[95] 洪家殷，前揭註34，頁45。

四、緘默權行使之適度允許

鑑於行政調查有其特定目的須達成，為公共利益考量，若使當事人得主張緘默權，必然對該特定目的之達成形成高度挑戰，故緘默權之保障，原則上並不適用於行政調查程序，除與刑事偵查程序具有關聯性，且依調查結果將使行為人受到刑事訴追，其程序可能轉換為刑事偵查時，始例外適用；爰此，為確保人民基本權利，且避免適用上之僵化，不妨考量將裁處法定最高罰鍰金額重大且足以影響行為人財產之行政罰，得給予行使緘默權之保障，因其帶與人民權利之干涉實不下於刑罰，故應允許人民得有緘默權適度行使之程序保障。

五、令狀原則機制之建立

依美國聯邦憲法增修條文第4條規定，擔保人民免受非法搜索目的之取得犯罪證據，同樣適用於住宅及商業場所，亦不論刑事或行政案件，均得向治安法庭法官聲請搜索票，於行政調查及刑事偵查領域中，令狀原則之適用乃係擔保行政調查及刑事搜索取證之合法性。日本法於實務判決上，亦認為無論於行政事件或刑事偵查案件之調查程序，均有憲法第35條令狀主義之適用。反觀，我國有關進入處所檢查之調查方法，雖均符法律保留原則，惟卻無令狀原則之適用，似與民主法治原則有違，為使行政罰證據取得之合法正當，並兼顧人民基本權利之保障，應可建立行政搜索票之機制，並參考刑事訴訟法之相關規定，向轄區管轄之法院（行政訴訟庭）聲請核發令狀，俾為周延。

六、增訂行政調查蒐集個人資料傳遞、利用與儲存之規範

從個人資訊隱私權保障觀點而言，個人資料保護乃係由隱私權保護發展而來，亦與時代潮流具有密切關聯，在此「資訊即權力」之時代中，若無資訊欲達成任務，實屬困難。故警察欲達成裁處任務，應首重須有充足之資料，而蒐集此些資料，於法治國家中仍應有明確之法律基礎，故警察除蒐集資料外，後續有關資料之傳遞、利用與儲存，亦屬重要，且須符「目的拘束原則」。爰此，於目前行政調查法制中，應基於個人資料保護法之精神及規範，並參考警察職權行使法第16條、第17條、第18條規定，建議應於行政罰法中明定蒐集個人資料之實體、程序要件、使用目的及資料保存等規定，並就資料傳遞、利用與保存為統一之規範，以確保人民隱私權之保障。

七、制定完整行政調查專法

行政調查雖然在行政程序法第六節調查事實及證據，以及行政罰法第八章裁處程序有相關規定，但仍缺少程序之發動，調查場所之進入以及調查行為之救濟，本文試圖對上述作補充，而草擬行政調查之條文，作為補充上述法規不足之處。

表1　行政調查法建議之條文

條文	立法理由
第1條（調查之開端） 行政機關因執勤人員檢查、查緝、他機關通報、民眾舉報、行為人自首或其他情形知有實施行政調查之必要，應即開始調查。	本條係規定行政調查權之發動，參考現行相關行政法規，其包括檢舉（食品衛生管理法第28條；石油管理法第54條）、他機關通報（噪音管制法第13條）、主管機關主動檢

（接下頁）

條文	立法理由
	查（廢棄物清理法第9條）、查緝（海關緝私條例第6條、第9條、第45條之3）。 行政調查之管轄權為行政機關，調查權應屬行政機關，其他機關雖無調查權，但可能有舉發權，如警察機關，或非管轄之其他機關可能獲知，基於行政一體有通報之義務。 本條立法緣由參考社會秩序維護法第39條以及行政程序法第34條及第35條而來。
第2條（證明身分之正當程序） 行政機關執行調查之人員，應向行為人出示有關執行職務之證明文件或顯示足資辨別之標誌，並告知調查依據與調查範圍。	行政機關執行調查之人員，應向行為人出示有關執行職務之證明文件或顯示足資辨別之標誌，並告知其所依據之法規，此為行政調查之正當法律程序。
第3條（場所之進入） 行政機關為執行主管業務，有足認行為人有違反行政法上義務行為之虞者，得派員進入相關住宅、場所、建築物或土地實施調查，並得令相關人員為必要之說明、配合措施或提供相關資料；被調查者不得規避、妨礙或拒絕；其有規避、妨礙或拒絕調查行為時，且非即時進入不得制止其違反行政法上義務之行為或有證據滅失之虞者，行政機關得強制進入。 前項規定之調查機關及人員，對於被	行政機關實施調查時，遭遇最大困難就是場所之進入，此涉及憲法第10條居住遷徙自由，須符合法律保留原則。原水利法並無進入檢查之規定，後來增列於該法第93條之6，可見進入檢查之重要性；而行政機關為達行政目的，經常有必要進入特定場所實施檢查或查緝，尤其在檢查後如有處罰必要時，更有法律明確規定之必要。

（接下頁）

條文	立法理由
調查者之私人、工商秘密，應予保密。 第一項之強制手段，不得逾越調查目的之必要程度。	第2項規定進入檢查時，如有涉及營業秘密時，應遵守保密之義務。 強制手段之採取，應遵守比例原則之規範。
第4條（調查通知） 行政機關為調查行為人違反行政法義務之事實，應通知行為人，並得通知證人或關係人。 前項通知書應載明左列事項： 一、被通知人之姓名、性別、出生年月日、籍貫及住所或居所。 二、事由。 三、應到之日、時、處所。 四、無正當理由不到場者，得逕行裁處之意旨。 五、通知機關之署名。 被通知人之姓名不明或因其他情形有必要時，應記載其足資辨別之特徵；其出生年月日、籍貫、住所或居所不明者，得免記載。 訊問嫌疑人，應先告以通知之事由，再訊明姓名、出生年月日、職業、住所或居所，並給予申辯之機會。 行為人於調查中得委任代理人到場。但行政機關認為必要時，仍得命本人到場。	新增。 本條規定係參考社會秩序維護法第41條而來。係知有違法秩序行為人，為進一步調查事實及取證，則有必要通知當事人或利害關係人，通知書應載明必要之事項以及其他事項。

（接下頁）

條文	立法理由
第5條（對調查不服之救濟） 受調查人對行政機關行使之調查方法、應遵守之程序或其他侵害利益之情事，得於行政機關行使調查時，當場陳述理由，表示異議。 前項異議，行政機關認有理由者，應立即停止或更正調查行為；認為無理由者，得繼續執行，經受調查人請求時，應將異議之理由製作紀錄交付之。 義務人或利害關係人，認為行政機關之調查有違法或不當情事，致損害其權益者，得依法提起行政訴訟。	受調查人對行政機關行使之調查方法、應遵守之程序或其他侵害利益之情事，得於行政機關行使調查時得向該行政機關執行職務之人員，當場陳述理由表示異議。 行政機關執行職務之人員，認前項異議有理由者，應停止或變更強制排除抗拒保全證據或強制到指定處所查證身分之處置；認無理由者，得繼續執行。經行為人請求者，應將其異議要旨製作紀錄交付之。 調查或檢查行為通常為事實行為，執行完畢後，原則上無法依法再提起訴願時，即得提起行政訴訟。 本條參考警察職權行使法第29條規定而來。

參考文獻

一、中文文獻

1. 王立達，〈我國行政調查制度之法制化〉，《憲政時代》，第24卷第4期，1999年4月。

2. 王兆鵬，〈臨檢與行政搜索〉，《月旦法學雜誌》，第85期，2002年6月。

3. 王澤鑑，〈基本理論與一般侵權行為〉，《侵權行為法》

（一），三民書局經銷，1998年。

4. 吳庚，《行政法之理論與實用》，自版，2003年，增訂8版。

5. 李震山，《行政法導論》，三民出版，2011年，增訂9版。

6. 李震山，〈行政調查之立法芻議〉，行政院法規委員會編印，《行政調查制度之研討——行政院94年第2次法制研討會實錄》，2006年6月。

7. 李惠宗，《行政法要義》，元照出版，2012年9月，6版。

8. 陳景發，〈論行政調查與犯罪偵查〉，《中央警察大學法學論集》，第3期，1998年3月。

9. 陳景發，〈論行政調查之法的統制〉，《中央警察大學法學論集》，創刊號，1996年3月。

10. 陳文貴，〈行政調查與行政檢查及行政搜索之法律關係〉，《法令月刊》，第60卷第3期，2009年3月。

11. 陳文貴，〈行政檢查與令狀原則之界限探討〉，《中原財經法學》，第39期，2017年12月。

12. 陳斐鈴，〈社會秩序維護法〉，蔡震榮、黃清德、陳斐鈴，《警察法規論（二）》，新學林出版，2021年。

13. 陳愛娥，〈行政罰之調查程序——行政罰法第八章之修法建議〉，《法學叢刊》，第61卷第4期，2016年10月。

14. 洪文玲，〈論行政調查〉，台灣行政法學會主編，《行政法爭議問題研究》（上），五南出版，2000年。

15. 洪文玲，《行政調查與法之制約》，學知出版社，1998年。

16. 洪家殷，〈論行政調查中職權調查之概念及範圍——以行政程序法相關規定為中心〉，《東吳法律學報》，第21卷第3期，2010年1月。

17. 洪家殷，〈論行政調查之證據及調查方法——以行政程序法相關規定為中心〉，《東海法律研究》，第35期，2011年12月。

18. 洪家殷，〈公務機關資料之蒐集與個人資料之保護〉，《東吳法律學報》，第30卷第4期，2018年11月。

19. 洪家殷，〈行政調查與刑事偵查之界限〉，《東吳法律學報》，第25卷第1期，2013年7月。

20. 洪家殷，〈行政調查與刑事偵查之界限〉，《警察法學》，第17期，2018年7月。

21. 洪家殷，〈行政調查行為之強制及救濟〉，《月旦法學教室》，第241期，2022年11月。

22. 洪家殷，〈從臺灣食品安全法制論行政調查之實施〉，《月旦醫事法報告》，第47期，2020年9月。

23. 洪家殷，〈行政罰調查程序中之當事人協力義務〉，台灣行政法學會主編，《當事人協力義務／行政調查／國家賠償》，元照出版，2006年。

24. 許義寶，〈移民行政調查職權之研究〉，《涉外執法與政策學報》，第7期，2017年5月。

25. 程明修，〈基本權各論基礎講座(3)——資訊自決權：遺傳基因訊息〉，《法學講座》，第19期，2003年7月。

26. 黃昭元，〈無指紋即無身分證？換發國民身分證與強制全民捺指紋的憲法爭議分析〉，《民主・人權・正義：蘇俊雄教授七秩華誕祝壽論文集》，元照出版，2005年。

27. 郭介恆，〈經濟行政調查程序及相關爭議之探討〉，《東吳公法論叢》，第7期，2014年7月。

28. 郭介恆，〈行政調查與資訊隱私權——以美國法制為例〉，台灣行政法學會主編，《行政調查之建制與人權保障行政訴訟之前置救濟方法與程序》，元照出版，2009年。

29. 施銘權，〈稅務調查之正當行政程序——以憲法、納稅者權利保護法及相關規範為中心〉，《中正財經法學》，第21期，2020年7月。

30. 賴恆盈，〈行政調查之研究——以消費者保護行政為例〉，《憲政時代》，第35卷第2期，2009年10月。

31. 羅傳賢，《美國行政程序法論》，五南出版，1985年。

32. 董保城，〈德國行政檢查法制——以工商業爲例並兼論我國工商業檢查〉，《政大法學評論》，第53期，1995年6月。

33. 董保城、法治斌，《憲法新論》，元照出版，2010年，4版。

34. 董保城，〈行政程序中程序行爲法律性質及其效果〉，《政大法學評論》，第51期，1994年6月。

35. 蔡震榮，《警察職權行使法概論》，自版，2012年11月，修訂2版。

36. 劉宗德，〈日本行政調查制度之研究〉，《政大法學評論》，第52期，1994年12月。

37. 劉江彬，〈隱私權之保護〉，氏著，《資訊法論》，三民書局經銷，1986年。

38. 周逸濱，〈行政機關個人資料保護法制之研究——以日本法爲比較中心〉，國立臺北大學法律學系研究所碩士論文，2008年6月。

39. 蔡秀卿，〈行政調查法制之探討〉，東吳大學法律學系研究所碩士論文，2006年7月。

40. 「行政機關強制力行使之研究：行政機關與警察機關合作模式」，國家發展委員會編印，受委託單位：國立臺灣大學政治學系，研究主持人：章光明教授，協同主持人：陳愛娥副教授、洪文玲教授、葉一璋副教授，2014年3月。

二、日文文獻

1. 田口守一，《刑事訴訟法》，弘文堂，2017年，7版。

2. 和田英夫，《行政法》，日本評論社，1990年。

3. 芝池義一，《行政法總論講義》，有斐閣，2006年，4版補訂版。

三、德文文獻

1. Beulke, Strafprozessrecht, 10. Aufl.

2. Josef König Eingriffsrecht, Massnahmen der polizei nach der Strafprozessordnung und dem polizeigesetz Baden-württemberg, 1997.

3. Löffelmann/Walther/Reitzenstein, Das strafprozessuale Ermittlungsverfahren, 2007.

4. Stefen Zeitler, Allgemeines und Besonderes Polizeirecht für Baden-wüttemberg, 1998.

|第三章|
從警察法規立法過程評析
大法官之司法解釋*

---

* 本文曾刊登於《法學叢刊》，第67卷第3期，2022年7月。

壹、前言

2021年兩號司法院大法官解釋，就警察法規性質與立法裁量作出一些評斷，司法院釋字第803號解釋針對槍砲彈藥刀械管制條例（以下簡稱槍砲條例）第20條「自製之獵槍」定義與除罪化，大法官認為槍砲條例有關「自製獵槍」概念明確，不違背法律明確性原則，有關原住民擁有自製獵槍除罪化，屬立法裁量不違憲，但本號解釋卻轉而針對槍砲彈藥刀械許可及管理辦法（以下簡稱管理辦法）關於獵槍的定義，認為其規範不足，而宣布違憲，並要求二年內檢討修正；大法官針對條例本身並不質疑，卻對授權命令宣告違憲，似有倒因為果之嫌，本文對此將有進一步分析。

司法院釋字第808號解釋，大法官針對社會秩序維護法之屬性，確定為類似輕罪之性質，而提出一罪不二罰之概念。社會秩序維護法究竟屬行政罰或輕罪，在立法過程中是有值得斟酌之處。此外，社會秩序維護法前身違警罰法之性質，也影響本號解釋之認定，本文將從歷史演進進一步分析。

針對兩號解釋，其中司法院釋字第803號解釋，本文將只集中在槍砲條例之解釋上[1]。在立法規範（包括授權命令）探討下，以自製獵槍之定義與除罪化為重心，人民違反法令之要求，則將處予行政罰或刑事罰，判斷依據何在，其與立法裁量之關係何在，就此本文將從法規範之歷史演進過程，來分析本號解釋之妥當性。

---

[1] 本號解釋除槍砲條例外，尚包括野生動物保育法違憲部分，因本文集中在警察職權上，有關野生動物保護部分，本文不予論究。

貳、司法院釋字第803號解釋緣由與分析

一、本號解釋爭點

(一) 槍砲條例第20條第1項規定，原住民未經許可，製造、運輸或持有獵槍，供作生活工具之用者，以自製者爲限，始能免除刑罰，且不及於空氣槍，是否符合法律明確性原則？有無牴觸憲法比例原則？

(二) 槍砲條例自製獵槍概念是否明確，合乎法律明確性要求？自製獵槍定義只出現在管理辦法上，而條例本身並無定義，有無增加母法所無，逾越法律之授權？

(三) 2014年6月10日修正發布之管理辦法第2條第3款，就「自製之獵槍」之定義規定，是否規範不足，而違反憲法保障人民生命權、身體權？

　　針對上述三點，本號解釋只針對了第(一)點與第(三)點以及第(二)點之法律明確性有作出解釋，而有關第(二)點授權明確性卻沒有交代。本次聲請解釋者，除受處分者外，其餘案件皆由法院在審判過程中產生法律適用之疑義，尤其針對「自製之獵槍」之定義，是否符合法律明確性要求，提出質疑[2]。

二、解釋文與解釋理由書內容分析與整理

(一) 除罪範圍之設定，尚不生違反憲法比例原則

　　解釋文稱：「中華民國94年1月26日修正公布之槍砲彈藥刀械管

2　桃園地方法院聲請解釋針對自製獵槍定義以及是否通過法律明確性之審查提出質疑，同樣地，最高法院刑事第七庭也針對自製獵槍概念是否明確，得以通過法律明確之性審查提出質疑。

制條例第20條第1項規定：『原住民未經許可，製造、運輸或持有自製之獵槍……，供作生活工具之用者，處新臺幣2,000元以上2萬元以下罰鍰……。』就除罪範圍之設定，尚不生違反憲法比例原則之問題……。」

解釋理由書進一步稱：「……原住民基於生活工作之需而製造、運輸或持有自製獵槍之違法行為除罪化，僅以行政處罰規定相繩。按立法者就違法行為之處罰，究係採刑罰手段，抑或行政罰手段，原則上享有立法裁量權限。……至立法者僅就原住民自製獵槍（魚槍）之相關行為予以除罪化，不及於非屬自製之獵槍（魚槍）或其他槍枝種類（例如空氣槍），核屬立法者衡酌原住民以槍枝供作生活工具之用之合理範圍，以及原住民自製之獵槍，其結構、性能及殺傷力，多不及制式獵槍，對社會秩序可能之影響等相關因素所為立法政策之選擇，尚不生牴觸憲法之疑慮。綜上，系爭規定一就除罪化範圍之設定，尚不生違反憲法比例原則之問題。」

(二) 自製之獵槍一詞，尚與法律明確性原則無違

解釋理由書稱：「……『自製之獵槍』一詞，尚非罕見或一般人難以客觀理解之用語，法院自得本其文義與立法目的，依文義解釋、歷史解釋、體系解釋等法律解釋方法，適當闡明其意涵而為適用。是系爭規定一關於自製之獵槍一詞，尚與法律明確性原則無違。」

本號解釋認為，「自製之獵槍」概念，並非抽象不確定，屬描述性概念，法院得以透過解釋方式加以涵攝而運用，尚與法律明確性原則無違，而強調「可經由司法審查加以確認」[3]。

---

[3] 歷次司法解釋就法律明確性原則，除司法審查確認外，尚包括兩項判斷標準，「意義非難以理解」、「受規範者所得預見」，本號解釋只集中在司法審查確認上；潘韋丞，〈法律明確性的「曖昧要件」？——淺談「可經由司法審查加以確認」之判斷〉，《司法周刊》，第1734期，2015年2月，版2。

(三) 管理辦法第2條第3款規定對於自製之獵槍之規範尚有所不足

　　解釋理由書稱：「系爭規定二就填充物之射出與引爆方式、填充物之規格及槍身總長，均有明文之限制，……惟系爭規定二，僅將自製之獵槍限縮於須逐次由槍口裝填黑色火藥之單發前膛槍及使用打擊打釘槍用邊緣底火之空包彈引爆之『準後膛槍』，且其填充物僅以非制式子彈為限，構造尚屬粗糙。更因其法定規格與原住民自製能力之限制而難有合宜之保險設計，且自製獵槍製作後未經膛壓驗證測試，於槍枝製作不良時，即可能引發膛炸、誤擊或擦槍走火造成死傷等事件，因而對於原住民甚至對第三人造成傷害。……且未對原住民自製之獵槍建立完整之安全驗證制度及安全使用訓練機制。綜上，系爭規定二對於自製獵槍之規範尚有所不足，未符合使原住民得安全從事合法狩獵活動之要求，於此範圍內，與憲法保障人民生命權、身體權及原住民從事狩獵活動之文化權利之意旨有違。有關機關應至遲自本解釋公布之日起2年內，依本解釋意旨儘速檢討修正，就上開規範不足之部分，訂定符合憲法保障原住民得安全從事合法狩獵活動之自製獵槍之定義性規範。」

　　本號解釋卻未對子法授權命令，有無逾越法律授權或增加法律所無之授權明確性加以解釋與論述，是本號解釋相當遺憾之處，本文對此將從法歷史的角度進一步分析。

參、本號解釋分析

一、自製獵槍條例規定合憲，但授權命令子法卻規範不足顯現解釋上矛盾之處

本號解釋理由書稱：「……其中『自製之獵槍』一詞，尚非罕見或一般人難以客觀理解之用語，法院自得本其文義與立法目的，依文義解釋、歷史解釋、體系解釋等法律解釋方法，適當闡明其意涵而爲適用。是系爭規定一關於自製之獵槍一詞，尚與法律明確性原則無違。」

大法官提出上述主張後，反過來卻質疑授權命令子法規範不足。就此，本文認爲，如從整個立法過程觀察，是子法首先提出自製獵槍之概念，而槍砲條例卻未加定義即承襲此概念，並以此概念作爲除罪化之界限。亦即，如原住民持有之獵槍，屬於授權命令所定義的「自製獵槍」範圍內，免除刑罰；如不符合概念內涵，則屬刑罰所規範。

但該管理辦法卻一再變更與新增所謂「自製」概念，產生概念持續模糊化，可從其修法歷程看出端倪，而在修正管理辦法之際，槍砲條例在立法過程中從未提出有無逾越授權範圍之質疑，任由主管機關決定「自製」之內容，使人不禁質疑，本號解釋稱條例本身所稱「自製之獵槍」不違反授權明確性之要求，是否如此，值得爭議。

以下將從自治之獵槍概念產生之立法過程，包括管理辦法之制定敘述之。

(一) 槍砲條例制定之初並無自製獵槍之概念

槍砲條例係於1983年6月27日經總統以（72）台統(一)義字第3547號令制定公布，並於同日施行。條例第14條規定：「獵槍、魚槍專供生活習慣特殊國民之生活工具者，其管理辦法，由中央主管機關定之。」惟當時內政部並未同時制定相關管理辦法，以致其管制內容

與方式尚不明確，迄於1997年3月24日始制定「生活習慣特殊國民獵槍魚槍刀械管理辦法」（於2002年10月30日廢止）。

(二) 生活習慣特殊國民獵槍魚槍刀械管理辦法

該辦法第3條稱：「本辦法所稱生活習慣特殊國民，指原住民及實際從事採捕水產動物持有漁船船員手冊之漁民。所稱獵槍、魚槍、刀械，指本條例第四條所列獵槍、魚槍、刀械，且專供生活習慣特殊國民漁獵、祭典等生活工具。獵槍以自製或繼承他人自製者為限。」

此外，規定原住民得申請自製或持有獵槍，每人各以2枝為限（同辦法第4條第1項、第6條參照），並於同辦法第11條規定：「違反本辦法規定者，依槍砲彈藥刀械管制條例或其他有關法律之規定處罰。」亦即，原住民倘依「生活習慣特殊國民獵槍魚槍刀械管理辦法」申請自製或持有獵槍，並經查驗烙印給照者，其製造、持有自製獵槍之行為並不構成犯罪，未依「生活習慣特殊國民獵槍魚槍刀械管理辦法」許可而製造、持有「自製之獵槍」者，即依槍砲條例相關規定處罰，且無減輕或免除其刑之寬典。

當時辦法僅提出獵槍以自製或繼承他人自製者為限，且自製有申請者並不成立犯罪。

(三) 槍砲條例

1997年11月24日修正公布全文，同日施行之槍砲條例對於原住民製造、持有「自製獵槍」管制手段，將第14條移列第23條，並在第20條規定：「原住民未經許可，製造、運輸、陳列或持有自製之獵槍，供作生活工具之用者，減輕或免除其刑，並不適用前條（按係強制工作）之規定。」在本條首次出現「自製獵槍」之概念。在此，原住民未經許可，製造、運輸、陳列或持有自製之獵槍，屬犯罪行為，將受刑法之規範；至於條例本身對「自製獵槍」之概念內涵為何，仍未加以定義。

(四) 自製之獵槍定義之產生

1. 內政部函釋

然自製之獵槍之定義如何，時有爭議。內政部民國87年6月2日台（87）內警字第8770116號函說明自製獵槍：「指原住民傳統習慣專供捕獵維生之生活工具，由申請人自行獨力或與非以營利為目的之原住民在警察分局核准之報備地點協力製造完成；以逐次由槍口裝填黑色火藥於槍管內，打擊底火或他法引爆，將填充物射出。」出現了何謂「自製」概念，包括何人可以「自製」以及槍枝如何實施射擊，至於如何自製，如何組成部分以及是否包括加工並無說明[4]。

2. 管理辦法將函釋內容明文化

將上述函釋內容進一步規定，則出現在管理辦法，2011年11月7日內政部台內警字第1000872433號令修正第2條第3款規定：「自製獵槍：指原住民傳統習慣專供捕獵維生之生活工具，由申請人自行獨力或與非以營利為目的之原住民協力，在警察分局核准之報備地點製造完成；其結構、性能須逐次由槍口裝填黑色火藥於槍管內，以打擊底火或他法引爆，將填充物射出。其填充物，指可填充於自製獵槍槍管內，遠小於槍管內徑之固體物如玻璃片、彈丸等，供發射之用。」[5]

在此，說明了前膛槍枝之概念，但由於獵槍使用安全性考量，並隨著科技之發展，原住民逐漸改用以內裝填火藥及底火之工業用底火（一般稱席格丁、喜得丁或席德釘等，供釘槍使用），與前述所稱前膛槍概念不符，導致司法判決產生爭議，最後最高法院102年度台上字第5093號刑事判決，首開對原住民自製獵槍為撤銷原審判決，具實

---

[4] 由於主管機關民國87年函釋及2011年新管理辦法第2條第3款增列有關自製獵槍之定義，增加法律限制所無，逾越法律之授權，法院自不受其拘束。管理辦法2011年11月7日乃增加對自製獵槍之定義，卻衍生法院對此之爭議。

[5] 從內政部1998年函釋一直到2011年辦法將函釋內容制定於法條，這十幾年司法判決有些拒絕適用函釋，由法官自行決定，形成法官自由心證之情形。

質理由自爲判決認定之例，要旨略以：落實憲法增修條文第10條、第11條，依原住民族基本法第10條、第30條，第19條規定，以自製獵槍從事獵捕野生動物屬其基本權利，槍砲彈藥刀械管制條例第20條第1項即在尊重原住民族此一權利下，逐步改爲行政罰。自製獵槍裝塡火藥或子彈之方式，法律既未設有限制，無論「前膛槍」或「後膛槍」均應包括在內。[6]最高法院102年度台上字第5093號刑事判決拍板，司法界初步取得使用工業底火之自製獵槍，仍在除罪化範圍內之共識[7]。

　　該判決對該管理辦法對「前膛槍」之規定，是否增加法律所無之規定提出質疑；在此，說明了司法判決也認爲「自製之獵槍」概念，並未出現在條例本身，管理辦法之規定溢出授權之範圍。

3. 2014年辦法之修正增列喜得丁準「後膛槍」也在許可範圍內

　　2011年管理辦法制定之後，因原住民逐漸使用準後膛槍（喜得丁）引發爭議，並導致2014年辦法之修正增列喜得丁也包括在內（因爲最高法院之判決），本次管理機關之修正，也是配合法院判決而爲。在此，可見主管機關對「自製獵槍」之概念，在司法判決質疑下不斷修正，但立法機關對「自製獵槍」之概念，是否符合法律明確或授權明確性，仍不爲所動未作任何修正。

4. 槍砲條例2020年修正第20條

　　本號解釋前，槍砲條例（2020年6月10日）修正第20條第3項，增加了國防部協力之規定：「第一項之自製獵槍、魚槍之構造、自製獵槍彈藥，及前二項之許可申請、條件、期限、廢止、檢查及其他應遵行事項之管理辦法，由中央主管機關會同中央原住民族主管機關及國防部定之。」該項增加了中央原住民族主管機關及國防部兩個單位，

6　參照最高法院102年度台上字第5093號刑事判決。

7　蘇建榮，〈司法機關對使用工業用底火之原住民自製獵槍之見解分析〉，《法律扶助》，第42期，2014年1月，頁19-24。

尤其國防部負責有關自製獵槍機械之部分，如將原來辦法所稱自製（由申請人自行獨力或與非以營利為目的之原住民協力），再添加國防部在內，將使自製獵槍之概念，因而更加模糊，且與自製概念產生扞格。

管理辦法第2條第3款「自製獵槍：指原住民為傳統習俗文化，由申請人自行獨力或與非以營利為目的之原住民協力，在警察分局核准之地點，並依下列規定製造完成，供作生活所用之工具」所稱之製造組合或改造，概念並非明確，另槍砲條例第20條第3項增加國防部協力，更使「自製」獵槍概念更不明確。且法院見解分歧（參閱最高法院108年度台上字第4240、1789號刑事判決；106年度台上字第3704號刑事判決），零組件自製，一部分改造或繼承，或非本人製作等概念並不清楚[8]。此外，自製獵槍是否也包括自製子彈在內，依目前實務以及辦法規定是採如此，亦即制式子彈不在許可之列。

5. 小結

有關自製之獵槍定義上出問題，原因有二，其一，立法機關未善盡監督之義務，而任由主管機關隨意為之，顯然違背法律授權明確性原則無疑。此外，2020年修正槍砲條例第20條第3項增加國防部協力之規定，究竟能否將此也列為自製之範圍，在2021年修正之管理辦法並無將國防部協力列入法條之中，自製之概念更加模糊；其二，自製之獵槍之定義，主管機關並無堅持一定的定義，且常隨著司法判決而變更定義（增加準後膛槍），並基於安全性考量而將自製概念不斷修正（槍砲條例第20條第3項），使得自製獵槍定義出現了模糊化，明顯違反法律明確性與授權明確性。

從上分析，自製獵槍之概念不但一般人無法理解，連司法判決也質疑（本號解釋之聲請者），理由書所稱：「……為一般受規範者

8　馮強生，〈從原住民狩獵安全談槍枝管制規範——兼評司法院釋字第803號解釋〉，《警政論叢》，第21期，2021年12月，頁70。

所得預見，並可經由法院審查認定及判斷者，即無違反法律明確性原則……」恐非事實，並非如大法官所稱概念明確。

二、對本號解釋之批評

　　陳新民大法官對本號解釋就母法與子法「自製之獵槍」有無牴觸法律明確性原則提出批評，而認為母法無違反法律明確性提出批評，子法非屬立法層次，屬行政層次，大法官解釋卻著重於「法律執行層面法明確性實踐」，而認為子法規範不足，牴觸法律明確性原則[9]。

　　本文贊同上述主張，從管理辦法之修正足跡觀察，不受制於法律之規範；另外基於使用獵槍安全性考量，槍砲條例第20條第3項增列國防部協力之規定，但管理辦法卻未隨著增列，更顯現立法上之不一致，在此，本號解釋卻未對本身條例有關自製概念是否明確提出質疑，反而質疑管理辦法，恐有本末倒置之嫌。這也是司法院解釋，首次不針對法律，而只針對授權命令作出解釋。本來，司法解釋應係針對法律制定之本身來質疑其正確性，從歷年來之解釋，大法官提出授權明確性或增加法律所無之限制等，都以上述情形授權命令有無遵守法律之誠命而作出解釋；然本號解釋，對此卻不加說明與敘述，反而直接質疑授權命令內容規範不足，以司法質疑行政法規內容之正確性，恐非司法解釋之範圍，有違權力分立原則。

三、以立法裁量說明不生違反憲法比例原則

　　本號解釋理由書稱：「……就原住民基於生活工作之需而製造、運輸或持有自製獵槍之違法行為除罪化，僅以行政處罰規定相繩。按

9　陳新民，〈國家保障原住民的義務——評司法院釋字第803號解釋〉，《軍法專刊》，第68卷第1期，2022年2月，頁11。

立法者就違法行為之處罰，究係採刑罰手段，抑或行政罰手段，原則上享有立法裁量權限。……至立法者僅就原住民自製獵槍（魚槍）之相關行為予以除罪化，不及於非屬自製之獵槍（魚槍）或其他槍枝種類（例如空氣槍），核屬立法者衡量。以及原住民自製之獵槍，其結構、性能及殺傷力，多不及制式獵槍，對社會秩序可能之影響等相關因素所為立法政策之選擇，尚不生牴觸憲法之疑慮……。」

本文認為，立法裁量除罪化不及於其他槍枝種類（例如空氣槍）沒意見，因為從槍砲條例第5條之1以及第8條將空氣槍、獵槍分別列舉，立法者即表示獵槍不包括空氣槍在內，但並非本號解釋所稱「多不及制式獵槍，對社會秩序可能之影響等相關因素所為立法政策之選擇」，因為空氣槍產生之危害輕微，並非基於對社會秩序可能之影響等相關因素而禁止，而是立法者有意將其排除之[10]。

但重點係，條例除罪化判準在於「自製獵槍」之概念上，亦即，凡屬「自製獵槍」則除罪，但可惜的是，「自製獵槍」之概念卻一直在變化中處於不確定狀態，連一般人、法官都不清楚，如何將其作為判斷依據？本號解釋卻未在此深究，殊為可惜。

四、本號解釋爭點應在於「自製獵槍」之定義上

從條例本身找不出對「自製獵槍」定義，卻任由管轄機關訂定之，而管轄機關也對其定義一直搖擺不定，不斷透過辦法更改或新增見解，連法官在適用時，都產生質疑。因此，「自製獵槍」之概念更形模糊，當然違反法律明確性，且該管理辦法，也隨司法判決而任意修改變更或新增見解，也使得法條之適用更加不確定，並非一般人得以理解，也非可由司法審查予以確認，當然違反授權明確性原則。再加上，除罪化之爭點，也源自於「自製獵槍」之定義不確定而導引原

---

[10] 馮強生，前揭註8，頁66。

住民入罪，並非本號解釋所稱立法裁量可以自圓其說。

肆、司法院釋字第808號解釋有關一罪不二罰與輕罪之評析

一、解釋內容

　　社會秩序維護法（以下簡稱社維法）第38條規定：「違反本法之行為，涉嫌違反刑事法律……者，應移送檢察官……依刑事法律……規定辦理。但其行為應處……罰鍰……之部分，仍依本法規定處罰。」

　　本號解釋僅就但書關於處罰鍰部分之規定，於行為人之同一行為已受刑事法律追訴並經有罪判決確定者，構成重複處罰，違反法治國一罪不二罰原則，於此範圍內，應自本解釋公布之日起，失其效力。本號解釋之內容及範圍，卻自動限縮在經有罪判決確定，再處予罰鍰（輕罪？）違反一罪不二罰，如處予本條但書其他停止營業、勒令歇業或沒入，是否違反一罪不二罰，以及無罪判決確定是否可處社維法之處罰等卻不作解釋。

　　本號解釋大法官提出所謂的「一罪不二罰原則」，而非一行為不二罰之理由，可從解釋理由書中得出，其稱：「……惟社維法第三編分則所規範之各種違法行為，原即包含具與刑罰相若之『輕罪』行為……，第28條所定之量罰審酌事項，亦與刑法第57條所定科刑審酌事項相同；另依第92條規定，法院受理違反該法案件，除該法有規定者外，準用刑事訴訟法之規定。綜上，可知此等社維法第三編分則所規範之違法行為及其法益侵害，與同一行為事實之犯罪行為及其法益侵害間，應僅係量之差異，非本質之根本不同。……」

　　基於上述理由而將社維法之性質，認定為輕罪，並提出「一罪不

二罰原則」之概念。

社維法前身為違警罰法，違警罰法之性質從歷史上發展分析，處罰內容比較傾向所謂刑法之輕罪，但在救濟程序上是否屬之則有探究[11]，本文先從歷史發展分析。

二、從違警罪發展來認定社維法之法性質

(一) 違警罪早期歸屬刑法上輕罪

我國違警罰法源自於德國違警罪。1871年，德國制定統一刑法典，內容包括重罪、輕罪與違警罪三部分[12]，其中違警罪內容，與南德各邦所制定警察刑法典之內容相當，處理程序也一致由警察機關先行處罰。針對違警罪在1877年刑事訴訟法上（第453條至第458條）容許警察刑罰以及稅法上之違反，得採取不同於刑事訴訟程序的簡易程序，且授權由警察（稅法機關）裁定之。有關警察罰部分，允許各邦警察機關有處罰違警罪之權限，但僅得裁處14日以下之拘留以及150馬克以下罰鍰，而授權各邦可以訂定相關警察法規範[13]。違警罪大部分屬交通違規之輕微事件，若不採此種程序而採一般刑事訴訟程序，恐滋生困擾。

違警罪之不法內容較輕微，處理程序與重罪、輕罪並不一致，是由行政機關而非法院，通常是警察機關對違反違警規定者，處予違警

---

[11] 違警罰法處罰之救濟規定在該法第46條第1項：「不服警察官署關於違警事件之裁決者，得於接到裁決書後翌日起五日內，向其上級官署提起訴願。」採行政救濟方式。

[12] 違警罪當時的罰則可處自由刑6週以下以及500德國馬克以下，由警察機關裁處之；ThieB, Ordnungswidrigkeitenrecht, 2002, Rdnr. 12。

[13] Hrg.Boujong/Boh, Karlsruher Kommentar zum Gesetz uber Ordnungswidrigheiten, 2000, Einleitung, Rdnr. 8; Heinz Mattes, Untersuchungen zur Lehre von den Ordnungswidrigheiten, 1977, S.100ff.

罪。在此，行政機關（警察）之裁決具有類似司法的功能[14]。但當事人若對其裁決不服，法律無另外規定時，得向刑事法官提起撤銷之請求[15]。

此種警察處理違警罪的情形，在德國持續到第二次世界大戰為止，也導致戰後德國有必要重新釐定刑事罰與行政罰之界限[16]。我國違警罰法（1915年）也在此時引進，明定警察機關有處罰拘留之權限，明顯受到德國法之影響。

(二) 德國違反秩序法（Gesetz über Ordnungswidrigkeiten）之制定

第二次世界大戰後，鑑於戰前刑事罰與行政罰界限模糊之問題，德國重新思考警察的司法審判權，德國的基本法（德國憲法）第92條規定，司法審判權為司法機關所享有，禁止警察機關或一般行政機關享有司法審判權，亦即，所有刑事審判權歸屬司法權。戰後德國在刑法典中重新檢討違警罪是否廢除或保留，最後決定將若干仍具有刑事處罰意義部分保留之，其餘部分除罪化。1956年，有關經濟犯罪的事件除罪化之後，以秩序違反的名義處理之。1968年制定了違反秩序法，除包括前述的經濟犯罪事件外，另外包括一些交通違規事件。違反秩序法是僅除罰鍰處罰外，不再存有人身自由剝奪的處罰。1975年修正新刑法時，刪除違警罪，情節較重者升格為犯罪，規定在刑法中；輕微者劃入違反秩序法中[17]。因此違反秩序法是單純的行政處罰

---

[14] Mitsch, Recht der Ordnungswidrigheiten, 2004, § 4, Rdnr. 2.

[15] 德國當時尚無行政法院，因此，仍向刑事法院提起救濟，雖Bayern邦後來有了行政法院，但有關警察刑罰上訴事務，在Bayer邦仍由最高法院管轄。

[16] Wolfgang Ferner,Gesetz uber Ordnungswidrigheiten Kommentar, Luchterhand, 2008, Bd. I, S3.

[17] 蔡震榮、蘇立琮，〈社會秩序維護法回歸行政罰法體系之探討〉，《警政論叢》，第4期，2004年12月，頁4。

法，不再是刑事處罰。

(三) 德國違反秩序法裁處程序非屬行政程序

德國戰後除警察化的過程中，警察在違反秩序法所扮演的角色已經退居次要地位。從而，違反秩序法處罰權原則上屬於一般行政機關之管轄，僅在輕微案件以及現場取締之必要情形下，警察仍保有管轄[18]。

違反秩序法裁處程序有別於一般行政程序，它的程序是歷史發展而來的，先由行政機關裁處之，人民對此裁處若有不服，則向普通法院請求救濟，有稱其為小型的刑事程序，而認為其屬於刑事程序，與行政機關對行政事件之不服向行政法院救濟有別[19]。但如前所述，德國憲法法院認為秩序違反非屬刑事罰，而屬行政罰，其處理程序雖有別於行政程序，只能稱其為特別之程序，而非所謂的刑事程序。

其中，就一行為觸犯秩序違反與刑事罰之處理程序，有別於我國行政罰法之處理模式[20]，更不同於我國社維法之處理程序。

以德國為例，依該國違反秩序法規定，行政機關就違反該法之行為，認有違反刑法之嫌疑者，應將案件移送檢察官（第41條第1項）；檢察官認無須開啟刑事程序者，應移回行政機關（同條第2項）。反之，檢察官於偵辦刑事案件時，除法律另有規定外，亦得從秩序違反觀點追訴之（第40條）。本條規定，檢察官本屬刑事追訴

---

[18] 我國道路交通管理處罰條例有關處罰管轄之分配，類似德國德違反秩序法。

[19] Marion Böttcher/Harald Wilhelm, Ordnungswidrigkeitenrecht für Verwaltungsbehörde, 2.Auflage, 2012, S.6.

[20] 在1952年制定違反秩序法有關一行為觸犯秩序違反與刑事罰時，將行政機關罰鍰裁處程序定性為終局性之行政程序，亦即行政機關訴追（Verfolgung）及裁罰（Ahndung）具有專屬管轄權限，與我國現行行政罰法第26條規定類似。而現今由檢察官介入的處理模式，則是在1968年經由改良而成。參閱陳信安，〈行政罰法中刑事優先原則爭議問題之研究——以德國法制之比較分析為中心〉，《臺北大學法學論叢》，第116期，2020年12月，頁145。

權，但案件同時牽扯秩序違反時，同時也享有對該秩序違反行為之管轄權，亦即，檢察官之起訴或聲請處刑命令（Strafbefehl）之範圍擴及該秩序違反行為部分[21]。

檢察官關於行為人之行為是否應予刑事追訴之決定，行政機關應受其拘束（第44條）。案件經檢察官起訴者，法院於刑事程序中，亦應從違反秩序法之觀點判斷之，並得僅從違反秩序之觀點，而對該經起訴之案件為判決（第82條第1項）；易言之，開啟刑事程序後，法院雖認為犯罪追訴部分應判決無罪，但如認定被告之同一行為違反秩序者，仍得依違反秩序法科處罰鍰[22]。

(四) 社維法性質分析

配合司法院釋字第166號與釋字第251號之解釋，1991年6月19日將違警罰法改為社維法，並將有關處予拘留以及勒令歇業、停止營業改由法院審理，採取雙軌處罰機制[23]。

因此，社維法雙軌制度，仍與德國違反秩序法由行政機關裁處有別，也與日本輕犯罪法模式（輕罪）不同，不應等同視之，雖有警察機關之處罰，但也有法院之裁決，不能因有警察機關之處罰，而視其為行政罰[24]。雖其為延續違警罰法而來，但其裁處之程序，有別於違

---

[21] 參閱陳信安，前揭註20，頁154。

[22] 許澤天，〈刑事罰與行政罰競合之刑事優先與一事不再理原則——評大統混油案之訴願決定〉，《台灣法學雜誌》，第261期，2014年12月，頁116-117。

[23] 社維法制定之初，共提三版本：1.以罰鍰以及其他種類之處罰，排除拘留之行政罰模式；2.保留拘留，但由治安法庭審理之；3.採輕微者處罰鍰，重則刑事處罰。最後採第2模式，即現行制度。參閱蔡震榮、蘇立琮，前揭註17，頁5。

[24] 為配合釋字第251號解釋要求，僅將處罰程序拘留部分，改由法院處理，其餘部分保留，因而出現若干條文仍保有刑事處罰之規定，如解釋理由書所稱的：「第28條所定之量罰審judgment之事項，亦與刑法第57條所定科刑審酌之事項相同；另依第92條規定，法院受理違反該法案件，除該法有規定者外，準用刑事訴訟法之規定。」第28條以及第92條是社維法所新訂，違警罰法所無之規定，乃係配合治安法庭審理而增列的。

警罰法單獨由警察機關裁處。

　　我國訂定行政罰法之初，也考慮將社維法合併，但並未成功，卻在行政罰法第24條第3項增列：「一行為違反社會秩序維護法及其他行政法上義務規定而應受處罰，如已裁處拘留者，不再受罰鍰之處罰。」

　　此規定應只是認同拘留處分與罰鍰僅以量的差異得以折抵而已，是否將其視為行政罰，則仍有探究。

　　本文認為，由社維法裁處種類以及裁處管轄權之分配，警察機關之裁處屬行政罰，有關人身自由剝奪之拘留處分，則歸屬為帶有刑法制裁意味之司法處分[25]。因此，司法院釋字第808號解釋，所稱一罪不二罰之概念，應該是指拘留由法院裁處之部分，不包括警察機關裁處罰鍰之部分。

三、針對本號解釋中「一罪不二罰」內涵剖析

(一) 本號解釋提出「一罪不二罰」批評社維法第38條之制定違憲

1. 本號解釋「一罪不二罰」概念內涵分析

　　「一罪不二罰」概念，應係源自德國基本法第103條第3項：「任何人不得因同一行為，而依一般刑法多次受罰。」「一罪不二罰」之概念應包括實體法與程序法，亦即針對同一行為，僅受一次刑事追訴與處罰[26]。

25　蔡震榮、蘇立琮，前揭註17，頁7。

26　許育典，〈釋字第808號解釋的法治國一罪不二罰〉，《月旦法學教室》，第230期，2021年12月，頁11。黃昭元大法官提出，黃虹霞大法官加入，釋字第808號解釋協同意見書，二、本號解釋據以審查的規範依據：一罪不二罰原則[8]-[15]。

　　本號解釋文稱：「……其但書關於處罰鍰部分之規定，於行為人之同一行為已受刑事法律追訴並經有罪判決確定者，構成重複處罰，違反法治國一罪不二罰原則……。」其將「一罪不二罰」，僅侷限在但書的「罰鍰」部分，而捨棄但書其他種類之處罰，甚至對於拘留與申誡部分也未提及，殊為可惜。至於解釋理由書所稱「輕罪」範圍，是否指所有的處罰機關，包括警察機關與法院，本號解釋也未說明。

　　本號解釋雖提出「一罪不二罰」，卻又侷限在「同一行為已受刑事法律追訴並經有罪判決確定者，如得再依系爭規定處以罰鍰，即與前揭一罪不二罰原則有違」，並將「無罪判決確定後得否依系爭規定處以罰鍰部分，因與原因案件事實無涉，不在本件解釋範圍」。亦即，無罪判決確定後是否得以再處罰鍰，規避解釋。

　　從上，本號解釋是以「已受刑事法律追訴並經有罪判決確定者」，不得再依系爭規定處以罰鍰，由此「舉輕以明重」，當然拘留處分也在禁止重複處罰之列。至於停止營業、勒令歇業乃至於沒入，大法官卻有意將其排除解釋範圍，是否也在「一罪不二罰」之範圍內，大法官並不作解釋。

　　因此，釋字第808號所稱的「一罪不二罰」之內涵究竟何指並未說清楚。

2. 實體內容規定評斷

　　解釋理由書稱：「……惟社維法第三編分則所規範之各種違法行為，原即包含具與刑罰相若之『輕罪』行為……可知此等社維法第三編分則所規範之違法行為及其法益侵害，與同一行為事實之犯罪行為及其法益侵害間，應僅係量之差異，非本質之根本不同。」

　　但以此理由導出「一罪不二罰」本文不表贊同，所持理由在於，因為行政罰法第26條第1項刑事優先原則，也是以罰鍰與刑事處罰亦屬量的差異，如屬此種情形，罰鍰因涉及刑事而暫緩處理。

　　但若觀察本法第三編之罰則，仍應區別事件重大與否來決定，比較重大事件，處予拘留部分屬法院管轄，其主要規定在「妨害安寧秩

序」章上；其他較輕微如處予罰鍰則由警察機關管轄。如屬警察管轄案件似應仍歸屬行政罰，因此本文認為本號解釋僅就此實體部分，直接認定為輕罪，似有以偏概全之嫌。

　　縱然，社維法第三編包含具與刑罰相若之「輕罪」行為（實體部分），但在裁處程序上，仍非屬刑事程序，警察裁處部分之救濟，則屬普通法院管轄，有關裁處拘留部分與救濟亦屬普通法院管轄，即非行政程序以及非刑事程序之司法程序，但與日本法之輕犯罪法，屬刑事程序仍有不同[27]。

　　以表2顯現各國警察罰與行政罰之發展。

---

[27] 社維法訂定之初，即提出德國違反秩序法（不包括拘留處分）、日本輕犯罪法，以及保留拘留處分之行政處罰，最後選擇後者，參閱註23；因此，社維法應比較屬於非刑事罰之處分。

表2　各國行政罰與警察罰之發展

	第二次世界大戰戰前（行政權）	第二次世界大戰戰後（行政權）	第二次世界大戰戰後（司法權）
創始國德國	聯邦刑法典雖有規定重罪、輕罪、警察罰，刑罰應屬司法權，但聯邦刑事訴訟法授權各邦得由警察裁處之。各邦警察刑罰典 → 警察處予拘留、罰鍰	危害防止之處罰：違反秩序法罰鍰除去警察化，原則上由一般行政機關管轄。警察只管現場取締之即時處理或輕微罰鍰事件。	人身自由之剝奪沒有拘留之名稱。 拘役 → 屬刑罰
奧地利	1925年 行政刑罰法：警察與縣市政府 {拘留（六個月以下） 罰鍰} （行政刑罰程序法）	1991年手段不變	遭受歐盟嚴厲批評，學者建議拘留部分回歸司法權
日本	警察處罰令 → 內務省發布（行政命令） {拘留 罰鍰}	並無統一行政處罰法	刑罰之司法權 → 拘留及科料 輕犯罪法以及地方之迷惑防止條
台灣	違警罰法	雙軌 {1991年社維法：罰鍰 → 警察機關 2005年行政罰法 → 產生警察機關與行政機關罰鍰管轄競合	拘留 → 司法權，但非屬刑罰
大陸	違警罰法	雙軌 {治安管理處罰法 {罰鍰 → 警察機關 拘留 行政處罰法	拘留仍由警察機關為之

3. 裁量基準與準用刑事訴訟法之規定

解釋理由書稱：「……第28條所定之量罰審酌事項，亦與刑法第57條所定科刑審酌之事項相同；另依第92條規定，法院受理違反該法案件，除該法有規定者外，準用刑事訴訟法之規定。……」

非常可惜的是，本號解釋並無說明當初社維法創設這兩個條文的立法理由。其實上述兩條文，是違警罰法所無而新創的法條，主要理由在於，因為裁處拘留處分由法院為之，其必須有判准之裁量依據。第92條立法理由但書即稱：「……惟其中涉及人身自由部分，依本法規定均應移送法院裁處，恐因其裁處程序之規定或有不足，發生窒礙情事，故本條規定除依本法規定者外，並得準用刑事訴訟法，以應實際需要。」[28]之所稱準用即表示社維法之裁處，雖由法院裁處之，但仍非屬刑事案件，乃有準用之規定。

綜上，上述兩條文，仍是為法院審理違警案之程序依據，因應程序之需要而訂定的。

4. 一罪不二罰應僅及於拘留部分之審判上

從上分析，社維法當時保留拘留處分，是有經過相當的討論，當時社維法草案提出公決時，法學界、律師界以及300多名法官聯合請願，請求刪除「拘留處分」之規定，回歸行政秩序罰之性質（亦即採德國違反秩序法之模式），可惜該案並未獲致採納[29]。可見，保留拘留處分係當時立法考量，但制定時卻有思慮未周之嫌，也因為如此，才會產生四不像的社維法，兼有類似司法功能的行政處分（警察處分）與非刑罰處罰性質的司法處分（法院裁處），而本號解釋未深究立法意旨反而深陷其中，將社維法直接認定為輕罪，似有以偏概全之嫌。

---

[28] 參閱立法院法律系統，有關社會秩序維護法80年異動條文及理由，https://lis.ly.gov.tw/lglawc/lawsingle?00226749A61F00000000000000000140000000040
00000^01183080062900^00016001001，最後瀏覽日期：2022年6月16日。

[29] 蔡震榮、蘇立琮，前揭註17，頁5。

四、本號解釋規避了社維法第38條應處停止營業、勒令 歇業之解釋

　　本號解釋的解釋文以及解釋理由書，將社維法第38條有關應處停止營業、勒令歇業之解釋有意規避不作解釋，其稱：「社會秩序維護法第38條規定：『違反本法之行為，涉嫌違反刑事法律……者，應移送檢察官……依刑事法律……規定辦理。但其行為應處……罰鍰……之部分，仍依本法規定處罰。』……」

　　大法官為何不作解釋，本文認為，大法官對於違警罰法為何會有停止營業、勒令歇業之處罰，可能不甚了解，有以致之；也有可能不想去碰觸難以成解釋之窘境，因而捨棄解釋之機會。

　　早期警察機關管理特種營業（俗稱八大行業），享有特許之權限，並得對其勒令歇業與停止營業，這是非法治國時期所授予警察管理特種行業（風俗有關）之權限，其本應屬縣市政府主管機關之權責（行政權），但涉及影響善良風俗之行業，則須先經由警察機關之許可（特許），而有後續之停止營業、勒令歇業之處罰[30]。

　　在社維法修法時，雖該等行業之經營無須經由警察機關之特許，但卻仍保留勒令歇業停止營業之處罰，將本屬縣市主管機關之權責，授予法院審理裁決之範圍，這是立法當時選擇之錯誤[31]。但主管機關進而仍利用本法來達成其他行政目的，如本法第18條之1之修正，增列了對特種工商業勒令歇業之處罰，形成了與主管機關管轄權競合之情形[32]。本條之增訂，顯示出有關主管機關就商業（公司）登記無法

---

[30] 當時特許之權限，係源自於違警罰法第54條第11款「營工商業不遵法令之規定者」，該條並無明文授權警察有此權限。

[31] 行政罰法於2005年2月5日公布，其中第2條有所謂裁罰性不利處分，即包括停止營業與勒令歇業之處罰；社維法本應檢討修正，但立法者卻在2016年5月3日修正時，變本加屬對影響風化行業之勒令歇業之處罰。

[32] 2016年5月6日增訂第18條之1增列對公司、有限合夥或商業之負責人、代表人、受雇人或其他從業人員，因執行業務而犯刑法妨害風化罪、妨害自由

解決之事宜，反而利用本法直接以勒令歇業為之。從權力分立原則，公司之登記以及營業，甚至勒令歇業或停止營業，本應回歸主管機關管轄，如今卻在社維法另有規定，違反管轄權原則，也難怪本號解釋規避對此之解釋，其一，除對法規沿革不甚了解；另一，則是猜想，大法官不想碰觸行政罰法裁罰性不利處分（勒令歇業）由法院裁處之問題，以及法院是否仍可基於行政目的，如行政罰法第26條第1項規定，不受刑事優先原則可併罰之。

從歷年大法官解釋，本號解釋形成了大法官首次以來，對法條作出不完全解釋[33]。

五、社維法第38條之制定違憲與立法建議

(一) 重複處罰規定違憲

本號解釋理由書稱：「……是就行為人之同一行為已受刑事法律追訴並經有罪判決確定者，如得再依系爭規定處以罰鍰，即與前揭一罪不二罰原則有違。準此，系爭規定於行為人之同一行為已受刑事法律追訴並經有罪判決確定之情形，構成重複處罰，違反法治國一罪不

罪、妨害祕密罪，或犯人口販運防制法、通訊保障及監察法之罪，經判決有期徒刑以上之刑者，得處該公司、有限合夥或商業勒令歇業。其立法理由稱：「公司、有限合夥或商業之負責人、代表人、受雇人或其他從業人員，動輒利用該公司、商業名義犯刑法上妨害風化罪、妨害自由罪、妨害祕密罪，或犯人口販運防制法、通訊保障及監察法之罪，雖經判決有期徒刑以上之刑責，卻仍以原招牌繼續經營，已嚴重影響社會秩序與民眾觀感，必須予以遏止，以避免其死灰復燃。爰增訂本條規定得處該公司、有限合夥或商業勒令歇業之處罰，且不受刑法第七十六條所定之緩刑效力影響。」

[33] 此外，社維法第38條本文尚有「違反……少年事件處理法者……」之構成要件規定，但本號解釋也規避之。參閱黃昭元大法官提出，黃虹霞大法官加入，釋字第808號解釋協同意見書，一、本號解釋結果及宣告違憲之範圍[2]-[7]，提到就第38條其他如拘留、勒令歇業、停止營業以及申誡等，本號解釋未作解釋之缺憾。

二罰原則，於此範圍內，應自本解釋公布之日起，失其效力。」[34]

　　對於本條規定解釋違憲，第38條當初訂定時立法構想，是認為刑事罰歸刑事罰，警察罰與刑事罰不同，有質的差異，可分別處罰。因此，草案不採用原違警罰法第29條，違警案件與刑事案件相牽連者，應即移送該管法院之規定[35]。

　　確實當時之立法者採取社維法與刑法有本質之不同而訂定的，方向錯誤不合時宜而違憲，本文贊同，但不贊同大法官所提出「一罪不二罰原則」之說法。

(二) 立法草案初擬

　　本號解釋稱：「……但書關於處罰鍰部分之規定，於行為人之同一行為已受刑事法律追訴並經有罪判決確定者，構成重複處罰，違反法治國一罪不二罰原則，於此範圍內，應自本解釋公布之日起，失其效力。」依此，主管機關應於兩年內提出修正草案，送立法院審定。

1. 修法方向採行政罰法第26條規定因規制內容不同而不可行

　　若修法探行為與行政罰法第26條第1項與第2項規定相同時，或採取原違警罰法第35條第1項之規定（兩者規範內容相似），則可能會產生案件經刑事不處罰或檢察官不起訴後，移回警察機關時，警察機關仍必須將其案件移送法院（治安法庭）處理，對人民而言，似有一行為卻必須接受兩次法院之審理。

　　大法官詹森林所提協同意見書也表達相同見解而稱：「……反觀我國，程序規定上，僅有如同前述德國違反秩序法第41條第1項之社維法第38條前段；但案件經移送檢察官後，及檢察官起訴後，檢察官

---

[34] 本條先前違警罰法第35條第1項之規定，則與現行行政罰法第26條第2項規定一致，其稱：「違警事件與刑事案件相牽連者，應即移送該管法院。但就刑事案件為不起訴處分或為免訴不受理或無罪之判決者，其違警部分如未逾三個月，仍得依本法處罰。」

[35] 該條規定與行政罰法第26條第1項規定刑事優先原則類似。

及法院僅檢視該案行為人是否構成犯罪，而不必且不得同時檢視行為人之同一行為，是否亦違反社維法。其結果為：同一行為經法院判決後，不論其為有罪或無罪判決，負責處理違反社維法之警察機關及地方法院及其分院之簡易庭及普通庭法官，均面臨如就該業經法院判決之行為，再依社維法論斷，是否違反一罪不二罰或一行為不二罰原則之困擾；更有導致行為人之同一行為遭國家不同機關（法院刑事庭／警察機關或普通法院簡易庭及普通庭）重複處罰之風險。……」[36]

對於社維法第38條有關停止營業與勒令歇業應如何處理，就此部分，是否回歸行政罰法第26條，而不受刑事優先之影響，不必移送檢察官處理，則有進一步探究。本文認為，社維法之處理程序，仍與行政罰法有別，不宜等同處理。

依照行政罰法之規定，停止營業與勒令歇業應屬於行政罰法第2條所稱之裁罰性不利處分，裁罰機關為主管之行政機關；反之，社維法雖屬警察負責管轄之法，但該項裁決機關則是法院，而非警察機關。

停止營業與勒令歇業出現在社維法第三編分則第63條第2項、第76條第2項、第77條以及第82條第2項，上述條文都有規定情節重大或再次違反者，處或併處停止營業或勒令歇業。上述條文與刑事罰併罰，似較無問題。

另非常奇特的是，在社維法第一編總則部分2016年增列第18條之1，其第1項稱：「……經判決有期徒刑以上之刑者，得處該公司、有限合夥或商業勒令歇業。」卻仍採刑事優先處理原則。此部分雖不必移送，但卻必須等刑事處理之結果再議，此點仍與行政罰法第26條第1項之分別處理得以併罰仍有別。

就社維法罰鍰以及停止營業、勒令歇業部分，本文認為在程序上不必移送檢察官處理，因為其非刑事罰而係行政管制事項；但罰鍰部分應先移送。

---

[36] 詹森林大法官提出，黃虹霞大法官加入，釋字第808號解釋協同意見書，頁7。

由於，現行行政罰法第26條規定規制內容仍與社維法有差異，本文不採行政罰法之處理程序。

2. 採德國違反秩序法之處理程序較為恰當

德國違反秩序法之處罰僅有罰鍰一種，該法之理論係採與刑罰間僅量的差異。因此，一行為同時涉及秩序罰與刑事罰採刑事優先原則，但在程序上有別於我國行政罰法之處理程序，採取檢察官得就秩序罰管轄之權限與法院直接受理與裁定秩序罰之權。亦即，警察機關移送時，一併將社維法之案件移送檢察官處理，對此而有管轄權；此種情形，正可符合社維法之處理，並可避免人民有雙重處罰程序困擾之嫌。

本號解釋協同意見書即有詹森林大法官提出此種見解，國內也有若干學者介紹德國之程序處理規定[37]。

3. 提出修正草案

本文提出修正草案如下：

第38條違反本法之行為，涉嫌違反刑事法律或少年事件處理法者，應移送檢察官或少年法庭依刑事法律或少年事件處理法規定辦理。但其行為應處停止營業、勒令歇業或沒入之部分，仍依本法規定處罰。

警察機關移送檢察官時，應將所涉違反社維法上之義務及裁處規定一併移送（立法理由：檢察官一併處理社維法之案件）。

檢察官不起訴處分、緩起訴處分確定，應將處分書正本函送原移送機關。

檢察官起訴之範圍包括該秩序違反行為，經檢查官起訴後，法院刑事部分為無罪之判決，仍應從違序之觀點判斷並為判決（法院一併處理違序，並作出裁決）。

---

[37] 參閱本文肆之二之(三)。國內學者有許澤天撰文介紹德國制度，參閱許澤天，前揭註22，頁116-117。陳信安，前揭註20，頁154。

表3　社維法第38條修法建議

現行條文	修正條文	立法理由
第38條 違反本法之行為，涉嫌違反刑事法律或少年事件處理法者，應移送檢察官或少年法庭依刑事法律或少年事件處理法規定辦理。但其行為應處停止營業、勒令歇業、罰鍰或沒入之部分，仍依本法規定處罰。	第38條 違反本法之行為，涉嫌違反刑事法律或少年事件處理法者，應移送檢察官或少年法庭依刑事法律或少年事件處理法規定辦理。但其行為應處停止營業、勒令歇業或沒入之部分，仍依本法規定處罰。 警察機關移送檢察官時，應將所涉違反社維法上之義務及裁處規定一併移送。檢察官承接本法之追訴。 檢察官不起訴處分、緩起訴處分確定，應將處分書正本以及原違序案函送原移送機關。 檢察官起訴之範圍包括該秩序違反行為，經檢查官起訴後，法院刑事部分為無罪之判決，仍應從違序之觀點判斷並為判決。	第1項將原條文但書「罰鍰」刪除，其餘部分保留，應處停止營業、勒令歇業或沒入之部分，屬行政目的之考量，不受刑事優先原則之限制可併罰之。 第2項檢察官一併處理社維法之案件而有管轄權。 第3項規定檢察官不起訴處分、緩起訴處分確定，應將處分確定書以及原違序案函送原移送之警察機關。 第4項規定法院雖為無罪判決，但仍須審理違序案件並為判決（法院一併處理違序，並作出裁決）。

六、小結

　　釋字第808號解釋，可謂首次見到大法官保守態度，對法條作出不完全之解釋，而規避重要之問題，實為非常遺憾之事。

　　本號解釋僅以部分法條推論出社維法之性質為輕罪，而提出一罪不二罰之概念，若從當初立法之際，明顯不採輕罪之刑事處罰模式，而是準司法性質之行政處分（警察處罰）與法院就行政事務之司法處分，仍非刑事罰。就如同當時德國憲法法院也認為德國違反秩序法非刑事罰，而不採行政程序般[38]。但本號解釋提出輕罪之概念，而自陷入漩渦中，恐有思慮未周之嫌。

　　本文建議，社維法程序上採準司法性質，針對一行為同時觸犯刑法與違序時，為避免同一事件使人有遭受重複處罰之嫌，本文建議在處理程序上採德國移送檢察官模式，如所附之修正條文。

伍、總結

　　從上兩號解釋，可以看出司法解釋之困難度，這也是一般司法機關之常態，就是司法機關必須在限定時間內作出決定而有侷限性，往往未能觸及核心。

　　釋字第803號解釋，主要爭點在「自製獵槍」定義上，聲請解釋除涉及之當事人外，其餘則為法官，可見法官在適用法律時產生極大爭議，而「自製獵槍」定義，卻透過辦法不斷修正，概念搖擺不定，加上本號質疑自製獵槍安全性，條例最近一次修正又增列國防部協力，究竟此種協力有無在「自製獵槍」概念範圍，讓適用法律者無所適從。由此可見，「自製獵槍」概念不明確，且任由主管機關變更，

---

[38] 參閱本文肆之二之(三)。

實有違法律明確性與授權明確性，然本號解釋卻只提出管理辦法第2條第3款規定對於自製獵槍之規範尚有所不足，而輕輕帶過，卻不對條例本身提出質疑，值得深思。

釋字第808號解釋也發生同樣情形，大法官對該法制定之時所考量該法之定位，並非採日本輕犯罪法之刑事程序，而採另外特別程序，而將拘留裁處部分按照釋字第251號解釋意旨移給法院裁處，並同時也將勒令歇業以及停止營業交給法院，而本號解釋所提及第28條所定之量罰審酌事項以及第92條準用刑事訴訟法之規定，增列之條文也是為因應法院審理裁決之依據。因此，本號解釋認定違序之處罰為輕罪，而提出一罪不二罰，恐有誤解當時制定該法之意旨。

參考文獻

1. 陳新民，〈國家保障原住民的義務──評司法院釋字第803號解釋〉，《軍法專刊》，第68卷第1期，2022年2月。

2. 陳信安，〈行政罰法中刑事優先原則爭議問題之研究──以德國法制之比較分析為中心〉，《臺北大學法學論叢》，第116期，2020年12月。

3. 許澤天，〈刑事罰與行政罰競合之刑事優先與一事不再理原則──評大統混油案之訴願決定〉，《台灣法學雜誌》，第261期，2014年12月。

4. 許育典，〈釋字第808號解釋的法治國一罪不二罰〉，《月旦法學教室》，第230期，2021年12月。

5. 馮強生，〈從原住民狩獵安全談槍枝管制規範──兼評司法院釋字第803號解釋〉，《警政論叢》，第21期，2021年12月。

6. 潘韋丞，〈法律明確性的「曖昧要件」？──淺談「可經由司法審查加以確認」之判斷〉，《司法周刊》，第1734期，2015年2月。

7. 蔡震榮、蘇立琮，〈社會秩序維護法回歸行政罰法體系之探討〉，《警政論叢》，第4期，2004年12月。
8. 蘇建榮，〈司法機關對使用工業用底火之原住民自製獵槍之見解分析〉，《法律扶助》，第42期，2014年1月。

|第四章|
論特別權力關係之發展
與警察人事處分*

*　本文曾刊登於《法學叢刊》，第68卷第2期，2023年4月。

壹、前言

高雄市徐姓消防員，因服務單位高雄市消防局所實施一整天上班，一整天休假之勤務輪休制度不合理，用盡訴訟途徑而聲請解釋，並提出下列質疑：

一、根據公務人員保障法，公務人員就影響其權益之不當公權力措施，於申訴、再申訴後，不得續向法院請求救濟，是否違憲？

二、高雄市政府消防局有關外勤消防人員「勤一休一」勤休方式及超時服勤補償之相關規定，是否違憲？

針對上述兩爭點是否合憲，司法院作成釋字第785號解釋；但徐姓消防員也因抗爭而被懲處，年中考績符合汰除之規定而遭免職。其認為警察人員人事條例第31條第1項第11款規定：「警察人員有下列各款情形之一者，遴任機關或其授權之機關、學校應予以免職：……十一、同一考績年度中，其平時考核獎懲互相抵銷後累積已達二大過。……」此項規定，無法比照一般公務人員依公務人員考績法第12條第1項第1款，於累積達二大過後，仍有可能於年終考績前將功抵過，形成不合理差別待遇。並就系爭規定性質上為懲戒，卻仍由行政機關為之，是否違反憲法第77條懲戒權應由司法院掌理之要求等聲請解釋。

徐姓消防員因年中免職提出聲請，案件是在憲法法院實施後才受理，因此仍適用舊法，亦即，大法官案件審理法。也就是本案之聲請，僅能就抽象法規審查，不進入實體個案合憲性之審查。

本文擬就司法院釋字第785號警察勤務與健康權與特別權力關係先予敘述；其次，針對111年憲判字第10號判決，其所引用相關警察法規，說明消防人員年中免職之正當性是否正確，將進一步分析。

貳、特別權力關係之發展與突破

一、特別權力關係之理論

　　我國特別權力關係之理論，早期沿襲德國法之理論，主要強調如下：

(一) 對公務員無基本權利之保障。

(二) 不適用法律保留原則。

(三) 不能提起外部權利救濟。

　　歷年來，司法院大法官之解釋，主要著重在公務員之權利救濟上，並引用德國學者烏勒（Ule）所提出基礎處分與管理關係[1]，作為提起外部司法救濟之分水嶺[2]；1997年通過的公務人員保障法，即以此作為基準，並參考司法院大法官解釋，將公務員權利救濟區分為申訴（內部救濟）以及復審（外部救濟）兩種，前者屬管理關係提起行政內部救濟，後者屬基礎關係（人事行政處分），得提起外部之司法救濟。

　　但我國特別權力關係之發展，其實並不完全承襲德國法之發展，而係另外加入英美法之精神，尤其在行政程序法制定通過後，加強行政機關針對人民事件正當行政程序之適用，但該法卻在第3條第3項第7款將對公務員所為之人事行政行為，排除行政程序之適用，當時之

---

[1] 蔡震榮，〈從德、日兩國特別權力關係理論探討我國當前特別權力關係應發展之方向〉，《警政學報》，第14期，1988年12月，頁58以下。

[2] 司法院釋字第187號解釋關於請領公務員退休金相關申請年資及未領退休金證明始，釋字第201號再闡釋公法金錢給付退休金得提行政爭訟，考績獎金（釋字第266號）、福利互助金（釋字第312號）、俸給級俸審定（釋字第338號）均得行政爭訟。關於改變身分或權益有重大影響者，其後有司法院釋字第243號、第298號專案考績免職處分之救濟。上述這些解釋，將公務員財產權以及身分變動等處分，認定基礎關係得以提起外部司法救濟。

排除適用仍以特別權力關係爲由[3]，值得慶幸的是，司法院釋字第491號，在行政程序法制定通過之同年，作出超越德國法所強調的特別權力關係之理論基礎，強調免職之正當法律程序[4]，開啓了主管機關針對公務人員之人事免職處分，也有正當程序之適用。亦即，作成免職處分之正當法律程序，除了承續美國正當法律程序之要求外[5]，司法院釋字第491號解釋文稱：「……對於公務人員之免職處分既係限制憲法保障人民服公職之權利，自應踐行正當法律程序，諸如作成處分應經機關內部組成立場公正之委員會決議，處分前並應給予受處分人陳述及申辯之機會，處分書應附記理由，並表明救濟方法、期間及受理機關等，設立相關制度予以保障。……」[6]

3　程明修氏也主張廢除行政程序法第3條第3項第7款之規定，參閱程明修，〈法治國中「特別權力關係」之殘存價值〉，《中原財經法學》，第31期，2013年12月，頁229。

4　目前所有論述特別權力關係之理論著作，卻鮮少提到此方面之發展。釋字第491號解釋前司法院大法官召開諮詢會議，蔡震榮氏鑑定報告書「公務人員考績法考評程序之正當性」中，提到美國公務員之考績程序：1.給予受處分公務員三十日之先期書面通知；2.受處分公務員得由律師或其他代表人代理之；3.給予合理期間準備口頭暨書面答辯；4.於前述通知限屆滿之日起一個月內，以書面作成處分，並告知救濟之途徑。而釋字第491號解釋文所稱「免職處分既係限制憲法保障人民服公職之權利，自應踐行正當法律程序」可能參考該鑑定意見書而來。參閱蔡震榮，〈由專案考績免職評論釋字第四九一號〉，《中央警察大學學報》，第36期，2000年3月，頁161以下。

5　蔡庭榕，〈論公務人事處分之正當程序──以警察人員特別功績進階及免職處分爲例〉，《警學叢刊》，第31卷第4期，2001年1月，頁199以下。

6　若參考本號解釋吳庚所提出的協同意見，三、免職處分與正當法律程序：「第二項第七款所稱：『對公務員所爲之人事行政行爲』顯係圍於舊日『特別權力關係』之說法，欲將行政程序侷限於所謂『一般權力關係』之事項，殊不知人事行政行爲之無行政程序法之適用者，充其量僅能限於未限制或剝奪公務員服公職之基本權事項，例如職位陞遷、調動、任務指派等而已。目前行政程序法尚未施行，各級機關切勿以民國九十年一月一日該法實施後，依新法推翻舊解釋之理，排除本解釋之適用，因爲本解釋乃憲法位階之釋示，任何法律不得與之對抗也。」

在本號解釋後，公務人員考績法即於2001年5月29日增修第14條第3項：「考績委員會對於擬予考績列丁等及一次記二大過人員，處分前應給予當事人陳述及申辯之機會。」其增修立法理由稱：「有關公務人員之免職處分既係限制憲法保障人民服公職之權利，自應踐行正當法律程序，以保障受考人權益。」[7]雖然，警察人員人事條例並無該項程序之規定，但仍適用公務人員考績法之規定[8]。

因此，我國對特別權力之論述，本文認為，應將司法院釋字第491號之正當法律程序融入其中，才屬完整[9]。亦即，特別權力關係之突破，除上述基本權利限制、法律保留以及權利救濟外，應加上英美法所強調正當法律程序之適用[10]。

---

[7] 但有關救濟途徑之告知，卻遲至民國96年10月30日才於公務人員考績法施行細則第21條第3項更詳細規定：「各機關考績案經核定機關核定送銓敘部銓敘審定後，應以書面通知受考人。考績列丁等或專案考績一次記二大過免職者，應附記處分理由及不服處分者提起救濟之方法、期間、受理機關等相關規定。」將程序事項分別規定，立法上恐有不當。

[8] 警察人員人事條例第1條與第2條規定，即說明有關程序規定回歸公務人員考績法。亦即，警察人員人事條例主要規範實體事項，程序事項不另作規定，而適用公務人員任用法、公務人員考績法等相關規定。

[9] 在此，要提出說明的是，司法院大法官解釋後來發展出正當行政程序，仍與本號解釋有所區隔。司法院釋字第663號解釋理由書、釋字第709號【都市更新事業概要與計畫審核案】詳細闡述「正當行政程序」之保障內涵，以及司法院釋字第731號【區段徵收申請抵價地之期間起算日案】，延續「正當行政程序」之用語。上述這些解釋是針對人民事件，與釋字第491號針對公務員免職之事件有所區別。

[10] 正當法律程序在司法院釋字第491號解釋後，則有進一步發展出正當行政程序，例如釋字第603號解釋林子儀大法官之協同意見書。其後，大法官多數意見採用則首見於釋字第663號解釋理由書，又歷經司法院釋字第709號解釋及多件大法官意見書之闡揚，及至第731號解釋，再次重申行政機關應遵循正當行政程序，主要強調在程序中受：1.告知權：包含事前告知（預告）、事後告知（處分送達）、救濟途徑之教示等；2.聽證權：包含聽證或陳述意見之機會；3.說明理由義務。上述解釋仍是國家與人民間之一般權力關係，而與司法院釋字第491號針對特別權力關係有別。

二、特別權力是否已終止

有謂自司法院釋字第784號以及第785號解釋後，對權利受到侵害的個人，已享有充分司法外部救濟之保障，而認為特別權力關係已經終止，該文是以特別權力關係之救濟論點敘述[11]。但其實特別權力關係之限制，尚涉及基本權利之限制以及是否有法律保留之適用情形。此兩部分是否也解除，仍有論究。

(一) 內部管理關係規範之限制並非完全適用法律保留原則

司法院釋字第785號解釋理由書所稱：「……至是否違法侵害公務人員之權利，則仍須根據行政訴訟法或其他相關法律之規定，依個案具體判斷，尤應整體考量行政機關所採取措施之目的、性質以及干預之程度，如屬顯然輕微之干預，即難謂構成權利之侵害。……」在此，本號解釋仍認為，高雄市政府消防局消防勤務細部實施要點雖為行政規則，但其所規範內容與憲法法律保留原則、服公職權及健康權保障意旨尚無違背[12]。對此，本號解釋理由書又稱：「……依機關組織管理運作之本質，行政機關就內部事務之分配、業務處理方式及人事管理，在不違反法律規定之前提下，本得以行政規則定之（行政程序法第159條第2項第1款參照）。惟與服公職權及健康權有關之重要事項，如服勤時間及休假之框架制度，仍須以法律規定，或有法律明確授權之命令規定。又是否逾越法律之授權，不應拘泥於授權法條所

---

[11] 陳文貴，〈特別權力關係理論之回顧與展望——司法院釋字第784、785號解釋之後〉，《教育暨資訊科技法學評論》，第7期，2021年10月，頁175以下。

[12] 本號解釋另也針對高雄市政府消防局民國99年12月27日發布之消防機關外勤消防人員超勤加班費核發要點（也屬行政規則）提出討論，而認為要點對外勤消防人員超勤之評價或補償是否適當，相關機關應於前開超勤補償事項框架性規範訂定後檢討之。

用之文字，而應就該法律本身之立法目的，及整體規定之關聯意義爲綜合判斷……。」

　　亦即，本號解釋容許行政規則之存在，但堅持所訂定之行政規則，仍必須審視其內容有無逾越法律規定，才屬合憲；若涉及服公職權及健康權有關之重要事項，則須以法律規定爲宜。在此部分，本號解釋仍堅持涉及公務員權利之重要事項，則有法律保留原則之適用。該號解釋仍沿用重要性理論，作爲法律保留原則之適用[13]。

　　就本號解釋內容分析，只要涉及基本權利干涉重大，則有法律保留原則之適用，至於內部事務之分配、業務處理方式及人事管理，在不違反法律規定之前提下，本得以行政規則定之，此部分允許機關有行政裁量之餘地，惟應侷限在權利輕微干預，則以申訴再申訴即已足夠。縱然如此，本號解釋認爲，公務員仍得主張其權利受到侵害，而得提起相關對應之行政救濟。

　　如以軍警單位來說，仍存在諸多內部之行政規則，對軍警人員之約制，包括勤務規定，如司法院釋字第785號消防勤務細部實施要點，或對軍警人員行爲之規範，如軍方不得攜帶智慧型手機進入營區、留營期間不得外出等，否則將會懲罰措施，或一些倫理規範，如內政部警政署於2011年7月9日訂頒「警察人員與特定對象接觸交往規定」屬之[14]。

(二) 管理措施或有關工作條件申訴再申訴規定合憲

　　本號解釋理由書稱：「……況上開規定並不排除公務人員認其權

---

[13] 所謂重要性理論在特別權力關係，縱然在管理關係，如屬對公務人員權利產生重大影響皆得提起救濟。參閱蔡震榮，《行政法概要》，五南出版，2022年，4版，頁62。蔡震榮、戴東盛，〈從釋字684號解釋論法律保留與權利救濟〉，《法學叢刊》，第56卷第4期，2011年10月，頁5以下。

[14] 2011年1月2日內政部警政署爲使各級警察人員嚴守紀律，避免與特定對象不當接觸交往，5月28日臺中市翁○楠槍擊案發生後，立即成立研訂小組邀集基層代表而訂定此要點。

利受違法侵害或有主張其權利之必要時，原即得按相關措施之性質，依法提起相應之行政訴訟，請求救濟。……又各種行政訴訟均有其起訴合法性要件與權利保護要件，公務人員欲循行政訴訟法請求救濟，自應符合相關行政訴訟類型之法定要件。至是否違法侵害公務人員之權利，則仍須根據行政訴訟法或其他相關法律之規定，依個案具體判斷，尤應整體考量行政機關所採取措施之目的、性質以及干預之程度，如屬顯然輕微之干預，即難謂構成權利之侵害。且行政法院就行政機關本於專業及對業務之熟知所為之判斷，應予以適度之尊重，自屬當然（本院釋字第784號解釋參照）。」

上述解釋，仍堅持目前以人事行政處分作為申訴與復審之界限仍屬合憲。亦即，仍保留管理關係之救濟，以行政機關（包括保訓會）處理為優先。但若公務人員認其權利受違法侵害或有主張其權利之必要時，仍得開啟相關之行政救濟，亦即，公務人員認為其權利受侵害，如本案之主張健康權受到侵害，即得提起相對應之行政訴訟[15]。

(三) 本號解釋後公務人員保障暨培訓委員會函變動行政處分範圍

保訓會於本號解釋後於民國109年10月5日發布公保字第1091060302號函稱：「……保障法第25條所稱之『行政處分』，應與行政程序法第92條規定『指行政機關就公法上具體事件所為之決定或其他公權力措施而對外直接發生法律效果之單方行政行為』為相同之認定。據上，諸如依公務人員考績法規所為之獎懲、考績評定各等次、曠職核定等（詳如人事行政行為一覽表），均有法律或法律授權訂定之規範，且經機關就構成要件予以判斷後，作成人事行政行為，已觸及公務人員服公職權等法律地位，對外直接發生法律效果，核屬

---

[15] 本項主張說明了，有些管理措施本身並非行政處分，例如勤務之安排，但可能勤務規劃不當致影響當事人之健康權，在用盡申訴再申訴後，仍得主張權利受到侵害，而提起相對應之司法救濟。

行政處分，應循復審程序提起救濟。……」[16]

　　其中比較值得討論的是，將考核獎懲除口頭警告或書面警告暫不列為行政處分外[17]，其餘申誡以上之處分皆列為行政處分，依法得提起復審，而明顯擴充復審範圍。在此，不禁要問，此種無限擴張懲處處分之救濟，是否要徹底瓦解特別權力關係中的管理關係？長官之懲戒權是否完全攤在外部司法審查中，以司法審查來替代長官之懲處權[18]？

　　本文在此提出另外的看法，「人事行政處分」應是指對公務人員產生權利義務變動或重大影響之法效果，記過以下之處分，如該函釋所稱「已觸及公務人員服公職權等法律地位，對外直接發生法律效果，核屬行政處分」，對此說法本文持保留態度。本文認為，此部分仍應屬長官得以運用處理管理關係掌握之範圍，對此部分有所爭議，仍以尋求內部之救濟為宜，亦即申訴再申訴為已足，外部司法救濟是否必行，以司法來介入內部懲處事宜，仍有探討空間。目前國防部權利保障委員會審查事項仍包括記過、申誡，記大過以上才屬訴願

---

[16] 考試院保訓會依司法院釋字第785號解釋意旨，調整公務人員保障法所定復審及申訴、再申訴救濟範圍，於民國109年9月22日第12次委員會議決議事項所稱之行政處分類別。

[17] 如有法律或法律授權規範為據者，改認行政處分；其餘維持管理措施（參閱該函釋定性之說明）。

[18] 同樣情形發生在軍方權利保障事件上（由軍方成立權利保障委員會審查），如依照保訓會函釋，申誡以上無法申請軍方內部之權保，則將無案可以審查。因此，軍方國防部請示行政院，就申誡與記過部分仍列入權保範圍。參閱行政院秘書長民國110年7月22日院台訴字第1100180523函釋即稱：「認記過以上懲處，可能影響軍職人員身分變更或財產上請求權而為行政處分，得提起訴願。」參閱國防法規資料庫，國防部官兵權利保障受理案件範圍：「一、遭受不當管理措施或處置。（一）顯然輕微之懲罰（申誡、記過【不含大過】）。」https://law.mnd.gov.tw/Fn3/item.aspx，最後瀏覽日期：2023年6月28日。將記過與申誡列入官兵權利保障範圍，而與公務員之權利救濟有所不同。

範圍,值得借鏡[19]。本文也認為,如果連申誡處分,受懲處者,皆得提起外部之救濟,顯然掏空掌管之管理關係,確實會有管理不易之憾。本文比較贊同的是,吳庚大法官在司法院釋字第491號協同意見書所稱「對記過以上之懲處均踐行正當法律程序,不必僅限於免職處分」。亦即,只要強調正當法律程序即可,以程序來保障當事人權利,但不必所有懲處皆採外部司法救濟[20]。

三、特別權力關係理論新詮釋

(一) 特別權力關係仍容許行政規則來規範內部之管理措施

行政行為須否適用法律保留原則,應以是否屬「重要性為斷」。亦即,凡涉及干涉權利重大事項,即有法律保留原則之適用;但涉及權利侵害輕微,如勤務安排、輪休或一些倫理規範,或如禁止蓄長髮儀容、禁止涉足不當場所或禁止不當交往等,容許主管機關基於勤務需要,訂定一般性行政規則或特別規則作為管理。但仍應遵守法律優位原則,行政規則內容仍應注意不得逾越法令之規定。

(二) 特別權力關係下所為之人事行政行為應踐行政正當法律程序

行政程序法第3條第3項第7款排除適用行政程序應予修正,司法院釋字第491號明白說明人事行政處分也有正當法律程序適用[21]。

---

[19] 但申誡以上之懲處,仍得踐行給當事人陳述意見之程序乃屬當然;未來是否變更如保訓會函釋所示,國防部仍積極討論中。

[20] 司法院釋字第491號解釋大法官吳庚協同意見書,認為記過以上之懲處均踐行正當法律程序,即講求正當法律之必要性。目前實務上只要申誡即給予陳述意見之機會。

[21] 司法院釋字第491號解釋文所稱:「……對於公務人員之免職處分既係限制憲

(三) 宜保留對管理措施以內部救濟為主

容許內部管理措施以內部申訴再申訴為已足，但若當事人主張權利受到侵害，仍得提起相對應行政訴訟。本文認為，尤其執行重大公共事務的軍警機關，應容許有內部管理措施，主管長官得享有一定的懲處措施，對此爭議如屬輕微處置（記過、申誡），只要在行政內部之救濟即已足夠。

(四) 特別權力關係仍存在於軍警單位

如果觀察警察人員人事條例第29條第1項及第2項、第31條第2項等所列之停職、免職態樣，較公務人員考績法及公務員懲戒法所規範之情形更為多元[22]，因此，警察人員適用警察人員人事條例所受限制顯然比公務人員多；此外，警察人員人事條例除憲法法院111年憲判字第10號判決的年中免職外，其他免職要件要比公務人員考績法來得嚴苛[23]，該判決稱：「……警察人員之紀律要求較一般公務人員為高，對其違紀失職之容忍程度亦較一般公務人員為低。系爭規定考

法保障人民服公職之權利，自應踐行正當法律程序，諸如作成處分應經機關內部組成立場公正之委員會決議，處分前並應給予受處分人陳述及申辯之機會，處分書應附記理由，並表明救濟方法、期間及受理機關等，設立相關制度予以保障。……」即屬人事行政處分的正當法律程序。

[22] 公務人員考績法並無停職之特別規定，公務人員考績法第18條但書僅規定：「……但考績應予免職人員，自確定之日起執行；未確定前，應先行停職。」僅是回應司法院釋字第491號解釋內容，但考績法施行細則第13條，則就司法院釋字第491號解釋所規定之正當法律程序詳細規定。

[23] 如警察人員人事條例第31條第1項第4款於民國110年12月22日修正前之規定：「犯前二款以外之罪，經處有期徒刑以上刑之判決確定，未宣告緩刑、未准予易科罰金……」未包括易服勞役，而現行條文增加易服勞役，更加保障警察人員工作權。最高行政法院105年判字第658號判決，即認為易科罰金不等於易服勞役，認為桃園市政府對警察人員免職處分並無錯誤。因此，才會有民國110年12月22日之修法，而只要不是有罪判決發監執行，警察人員將不在免職之列。

量警察執行職務與一般公務人員不同之特殊性，就警察人員於同一考績年度中，其平時考核獎懲互相抵銷後累積已達二大過者，採即時予以免職之手段，可認與達成其所追求重要公益之目的間具有實質關聯。……」[24]

本文認為，警察人員人事條例之規定，雖屬符合法律保留之規定，但如比較公務人員考績法與警察人員人事條例，後者詳列有關停、免職以及獎懲規定之要件[25]，屬於特別權力關係下之特別規定，明顯嚴重限制警察人員服公職之權利，如與公務人員之限制比較，顯然對警察人員極不公平；且如再對照警察人員因服不定量之勤務，所產生對健康權之影響（釋字第785號解釋）[26]，一般公務人員可以準時上下班，讓人覺得警察人員人事條例對警察人員之規定，實仍未擺脫特別權力關係之魔咒。

參、憲法法院111年憲判字第10號判決

本號判決聲請人與司法院釋字第785號解釋為同一人，其因為抗爭勤務制度不公，背負了多次長官之懲處，於年中累計34次申誡，已達年中免職之要件，其直屬長官高雄市消防局乃依警察人員人事條例第31條第1項第11款予以免職。

由於消防人員並無專屬人事法規，適用警察人員人事條例得以享

---

[24] 憲法法院111年憲判字第10號判決理由邊碼28。

[25] 依據警察人員人事條例第28條第3項，內政部發布「警察人員獎懲標準」，詳細規定警察人員之記過申誡之類型。

[26] 如果觀察各地警察勤務之安排，會發現警察服勤時數顯然不符合警察勤務條例第15條第2項所稱：「服勤人員每日勤務以八小時為原則；必要時，得視實際情形酌量延長之。服勤人員每週輪休全日二次，遇有臨時事故得停止之……。」之規定，實務情形屬於特別權力關係所稱的「服不定量勤務」。

受若干福利、待遇與撫卹較優之措施，且消防機關與警察機關分隸當時又訂不出來相關人事法規，乃仍維持外勤單位消防人員警察特考取得職位者，適用警察人員管理條例[27]。

　　本案比較值得爭議，在於消防機關與警察機關分隸後[28]，警察任務與職權與消防有別，除目前具有警察背景之消防人員，仍適用警察人員人事條例，消防機關其他簡薦委任任用人員，則回歸適用公務人員相關法規。

　　依警察人員人事條例第39條之1規定：「海岸巡防機關及消防機關列警察官人員之人事事項，由各該主管機關依本條例之規定辦理。」另，內政部消防署組織條例第14條第1項規定：「各級消防機關人員之管理，列警察官者，適用警察人員管理條例等有關規定辦理。」在此說明，凡經由警察特考取得資格者，仍適用警察人員人事條例。因此，本號判決即以此作爲判決依據。

　　本號判決理由中，強調了警察係對人民執行職務行使公權力，並且可以採取各種強行性措施，必要時使用警械，並引用警察法以及警察職權行使法作爲強制力行使之依據。

　　若進一步探討本號判決引用其他警察相關法規之敘述，似乎跟消防員執行勤務之性質仍有所差異，對此，本判決並沒有清楚明白的說理[29]。確實，本案判決引用了警察法與警察職權行使法，強調警察強制力之使用，但若從警察法之發展以及消防單位與警察機關之分隸，

---

[27] 「消防機關組織與人事制度評估及因應策略之研究」，內政部消防署委託研究，受委託單位：社團法人台灣競爭力論壇學會，研究主持人：彭錦鵬，協同主持人：唐雲明、李俊達，2016年11月，頁157。

[28] 內政部消防署於1995年3月1日成立，在省爲省政府，在縣（市）爲縣（市）政府。臺灣省消防處爰併於1997年1月6日成立，消防與警察分隸乃爲政府爲確保公共安全、提升災害防救能力，以保障人民生命財產極力推展之重大政策。

[29] 一起讀判決，消防員跟警察一樣嗎？2022年6月5日，https://casebf.com/2022/06/25/cons_j11110-2/，最後瀏覽日期：2022年11月29日。

是否本案得引用上述法規，作為警察執行公權力之依據；這些法規是否也適用在消防機關，有進一步探討之必要。就此部分，本號判決並未進一步分析，似有敘述未詳盡或錯誤引用之憾。

一、本案受理仍適用原司法院大法官審理案件法之抽象法規審查

憲法訴訟法係於2022年1月4日施行[30]，本件於2017年8月9日提出聲請，係在憲法訴訟法施行前，其是否受理之審理卻在憲法訴訟法實施後，但是否受理，仍應依原司法院大法官審理案件法之規定。經核聲請人就系爭規定之聲請，與憲法訴訟法第90條第1項但書及原司法院大法官審理案件法第5條第1項第2款規定相符，應予受理[31]。亦即，本案雖以憲法法庭名義審理，但仍適用原司法院大法官審理案件法，僅得以抽象法規是否違憲加以審查。

二、針對本號判決引用警察相關法規提出疑義

本號判決理由參之二之（四），稱系爭規定之目的係為追求重要公益[32]，但在其說明中，仍存在若干值得探討之處，其稱：「按警察負有維持公共秩序，保護社會安全，防止一切危害，促進人民福利之

---

[30] 憲法訴訟新制於2022年1月4日施行，憲法法庭實施具體案件審判來填補憲法意識，並針對法律作合憲性之解釋，周全保障人民司法權益。

[31] 參閱本號判決理由邊碼6。憲法訴訟法第90條第1項規定：「本法修正施行前已繫屬而尚未終結之案件，除本法別有規定外，適用修正施行後之規定。但案件得否受理，依修正施行前之規定。」原司法院大法官審理案件法第5條第1項第2款規定：「人民、法人或政黨於其憲法上所保障之權利，遭受不法侵害，經依法定程序提起訴訟，對於確定終局裁判所適用之法律或命令發生有牴觸憲法之疑義者。」因此，本案仍屬抽象法規之審查。

[32] 本號判決理由邊碼25-26。

任務。警察依法行使下列職權：『……七、有關警察業務之保安、正俗、交通、衛生、消防、救災、營業建築、市容整理、戶口查察、外事處理等事項。八、其他應執行法令事項。』（警察法第2條及第9條參照）。足見警察執行職務之方法、過程或結果，攸關人民生命、身體、自由、財產之安全及社會秩序之維護。查系爭規定係於86年5月6日修正公布時增列，其內容與行政院於民國78年函送立法院審議之同條例修正草案第32條（未完成修法）之意旨相近，而該第32條修正草案之立法理由，係鑑於『對平時考核欠佳，大過不犯、小過不斷，輔導無效之頑劣員警，其獎懲抵銷累積達二大過以上者，原依公務人員考績法之規定，須俟年終考績列丁等免職。惟警察係武裝單位，執勤攜帶警械，如不及時予以斷然處置，易生意外事故，將嚴重影響主管領導統御與團體紀律，故宜即時辦理專案考績免職；對於忠勤盡職、冒險犯難、不眠不休維護治安之優秀員警，如獎懲抵銷累積達二大功以上者，亦宜即時辦理專案，以資激勵，藉收及時獎優汰劣之效。』……」

　　本段敘述存在若干問題，首先就其所引用警察相關法規作為論證，是否仍適用在消防人員上，茲敘述如下。

(一) 警察法以及警察職權行使法並不適用消防人員

　　本號判決理由書提到警察法第2條「警察任務」以及警察法第9條「警察職權」，而1997年之後警消分隸，第9條第7款所稱「消防、救災」顯然已非屬警察職權之範圍，本號判決未查，仍加以引用，屬錯誤之引用，不因消防人員適用警察人員人事條例，而推出消防義務仍屬警察人員之職權[33]。

---

[33] 警察法施行細則第10條第1項稱：「本法第九條所稱依法行使職權之警察，為警察機關與警察人員之總稱……。」同樣地，在警察職權行使法第2條第1項同樣內容重複規定：「本法所稱警察，係指警察機關與警察人員之總稱。」兩者所稱之警察並無包括適用警察人員人事條例之消防人員在內。

同樣地，警察職權行使法係在司法院釋字第535號解釋後所訂定，該法第2條第1項即定義警察，係指警察機關與警察人員之總稱，並沒有包括消防人員。

因此，本號判決認為外勤消防人員因適用警察人員人事條例，而推出這些消防人員也屬上述兩法所稱之警察人員，恐有推理錯誤之嫌。

(二) 消防人員執行勤務方式並非攜帶警械之公務員

消防救災屬給付行政，雖屬重大公共事務，但其執行職務並非攜帶警械之公務員，且執行職務時，對消防人員本身也可能遭受生命與身體重大傷害，消防人員執行職務傷亡發生頻率高。

警械使用條例第13條第1項規定：「本條例於其他司法警察人員及憲兵執行司法警察、軍法警察職務或經內政部核准設置之駐衛警察執行職務時，準用之。」所稱其他司法警察人員，目前從警察機關分隸的海岸巡防署以及內政部移民署屬之[34]。但相關消防法規並無使用槍械之規定，且實務上消防人員並非屬司法警察人員。

(三) 年中免職之修正草案係在消防與警察尚未分隸前制定

本號判決引用了民國78年函送立法院審議之同條例修正草案第32條之立法理由而稱：「……惟警察係武裝單位，執勤攜帶警械，如不及時予以斷然處置，易生意外事故，將嚴重影響主管領導統御與團體紀律，故宜即時辦理專案考績免職……。」[35]

---

[34] 依海岸巡防法第14條規定：「海巡機關人員執行職務時，得使用武器及其他必要之器械；其使用辦法，以法律定之。」入出國及移民法第72條第4項至第6項有準用警械使用條例之規定，但消防人員在消防法並無相關規定，且實務操作上消防人員並不具備司法警察身分，故不得使用警械。

[35] 參閱本號判決理由邊碼26。

　　本條文修訂當時，警消尚未分隸，當然包括消防人員在內；但在其分隸後，消防人員即非屬武裝單位，執勤攜帶警械之公務員，且不具司法警察地位，當然就無攜帶槍械之相關規定。

　　本文贊同蔡明誠不同意見書之三、警察人員與消防人員分立原則與其在憲法上身分保障之意見，其稱：「……本號判決雖未忽視系爭規定於78年函送立法院審議之修正草案立法意旨及理由，藉以說明就警察採取重獎重懲之即時汰除與即時激勵制度，並說明系爭規定之目的在積極保護人民生命、財產、自由之安全與維護社會秩序等重要目的，且認為其所採即時汰除手段與目的，具有實質關聯（參見本號判決理由），惟其卻未論述非武裝且未攜帶警械、以消防、災害防救為任務之消防人員，為何同有即時汰除，若不即時汰除可能使人民生命、財產、自由即社會秩序受到威脅或危害之情狀。……是本號判決在消防人員之較嚴重懲戒處分，將消防人員比照警察人員辦理，恐有率斷之疑慮，亦且未詳以論述其為何得以通過較嚴格審查密度之平等原則審查，其說理恐有所缺憾之嫌！凡此皆值得商榷。」[36]

　　本文認為，從歷史角度觀察，警消分隸後，消防人員已經不適用警察法、警械使用條例以及警察職權行使法等規定，惟獨仍保留適用警察人員人事條例，乃因本條例第39條之1之規定：「海岸巡防機關及消防機關列警察官人員之人事事項，由各該主管機關依本條例之規定辦理。」

　　但本號判決主要爭點，在於不當引用相關警察法、警察職權行使法以及警械使用條例作為論證與推理，其實這些法規早已排除消防人員之適用[37]，本判決僅以警察人員人事條例適用消防人員為依據，而

---

[36] 參閱本號判決蔡明誠不同意見書，頁6。

[37] 本號判決參之二之（五）系爭規定所採差別待遇與目的之達成間有實質關聯（判決理由邊碼28），引用警察職權行使法第2條第2項規定，導出警察可對人民行使強制力，而依同條第1項卻稱：「本法所稱警察，係指警察機關與警察人員之總稱。」卻沒包括消防人員在內，若如此推論恐有相互矛盾之嫌。

導出其他警察法規也同樣適用消防人員之論證，係未精確檢驗法規歷史之發展，如此未經驗證之推理，顯有瑕疵。從而，將消防人員列為攜帶警械之公務員，有率斷之疑慮，恐難以通過平等原則之審查[38]。且依目前尚未通過之消防人員人事條例草案（2020.10.15）第28條：「消防人員之考績，除前條規定外[39]，適用公務人員考績法之規定。」因此，未來消防人員人事條例通過後回歸適用公務人員考績法之規定。

三、小結

若仔細分析本案推理內容，可以明顯看出本號判決的大法官們，除提出不同意見書的大法官外，判決理由中，有關警察法規是否適用消防人員，卻未從法規歷史體系性發展加以深究，而導出幾近錯誤之推論，瑕疵明顯可見。本號判決理由之論證可能對警察法規缺乏法體系性的認識，而推論出其為擁有槍械執行強制力，執行職務之過程或結果，往往直接影響人民生命、財產、自由之安全及社會秩序之維護為由，為積極保護人民生命、財產、自由之安全與維護社會秩序，追求重要公益，而導出系爭規定年中免職即時予以汰除消防人員為合憲的錯誤推論。

肆、結論

從兩號解釋得出，警察服不定量勤務影響健康權，但卻必須接受停職與免職嚴格規定，其服公職權仍壟罩在特別權力關係下。本文認

---

[38] 蔡明誠之不同意見書亦持相同看法，參閱蔡明誠不同意見書，頁6。

[39] 所稱前條係指草案第27條有關考績甲乙等第之規定。

為，既然目前警察勤務因人員不足，而必須加重勤務，但在另方面警察懲處規定，尤其警察人員人事條例就停職以及免職之特別規定，如與公務人員考績法比較，顯不公平，應可適度修法而放寬，對警察服公職權才較有保障。

由於軍警單位其執行任務有重大公益，長官部屬間上命下從之管理關係，仍應因職務執行之需要而存在，否則任務無法順利推行。就此，本文認為，主管長官掌有適度之懲處權有其必要。

在憲法解釋與判決對特別權力關係之救濟途徑之開放，但經保訓會將懲處措施，完全開放外部司法救濟，似乎更限縮長官懲處之裁量範圍。本文認為，主管長官在公務人員考績法上所掌有的懲處權，應適當保留在行政的救濟範圍，對影響較輕微之懲處權，如記過、申誡或警告，僅以申訴再申訴為已足，否則完全開放外部司法救濟，主管長官的懲處權管理裁量權將難以施展。

憲法法院111年憲判字第10號判決，以消防人員適用警察人員人事條例第31條第1項第11款規定為基礎，在理由中引用警察相關法規，而導出消防人員也是攜帶槍械具有強制力之公務員，其執行職務屬影響人民生命身體之重大公益，明顯推論錯誤，本判決顯有瑕疵。

參考文獻

1. 程明修，〈法治國中「特別權力關係」之殘存價值〉，《中原財經法學》，第31期，2013年12月。
2. 陳文貴，〈特別權力關係理論之回顧與展望 —— 司法院釋字第784、785號解釋之後〉，《教育暨資訊科技法學評論》，第7期，2021年10月。
3. 蔡震榮，《行政法概要》，五南出版，2022年，4版。
4. 蔡震榮、戴東盛，〈從釋字684號解釋論法律保留與權利救濟〉，《法學叢刊》，第56卷第4期，2011年10月。

5. 蔡震榮，〈從德、日兩國特別權力關係理論探討我國當前特別權力關係應發展之方向〉，《警政學報》，第14期，1988年12月。

6. 蔡震榮，〈由專案考績免職評論釋字第四九一號〉，《中央警察大學學報》，第36期，2000年3月。

7. 蔡庭榕，〈論公務人事處分之正當程序──以警察人員特別功績進階及免職處分為例〉，《警學叢刊》，第31卷第4期，2001年1月。

8. 「消防機關組織與人事制度評估及因應策略之研究」，內政部消防署委託研究，受委託單位：社團法人台灣競爭力論壇學會，研究主持人：彭錦鵬，協同主持人：唐雲明、李俊達，2016年11月，頁157。

|第五章|
使用警械合法性判斷與事後救濟問題[*]

* 本文曾刊登於《台灣法學雜誌》，第397期，2020年8月。

壹、前言

警械使用條例（以下簡稱本條例）制定目的，乃是要求員警謹慎用槍，以保障人民生命身體之安全，但該條例長期實施以來，卻產生若干負面效果，法條規定上有諸多瑕疵，如警械種類與規格過分限制（第1條第2項）、使用槍械發動要件不明確或不可用（第4條）、違法使用損害賠償適用與國家賠償間之法律關係（第11條）。

警察使用槍械造成民眾傷亡巨大，有關員警用槍械之時機，其發動要件與應注意義務，分別規定在本條例第4條（發動要件）、第6條：「警察人員應基於急迫需要，合理使用槍械，不得逾越必要程度。」（使用槍械時機之要件與注意義務），以及第9條：「警察人員使用警械時，如非情況急迫，應注意勿傷及其人致命之部位。」（正在使用警械時應注意之義務），以作為法官判斷合法性之依據。

本條例第4條之要件規定並非明確，審判法官都集中在警察人員或第三人之生命身體是否有遭受急迫危害作為發動要件，其他條款則少用。至於第6條，是否基於急迫需要（使用前），以及第9條事中（使用警械時）是否遵守勿傷及致命部位，是法官判決員警用槍合法與否之主要依據，但部分審判法官是以發生之結果來論斷事前與事中用槍合法與否，鮮少顧及事前用槍（員警須在短暫時間內作出決定用槍與否），以及員警於事中用槍時機主客觀之綜合判斷。司法實務上通常見解認為，員警用槍並不涉專業，無須專家來判斷，而全部委諸法官作決定即已足夠。本文以德國司法實例說明，警察用槍法院見解也是分歧，說明成立鑑定委員會之必要性，來作為員警用槍合法性與否之判斷。

本條例第11條規定損失與國賠規定之錯亂，造成合法行為損失補償為公法之救濟[1]，而違反國家賠償則屬民事國賠救濟之差異。

此外，員警用槍之際縱使合法使用，事後卻因人民之請求與司法途徑之展開，員警通常必須負擔刑事與民事之責任。就此部分，國家僅負擔因公涉訟費用，其他民事賠償費用，除本條例第11條費用由國家支付外，其他皆由員警個人負擔，員警為公務執行職務，卻需負擔法律責任與費用負擔，造成員警憚於用槍，使本條例最初訂定之目的喪失殆盡。

本文就本條例規定之缺失先予敘述，其次重點擺在司法實務，就員警使用警械判決之混亂，以及所造成之員警負擔，立法上是否有補救之可能。

貳、本條例規定缺失之探討

一、本條例第1條第2項警械種類及規格授權命令過度限縮不合時宜

臺灣臺北地方法院106年度重國字第6號民事判決點出了該授權命令之缺失，本案判決稱：「……依行政院發布之『警察機關配備警械種類及規格表』所示，警棍、高壓噴水車均屬警械之範圍，惟原告另提及之警盾、警靴並非行政院所定警械之範圍。必須是『警察機關配備警械種類及規格表』核定之警械，方有警械使用條例之適用。警察持警械所造成之損害，始能依警械使用條例之規定求償，警察非持警械（例如徒手徒腳）所造成之損害，則必須依國家賠償法之規定求償，倘身上同時有此二種傷勢，難道要區分造成各傷勢之原因，分別

---

[1] 李錫棟，〈警察依法使用槍械致第三人損害之國家責任〉，《中央警察大學法學論集》，第23期，2012年10月，頁16以下。

向『各級政府』及『各級政府所屬警察局』求償？……」[2]

二、本條例第11條規定之不當（比較新修正法規）

(一) 原條文規定無區別補償與賠償之差異

原條例第1項與第2項規定：「警察人員依本條例規定使用警械，因而致第三人受傷、死亡或財產損失者，應由各該級政府支付醫療費、慰撫金、補償金或喪葬費。

警察人員執行職務違反本條例使用警械規定，因而致人受傷、死亡或財產損失者，由各該級政府支付醫療費、慰撫金、補償金或喪葬費；其出於故意之行為，各該級政府得向其求償。」

(二) 損害賠償之規定

原條例第2項規定（違法使用警械），本質屬國家賠償責任，國家應就相對人之損害負全部之填補責任，但警械使用條例卻限縮賠償範圍，對被害人保障不足，且該條文延用第1項用語稱「補」償，並不符法理[3]。且由於警械實際賠償金額過低，且司法實務上傾向不足部分不得再依國家賠償法請求賠償[4]，衍生受害家屬再尋求其他民刑事救濟途徑。

---

[2] 蔡震榮，〈從違法使用警械論利法缺失與司法審判權之爭議〉，《月旦法學雜誌》，第297期，2020年2月，頁96。授權命令警械規格表所稱的警械，屬國家賠償，縣市政府為賠償義務機關，但不在此範圍內只能依民事損害賠償，向員警所屬之警察機關求償。

[3] 黃清德，〈警械使用條例與案例研究〉，許福生主編，《警察法學與案例研究》，五南出版，2020年，頁350。

[4] 最近的臺灣高等法院107年度上國字第4號民事判決也認為法院應就本條例論究，該判決稱：「……而警械使用條例第11條第2項前段規定，乃警察人員於執行職務違法使用警械致人傷亡時，各級政府應負損害賠償責任及範圍之特別規定，屬國家賠償性質。……」

本文建議，將來修法時，對合法使用槍械之補償有爭議，應規定適用訴願法與行政訴訟法；違法使用警械，則回歸國家賠償法（將民法第186條之民事賠償也包括其中）適用。至於有關補償或損害賠償數額，則以個案訴訟決定之，不宜於法條明定之。

本文建議，警察乃係依法執行公務，卻事後涉訟必須負擔民刑事責任以及金錢上之賠償，是否可以仿照移民署所編列的新住民發展基金[5]，設立警察用槍擔保基金，除保障員警合法用槍外，也可達到本條例保障人民生命身體安全之目的。

(三)新修正條文區分補償與賠償規定

民國111年9月30日修正的第11條將違法與合法使用警械作了區分，違法使用警械，依國家賠償法辦理（第1項）；警察人員依本條例規定使用警械，使第三人生命、身體或財產遭受損失時，第三人得請求補償（第3項），而解決修正前原條文規定之不當。

參、警察使用槍械司法實務判決分析

一、本條例第4條有關使用警械發動要件缺乏明確性

員警使用槍械面臨現場情況，必須在極短暫時間內，馬上作出決定（用槍前與用槍時）。首先要探討的是，本條例第4條屬警察使用警械之法律授權要件，該條雖列舉7款之發動要件，但這些構成要件不夠明確，司法實務上只集中在第4款「他人之生命、身體、自由、財產遭受危害或脅迫時」、第5款「警察人員之生命、身體、自由、

---

[5] 新住民發展基金之性質，係屬預算法第4條所定之特別收入基金，有特定收入來源而供特殊用途，編製附屬單位預算。

裝備遭受強暴或脅迫，或有事實足認有受危害之虞時」上，並搭配第6條所稱的「急迫需要」之情形，作爲法院審判的基本原則。換言之，只有在人之生命、身體受到「急迫威脅」時，才可動用警械[6]。

就此，出現了第4條法條要件規定上，僅少數要件爲司法實務所採用。警政單位應蒐集警察使用槍械所發生之各種情形，補充各款發動要件，成爲司法援引可用之要件，作爲未來修法之建議。

二、第6條「急迫需要」與第9條「應注意勿傷及其人致命之部位」之判斷

結合第4條發動要件，司法實務另考慮是否符合該條例第6條所稱的「急迫需要」與第9條「應注意勿傷及其人致命之部位」。

但司法實務對使用警械合法性之判斷，過於限縮發動要件，不利於員警，且涉訟（民、刑）時間過長，員警卻因而必須自己忍受煎熬，承擔所有責任。本文試圖以下列司法判決重點說明法院判決見解之差異。

(一) 臺灣桃園地方法院103年度囑訴字第19號刑事判決（員警葉○案）

本院判決如下：「……被告使用槍械之目的僅在消除被害人之脫逃能力以遂行逮捕，而其欲逮捕之被害人僅係侵害財產法益之竊盜罪通緝犯，相較被告使用槍械對被害人身體射擊，嚴重侵害被害人之生命法益，其所欲達成之行政目的，難謂與侵害之法益輕重相當。綜上，被告因積極執行職務以求行政目的之達成，其出發點固無不當，

---

6 鄭善印，〈警械使用條例與警察用槍之研究—以警光雜誌、司法實務及日本法制爲素材〉，《警學叢刊》，第41卷第5期，2011年3月，頁12-13。又如，臺灣高等法院95年度上訴字第2406號判決、91年度上訴字第2687號刑事判決、臺灣高等法院高雄分院98年度上重訴字第5號刑事判決等均爲適例。

然其未選擇對被害人侵害最小之方式，即率而用槍，且用槍之方式亦逾越必要程度，致所欲達成之行政目的，與侵害之法益輕重失衡，是被告使用槍械之行為未合乎上揭警械使用條例第6條之規定，不為法律所容許，自無法阻卻其違法性……。」[7]

本案員警用槍係依本條例第4條第1項第3款「依法應逮捕、拘禁之人拒捕、脫逃」之規定而使用槍械，應屬合法；然本案法院不採。本案法院之判斷，直接以本條例第6條之比例原則（竊盜輕罪與用槍致死相比較），來審查其合法性。

另法院認為，該通緝犯，並沒有衝撞攻擊員警之意，只是想駕車逃離現場，但員警基於防衛自身及制止通緝犯脫逃的想法，誤認開槍射擊腿部，且打開駕駛座車門，近距離朝通緝犯腿部接續射擊三槍也不合比例原則。

法院認為，朝腿部開槍，並非當下侵害最小的手段，且之後該名通緝犯還是駕車逃跑，最後因失血過多昏迷，車輛偏離道路墜入田埂間。顯然開槍射擊通緝犯的腿部，不能達到防止其逃離的效果，不符合比例原則，故判被告業務過失致死成立。

本案對警察人員使用警械過當之評價（本條例第9條），認定警察人員執行職務使用警械致犯人死傷情形已違比例原則。

本文認為，警械使用之具體判斷，應先從使用警械之法律授權條件觀之，若屬正當法律授權範圍（第4條），即屬合法[8]，本案選擇使用警械（以緝捕歸案為要件），且認為情況急迫需要（第6條），依法也選擇本條例第9條規定：「警察人員使用警械時，如非情況急迫，應注意勿傷及其人致命之部位。」本案在情況急迫選擇腿部射

---

[7] 本案判決，葉○犯業務過失致人於死罪，處有期徒刑六個月，如易科罰金，以新臺幣1,000元折算一日。

[8] 「警械使用條例第4條之1及第9條條文修正草案」，立法院委員徐榛蔚、林麗蟬等16人任內推動法案，https://www.ly.gov.tw/Pages/Detail.aspx?nodeid=2860&pid=50651，最後瀏覽日期：2020年7月30日。

擊，應合乎法律構成要件之規定。

　　警械之使用，係員警於現場之具體事件是否屬危害急迫，瞬間必須作出判斷，此屬緊急判斷之情形，應容許風險之存在，只要員警當時就該事件具體情況所作出之判斷，無明顯錯誤，法院即應尊重之[9]，不應以事後情況來推斷（嫌犯並無衝撞警察）。其次，用槍時選擇大腿開槍，也合乎第9條所稱的「應注意勿傷及其人致命之部位」，法院推斷失血過多致死應是員警所遇見，則是事後的判斷，應不足爲據。

(二) 臺灣臺北地方法院106年度訴字第462號刑事判決（員警張○義案）

　　本案判決：「……黎某非但未依被告指示關閉車輛電門或下車，反而在四周人潮眾多之人行道上仍處於隨時可加速移動情況，此際，被告乍見黎○維車輛移動，爲使黎○維車輛能頓時停車或減速，情況急迫，刻不容緩，其選擇使用隨身之警用配槍，乃屬阻嚇力強大，極具殺傷力、破壞力之警械，當下已無更適合之警械可資替代，確有急迫需要，自得合理使用警用配槍。

　　再者，被告單警面對黎○維車輛，且該車輛在人潮眾多地點加速移動，被告爲迫黎○維停車或減速，並非站立在駕駛座旁或瞄準駕駛座方向，而係持槍在副駕駛座前方，持槍朝黎○維車輛右前輪胎方向射擊，被告顯已盡力減低子彈可能會對黎○維或周遭往來行人造成之危害，應符合同條例第6條之比例原則……。」

　　最高法院認爲，警察人員執行職務，而得使用槍械時，仍應基於急迫之需要，且不得逾越必要之程度，以防止濫用槍械而侵害人民權益。至於是否合於急迫之需要及必要之程度，則須綜合全部之主、客

9　此即所謂風險判斷，屬緊急判斷的情形，應享有部分判斷餘地，就此部分，若無明顯錯誤，亦即如依一般人處在員警的狀況下，也會如此作，即應屬無瑕疵，法院不得事後推斷之。

觀情況資以判斷，而非僅以事後察知之客觀事實以檢討判斷其是否合於槍械之正當使用[10]。

肆、警械使用合法判斷以德國經驗說明

本文以德國聯邦法院刑事庭判決來說明，針對警察用槍，法院也會產生不同之判斷決定。本案聯邦法院撤銷邦法院之判決[11]。

被告（員警）於第三審上訴，聯邦法院撤銷斯圖加特邦法院於1998年8月20日員警有罪判決（判處被告殺人罪並科處一年四個月之有罪判決，並宣告緩刑）。

一、本案事實

「身上帶著匕首而潛逃之強制性交嫌疑人，被告（員警）以警車追逐；嫌疑人發現了被告的警車並衝撞之，被告也展開追捕，儘管被告掏槍警告，該嫌疑人仍舊強行逃脫……，儘管其他警察人員喝止他停下並對空鳴兩槍，但他仍翻過10公分高的護欄並且跑向離護欄1.4公尺遠的較低窪的灌木叢……被告在距離護欄前約5公尺的地方見到逃亡的嫌疑人躲在護欄之後，為了讓該嫌疑人『無逃亡能力』，便在最短時間內對該嫌疑人至少連續擊發4槍。……這4槍擊中該嫌疑人，一槍擊中臀部高度的錢包，一槍擊中背部，兩槍擊中頭部，後3槍分別都足以致死。」

依該邦德國警察法之規定，原則上對人使用射擊武器的前提要件在以下條件時始存在，即逃逸者有違犯重罪之緊急嫌疑，且逃逸者想

---

[10] 最高法院96年度台上字第5765號刑事判決。

[11] BGH 1 StR 26/99 - Urteil v. 25. März 1999 (LG Stuttgart).

要透過逃逸而來規避逮捕（巴登—符騰堡邦警察法第54條第1項第2b款）。

　　但該條規定，是不得為了逮捕的目的，而朝人的重要部位射擊。為了逮捕的目的而朝人的重要部位射擊，是不被容許的，無法被正當化。本案被告員警在應訴時告知，其當時只是瞄準腿部。

二、邦法院的見解

　　邦法院的見解即認為被告的行為因為射中了逃逸者的背部與頭部，因而違反了警察法第54條第2項之規定。而邦法院對此只是將焦點集中在3槍的死亡射擊上（此點類似我國葉○案審判法官的事後判斷認為，射擊腿部會致死之推論）。

　　在此關係中，當邦法院由行為之危險性推論到對死亡結果而這必然無可避免地會連帶有傷害，甚至是死亡之風險。

三、聯邦法院見解

　　如被告所供述一般，在每一射擊後都將槍械之射擊角度調整低一些，這是難以與在最短時間作連續射擊而擊中其他位置的確定相合致的，故原則上假設所有的射擊都應該像是與第1槍的高度相同。在射擊者相同的地點以及不變的瞄準方向方面，同樣可能會導致較高的擊中點而射中頭。甚至在逃亡者被射中第1槍後而跟蹌跌倒的可能性下，這樣的判斷也是不會變的。如果假設是這樣的另一種事實情況，則擊中身軀與頭部便不是他所瞄準射擊的結果了（上述是聯邦法院就員警射擊與狀況改變，每次射擊部分並非極度準確的說明）。

　　聯邦法院判決所稱，被告在當時有著「高度蓋然性擊中身軀」之期待，並且也已經認識到這「幾乎確定將會導致死亡」，這樣的見解因而遭受到強烈的質疑（事後以結果推斷）。

　　聯邦法院認為，不得因死亡之危害已然出現便推論說，該警察人員也已經對此一死亡結果有所同意。否則每一個原則上受有容許之射擊武器之動用就都至少可以評價為一種未遂的殺人行為了。

四、小結

　　從上述判決可知，員警用槍在德國司法仍存有爭議，用槍之際，法院容許射擊位置因震動而有所偏差，因此聯邦法院判斷認為，就員警射擊當時之主觀意思是射擊腿部，並非致命部分，但因武器震動以及現場移動狀況有所偏差而產生不同之結果，並非員警當時所得預測，不得以事後致死，而推論員警之行為。就此，聯邦法院撤銷了邦法院之有罪判決（以連續開4槍屬致命射擊）之決定。

　　從德國聯邦法院判決可知，法院仍注意到員警使用槍械時的機械作用之考量，不得事後因射擊偏差導致死亡結果，去追究員警有主觀上故意之責任。此外，本案有考量到警察法緝捕嫌疑犯規定之適用，就此而認定員警使用槍械為合法。

　　從上分析可以得知，法院之判斷仍充滿不確定性，因此成立專家鑑定委員會來判斷員警用槍合法性有其必要。

伍、本條例使用警械要件之強化

一、用槍發動要件

　　本條例第4條為使用槍械發動原因（較常用到為下列各款）：「警察人員執行職務時，遇有下列各款情形之一者，得使用警刀或槍械：……三、依法應逮捕、拘禁之人拒捕或脫逃時。四、警察人員所防衛之土地、建築物、工作物、車、船、航空器或他人之生命、身

體、自由、財產遭受危害或脅迫時。五、警察人員之生命、身體、自由、裝備遭受危害或脅迫時。六、持有兇器之人，意圖滋事，已受警察人員告誡拋棄，仍不聽從時。……」

本文建議，本條例第4條各款之發動要件，已不符實際需求，警政單位應蒐集實例案件作要件之補充，葉○案如法院認為竊盜案非重罪，則本條第3款似可以修正為「依法應逮捕、拘禁而犯重罪之人拒捕或脫逃時」，諸如此類。

二、成立警械使用鑑定審議小組來評斷警察致人死亡或重傷爭議案件之使用時機、過程

針對員警使用槍械，避免法官專業不足，應成立專業鑑定調查小組[12]，去判斷使用時機與過程有無爭議。此鑑定審議小組，應從員警使用槍枝時機判斷，以及使用中，如槍枝結構分析、現場情事變動、路面與人的因素造成射擊偏離等綜合判斷，是否合乎法律規定使用警械。因此，本文贊成成立鑑定審議小組，不只是諮詢（如行政院版本所提調查小組）而是專業判斷，提供專家意見，作為司法審判機關參考，以期能達到法院之公正審判，以保障員警合法大膽用槍。

三、保障員警依法使用警械成立警械使用保障基金

此外員警用槍，因司法判決而產生工作上、財產權上以及身心上極大負擔，服務機關應編列員警使用槍械擔保基金，擔保員警合法確實地使用槍械。

---

[12] 吳淑青，〈警械使用條例部分條文修正草案評估報告〉（立法院法制局法案評估報告），2020年7月，該報告指出內政部所主張草案增訂內政部設置「警械使用調查小組」，僅具諮詢性質，不足改變現實法官專業不足之情形，因而主張設立鑑定審議小組，本文贊同之。

參考文獻

1. 李錫棟，〈警察依法使用槍械致第三人損害之國家責任〉，《中央警察大學法學論集》，第23期，2012年10月。

2. 黃清德，〈警械使用條例與案例研究〉，許福生主編，《警察法學與案例研究》，五南出版，2020年。

3. 鄭善印，〈警械使用條例與警察用槍之研究—以警光雜誌、司法實務及日本法制爲素材〉，《警學叢刊》，第41卷第5期，2011年3月。

4. 蔡震榮，〈從違法使用警械論利法缺失與司法審判權之爭議〉，《月旦法學雜誌》，第297期，2020年2月。

（本文提到原條例第11條規定不當之情形與建議成立警械使用鑑定審議小組，已於2022年9月30日修法修正第11條以及增列第10條之1。）

|第六章|
從違法使用警械論立法缺失與司法審判權之爭議[*]

* 本文曾刊登於《月旦法學雜誌》，第297期，2020年2月。

壹、問題分析

最近臺灣臺北地方法院106年度重國字第6號民事判決中，有若干問題值得論究，有關違法使用警械，法院審判時是否可以捨棄警械使用條例，直接以國家賠償法相關規定爲依據據以判決，在此要討論的是：

一、警械使用條例與國家賠償法關係爲何？

二、警察使用盾牌、警棍是否屬於警械使用規格表內之警械？

三、警械使用法院審判權之歸屬爲何？

四、警械使用賠償義務爲何？

貳、現行法規有關警械使用問題立法缺失之探討

一、警械使用條例第11條定位問題

有關使用警械賠償規定在警械使用條例第11條：「警察人員依本條例規定使用警械，因而致第三人受傷、死亡或財產損失者，應由各該級政府支付醫療費、慰撫金、補償金或喪葬費。警察人員執行職務違反本條例使用警械規定，因而致人受傷、死亡或財產損失者，由各該級政府支付醫療費、慰撫金、補償金或喪葬費；其出於故意之行爲，各該級政府得向其求償。前二項醫療費、慰撫金、補償金或喪葬費之標準，由內政部定之。」

(一) 第1項損失補償之立法缺失

本條第1項規定補償對象爲第三人（不包括當事人或嫌疑者）[1]，

---

[1] 本條項規定係於民國91年6月修正時將原先規定適用對象由「傷人或致死者」改爲「第三人」，與警察職權行使法第31條規定屬重複規定，皆屬第三人

但如果警察合法使用警械致當事人（嫌疑者）死亡，國家即不負補償責任，因為本條第1項規定排除當事人或嫌疑者在外[2]。此種限縮的立法規定，除增加員警有被告之負擔外，警察維護公益合法使用警械造成剝奪嫌疑者生命，國家逐不給予適當補償，法理上恐有問題[3]，例如，警察開槍射擊輪胎而因路面波動誤擊嫌犯致死，或因輪胎破裂導致嫌疑犯撞車致死等，且此種射擊是否合法與否仍待法院認定，警察行使強制公權力導致死亡結果本非原先行使之目的，本條卻將此種類似狀況排除補償適用範圍，殊為可惜，立法恐欠周詳[4]。

其實本條項立法上可規定，給予適當補償嫌疑者之家屬，但可因其與有過失酌減金額，而得為適當之立法。

(二) 第2項損失賠償之爭議

本條第2項對象則包括當事人或嫌疑者或第三人在內。第2項比較先前立法條文，係將「被害人由各該級政府先給予醫藥費或撫卹費」改為現行條文[5]。第2項規定是否屬國家賠償法之特別法則有論究必

損失補償之規定，法務部民國96年3月15日法律決字第0960005621號提出：「……損失補償部分究應適用行政程序法第131條公法上請求權之規定或類推適用警察職權行使法第31條之時效規定；損害賠償部分究應適用國家賠償法或行政程序法第131條之時效規定，尚未有定論，……」本文主張警察職權行使法屬特別法應適用該條之規定。

[2]　這也是使用槍械員警最困擾之處，死者家屬經常提起刑事與民事賠償，法院檢察官要求員警和解，造成員警合法使用槍械，仍必須負擔和解費用之現象，致使員警憚於用槍公正執法。

[3]　施源欽，〈警械使用國家責任之研究〉，《警學叢刊》，第39卷第4期，2009年1月，頁33。

[4]　方文宗，〈警械使用正當性之刑法界限〉，《東海大學法學研究》，第57期，2019年5月，頁77以下。

[5]　2002年5月15日公布警械使用條例第10條規定：「警察人員非遇第四條各款情形之一，而使用警刀、槍械或其他經核定之器械者，由該管長官懲戒之。其因而傷人或致死者，除加害之警察人員依法處罰外，被害人由各該級政府先給予醫藥費或撫卹費。但出於故意之行為，各級政府得向行為人求償。」

要，其一，本條所給予金額稱補償金，即與賠償性質有差異；其二，因為此種給予構成要件，並非立基於國家賠償法第2條第2項前段所稱「公務員於執行職務行使公權力時，因故意或過失不法侵害人民自由或權利者，國家應負損害賠償責任」，警械使用條例只要警察違反本法使用警械，構成要件即屬該當，賠償義務機關就應給予賠償或補償金額，其並不以公務員之故意或過失為其要件。若如此，顯然與國家賠償法所規定之要件不符[6]，是否仍屬國賠之特別規定，論理就有問題。第2項賠償金額係依警察人員使用警械致人傷亡財產損失醫療費慰撫金補償金喪葬費支給標準（授權命令）而定，該標準（2002年）已多年未經修正，支給項目與數額實不符實際要求，賠償金額明顯不足，乃衍生司法實務處理上的另一問題[7]。

1. 民眾得以國家賠償法續行訴訟

因現行法無明文（包括警械使用條例與國家賠償法）規定，警械支給之賠償不足時，得否由國家賠償法予以補充之。從法理上以及現行的支給標準明顯不符實際生活狀況觀察，似應採得以續行國家賠償途徑較為合理[8]。

對此，法院見解不一，採得以補充如高等法院花蓮分院95年度重

---

6 臺北高等行政法院98年度訴字第1843號判決，即稱：「……且警械使用條例之實體（賠償之義務機關及範圍）規定既與國家賠償法有所區隔。……」本判決點出警械使用條例與國家賠償法實體有關之差異。另臺灣臺北地方法院103年度簡字第107號行政判決更指出：「……警械使用條例與國家賠償法就賠償義務機關、追償責任要件、公務員責任要件、賠償範圍、消滅時效及協議先行程序等均有不同……。」

7 警械使用條例於2022年9月30日，針對第11條有重大修正，將違法與合法使用警械區分了賠償與補償，對警察人員依本條例規定使用警械，致第三人生命、身體或財產遭受損失時，第三人得請求補償，並訂定了「警械使用事件補償辦法」。

8 方文宗，前揭註4，頁79以下。黃清德，〈警械使用條例與案例研究〉，2019年警察法學與案例研究暨台日法學交流論壇，2019年11月22日，頁301以下。

上國更(一)字第1號民事判決，持肯定見解[9]而謂：「警察人員使用槍械若違反第4條規定致人受傷而部分殘廢者，各級政府除核實支付被害人醫藥費外，並給付70萬元之撫卹費（慰撫金），此部分賠償金額係警械使用條例之特別規定，自應優先於國家賠償法之適用，惟被害人之損害若超出上開『醫藥費』或『撫卹費』時，因警械使用條例並無特別規定，自應回歸民法及國家賠償法之適用（最高法院87年台上字第1310號判決參照），是本件就乙○○請求超出上開特別規定部分，仍有國家賠償法之適用……。」

2. 警械使用條例為斷，不得續行訴訟

多數判決則以國家賠償法第6條規定：「國家損害賠償，本法及民法以外其他法律有特別規定者，適用其他法律。」將警械使用條例視為國家賠償法之特別法[10]。臺灣高等法院107年度上國字第4號民事判決也認為法院應就警械使用條例論究，該判決稱：「……國家賠償法第6條規定：國家損害賠償，本法及民法以外其他法律有特別規定者，適用其他法律。而警械使用條例第11條第2項前段規定，乃警察人員於執行職務違法使用警械致人傷亡時，各級政府應負損害賠償責任及範圍之特別規定，屬國家賠償性質……。」

3. 民事雙重處理說

另一問題則是，按公務員因故意違背對於第三人應執行之職務，致第三人受損害者，負賠償責任。其因過失者，以被害人不能依他項方法受賠償時為限，負其責任，民法第186條前段定有明文，司法實務上對警械使用案件民事賠償受理之，所持理由為，「警察人員執行職務違反本條例使用警械規定，因而致人受傷、死亡或財產損失者，由各該級政府支付醫療費、慰撫金、補償金或喪葬費；其出於故意之

---

[9]　其他如臺北地方法院98年度國更(一)字第1號民事判決、屏東地方法院99年度國字第12號民事判決，亦持相同見解。

[10]　最高法院102年度台上字第810號民事判決。

行為,各該級政府得向其求償」,為警械使用條例第11條第2項所明定,該條僅是警械使用造成他人受傷害後所生國家公法上的給付義務,尚與被害人的民事損害賠償請求不同,是原告依民法之規定向被告請求損害賠償,並不生審判權衝突的問題,本院仍具審判權[11]。

此種民事受理而為之的民事審判,對員警殺傷力最為嚴重。同樣是民事卻讓警察公務員產生雙重負擔,對執勤員警不公。

4. 有關國家賠償法第2條第2項修法草案

已提交立法院之國家賠償法草案中(2018年12月28日)[12],對於特別法之適用問題有相當的釐清,尤其在於特別法就賠償範圍規定不足者,明定在原則上得依國家賠償法請求。草案第2條第2項前段規定:「前項特別規定之法律設有賠償項目或賠償金額之限制者,請求權人就其依該限制未能請求賠償之部分,仍得依本法請求之。」且其立法說明中特別指出:「國家賠償之特別法對於賠償項目(或賠償金額設有限制者,在特別法未規定之賠償項目或超過該限制之賠償金額之部分,於符合本法之賠償要件時,依本法所定之程序及時效,得請求賠償義務機關之賠償,爰明定於第2項。」

例如,警械使用條例第11條第2項僅規定賠償醫療費、慰撫金、補償金或喪葬費而未規定賠償「喪失勞動能力」部分,則得以續行國家賠償訴訟。

---

[11] 參閱高雄地方法院93年度重訴字第541號民事判決。「研修警械使用條例」研究案期末報告,研究主持人:洪文玲教授,內政部警政署刑事警察局委託研究,2017年10月31日,45頁以下。

[12] 立法院議案關係文書,院總第1049號委員提案第22700號,2018年12月28日,委35。

二、最高行政法院106年度裁字第45號裁定明定國家賠償法之法院

審判權

　　該裁定是針對行政法院審判權移送民事法院抗告之決定，而稱：「……按『公法上之爭議，除法律別有規定外，得依本法提起行政訴訟。』『行政法院認其無受理訴訟權限者，應依職權以裁定將訴訟移送至有受理訴訟權限之管轄法院。數法院有管轄權而原告有指定者，移送至指定之法院。』及『當事人就行政法院有無受理訴訟權限有爭執者，行政法院應先為裁定。』分別為行政訴訟法第2條、第12條之2第2項及第5項所規定。是行政法院審判權對象雖屬公法性質之爭議，亦可能因法律特別規定，而應循民事訴訟程序請求救濟。……『國家損害賠償，本法及民法以外其他法律有特別規定者，適用其他法律。』『損害賠償之訴，除依本法規定外，適用民事訴訟法之規定。』分別為國家賠償法第6條及第12條所規定。又『（第1項）警察人員依本條例規定使用警械，因而致第三人受傷、死亡或財產損失者，應由各該級政府支付醫療費、慰撫金、補償金或喪葬費。（第2項）警察人員執行職務違反本條例使用警械規定，因而致人受傷、死亡或財產損失者，由各該級政府支付醫療費、慰撫金、補償金或喪葬費；其出於故意之行為，各該級政府得向其求償。（第3項）前二項醫療費、慰撫金、補償金或喪葬費之標準，由內政部定之。』為警械使用條例第11條所規定。……警械使用條例第11條第2項規定之損害賠償，乃請求國家負損害賠償之特別規定，就國家賠償法中有關損害賠償『主體』及『範圍』等規定，固應優先適用，其餘事項仍應適用國家賠償法，由普通法院審理……。」

　　本號裁定點出重點有二，實體部分有關損害賠償「主體」及「範圍」等規定，適用警械使用條例之特別規定，至於其餘事項（如國家賠償法第10條、第11條請求賠償之程序）仍應適用國家賠償法之規定。

本號裁定，並對原審法院98年度訴字第1843號判決，認警械使用條例第11條第2項係警察人員因違法行使公權力所致損害賠償規定，雖屬國家賠償性質，惟涉及公權力之行使，仍應由行政法院所審理[13]；另臺灣臺北地方法院103年度簡字第107號判決，則認因警械使用條例與國家賠償法於構成要件、時效等規定有異，故應屬行政法院所審理範圍等[14]，本號裁定對此提出駁斥，而認為上述行政法院有審判權錯誤之情形。並提出，行使公權力所衍生之爭議，仍應視立法意旨對審判權之規定而定，此在國家賠償事件，雖屬公法爭議，惟仍屬民事法院所審理。

三、小結

(一) 特別法說為目前主流

警械使用條例為國家賠償法第6條所稱的特別法，且經最高法院（包括最高行政法院）之判決確定之。

---

[13] 林明鏘教授對本案判決批評而認為本案判決：「忽略行政訴訟法第2條、國家賠償法第6條、第11條第1項但書規定，判決違背法律……不宜逕依行政訴訟法第8條第1項規定提起之。」林明鏘，〈行使職權與國家賠償責任——兼評台北高行98年度訴字第1843號判決〉，《月旦法學雜誌》，第211期，2012年12月，頁31以下。

[14] 本案也是針對太陽花的國賠事件，但為臺北地方行政法院受理，本件為關於公法上財產關係之訴訟，其標的金額為新臺幣40萬元以下，依行政訴訟法第229條第2項第3款規定，應適用簡易訴訟程序，以地方法院行政訴訟庭為第一審管轄法院。本案地方行政法院受理之理由為，警械使用條例與國家賠償法就賠償義務機關、追償責任要件、公務員責任要件、賠償範圍、消滅時效及協議先行程序等均有不同。立法者既有意區隔二者，在警械使用條例無明文準用國家賠償法之情況下，應無限定主張依警械使用條例第11條第2項規定求償之人民僅得向民事法院起訴之依據。警察人員使用警械具有國家強制、高權及以實力就範等「干涉行政」之特徵，為最典型之公權力行為，因使用警械所生求償事件之爭議，自屬公法上之爭議，於警械使用條例無特別規定之情況下，應得依行政訴訟法第8條一般給付訴訟之規定提起行政訴訟。

(二) 未來回歸國家賠償法，並統一民事訴訟審判權

　　司法實務採民事雙重處理說，對員警公正執法造成極大壓力，未來立法可以考慮將民法第186條規定與憲法第24條：「凡公務員違法侵害人民之自由或權利者，除依法律受懲戒外，應負刑事及民事責任。被害人民就其所受損害，並得依法律向國家請求賠償。」兩法條結合而統一為一請求權。德國法有關公務員違法所產生之國家賠償責任即屬如此，違反公務員職務義務請求權基礎，為民法第839條作為事實基礎，並結合德國基本法第34條公務員的高權行為，將兩者合而為一國家賠償請求權（Prominente Anspruchsgrundlage ist der allgemeine Amtshaftungsanspruch aus § 839 Bürgerliches Gesetzbuch (BGB) für fiskalisches Handeln eines Amtswalters beziehungsweise § 839 BGB in Verbindung mit Art. 34 des Grundgesetz (GG) für hoheitliches Handeln eines Amtswalters.）[15]。

參、評析臺灣臺北地方法院106年度重國字第6號民事判決

　　本案判決爭議點在於法官的自由心證上，行政訴訟法第189條第1項前段：「行政法院為裁判時，應斟酌全辯論意旨及調查證據之結果，依論理及經驗法則判斷事實之真偽。……」此即所謂的自由心證，所謂「自由」，是指法官不受詐欺、脅迫或賄賂等非法外力干擾，擁有自主判斷的能力；而所謂「心證」，是指法官斟酌全辯論意旨及調查證據之結果後，依論理及經驗法則判斷「事實之真偽」的過程。自由心證，並非恣意妄為，而必須依法為之；論理法則，乃指

---

[15] Staatshaftungsrecht (Deutschland), https://de.wikipedia.org/wiki/Staatshaftung-srecht_ (Deutschland) (last visited: 2019/11/26). 我國民法第186條規定屬民事損害賠償，仍與國家賠償有別，我國難以統一為唯一一為請求權基礎。

理則上當然之法則，一般人均不致有所懷疑之理論上定律，具有客觀性，非許由當事人依其主觀自作主張[16]。自由心證中論理法則屬邏輯推演，法官得出結論應合乎邏輯之思考過程，亦即，透過演繹法則推理之過程，但仍必須依法或應尊重上級最高法院之決定。本案判決在此確有瑕疵。

一、移送審判管轄

本件原告起訴主張被告所轄員警執行職務違反警械使用條例之規定使用警械致原告受傷，依警械使用條例第11條第2項及國家賠償法第2條第2項規定，請求被告為國家賠償，並向本院行政訴訟庭提起行政訴訟，本院行政訴訟庭認訴訟標的金額已逾新臺幣40萬元，於2016年3月31日以105年度簡字第89號裁定移送臺北高等行政法院，臺北高等行政法院認原告並無行政訴訟合法繫屬中，應依民事訴訟程序向普通法院民事庭請求救濟，乃於2016年11月22日以105年度訴字第607號裁定將本件訴訟移送至本院民事庭審理。

二、本案經協議程序不成而提起訴訟

本案當事人前於2015年9月15日以書面分別向被告臺北市政府、臺北市政府警察局提出國家賠償協議請求，經被告臺北市政府警察局於2015年11月30日以北市警法字第10440534800號函拒絕賠償，上開原告遂於2016年3月22日再次向被告臺北市政府請求國家賠償，被告臺北市政府於2016年3月24日拒絕。另原告周李○梅、周○陽、周○光、周○伶、周○京（訴外人周○宗之繼承人，以下簡稱原告周李○梅等5人）前於2015年10月7日以書面向被告臺北市政府提出國家賠償

---

[16] 最高法院107年度台上字第1626號刑事判決邊碼60-62。

協議請求，臺北市政府法務局函轉被告臺北市政府警察局辦理，經被告臺北市政府警察局於2015年11月30日以上述相同函文拒絕賠償，原告周李○梅等5人亦於2016年3月22日再次向被告臺北市政府請求國家賠償，經被告臺北市政府於2016年3月24日拒絕。

是以，原告起訴合於國家賠償法第10條第1項、第11條第1項前段之法定程序。

三、本案判決混淆國家賠償法與警械使用條例適用情形

(一) 警械使用條例與國家賠償法有賠償主體要件不同

本案判決稱：「警械使用條例第11條第2項規定：『警察人員執行職務違反本條例使用警械規定，因而致人受傷、死亡或財產損失者，由各該級政府支付醫療費、慰撫金、補償金或喪葬費；其出於故意之行為，各該級政府得向其求償。』對照國家賠償法第9條第1項規定：『依第2條第2項請求損害賠償者，以該公務員所屬機關為賠償義務機關。』可知，國家賠償法規定之賠償義務機關為該公務員所屬機關，通常為任用機關，亦即公務員任職及支領俸給之行政機關，而警械使用條例則規定由『各該級政府』支付『醫療費、慰撫金、補償金或喪葬費』……且原告亦已正式對於被告臺北市政府警察局提出請求並提起國家賠償訴訟，則使賠償責任歸由被告臺北市政府警察局作為賠償義務機關，本即於法有據（國家賠償法第9條第1項）……。」

本案判決上述論述，混淆了警械使用條例與國家賠償法賠償主體之差異。對此，本案判決如認為應適用特別法「警械使用條例」，依該法第11條規定，則賠償義務機關為各該級政府，而非適用國家賠償法去論公務員故意或過失責任條件。本案以臺北市警察局為賠償義務機關，主要是以國家賠償法第9條「以該公務員所屬機關為賠償義務機關」為依據，但如此適用，就違反警械使用條例第11條第2項規定。

(二) 警械賠償不足得以國家賠償法為補充立論有違法律規定

　　本案判決稱：「……觀察警械使用條例之修正沿革，有關於使用警械後之責任及賠（補）償規定之條文，91年6月26日修正前警械使用條例第10條第1項規定由各級政府『先給予』醫藥費或撫卹費，是以，當初立法目的似乎為救急之用，並非係損害賠償範圍之特別規定（即應無排除國家賠償法及民法侵權行為規定之適用），亦即在使被害人或被害人之家屬有一筆金錢可先予處理醫療或喪葬事宜，被害人若將來提起國家賠償訴訟時，各級政府先給予之醫療費、慰撫金則視為損害賠償之一部分而可予以扣抵。警察人員執行職務違法使用警械致人受傷、死亡或財產損失，其本質上，即是國家賠償法所指之公務員因執行職務行使公權力，因故意或過失不法侵害人民之權利之國家賠償責任，在法理上殊無由國家自定統一賠償標準之理由，且應無藉由另立警械使用條例第11條第2項規定，而限制人民得請求賠償之項目僅限於『醫療費、慰撫金、補償金或喪葬費』，及限制得受償數額之用意。……而剝奪其他依國家賠償法、民法規定本得請求之項目（例如：勞動能力之減損、不能工作之損失）……。」

　　本案判決立論雖正確，原先本條規定之立法確實是為了救急，難認此種給予屬損害賠償之範圍，但通說既然認為警械使用條例第11條有關賠償規定為國家賠償法第6條之特別規定，且最高司法實務認為如屬警械使用所造成的傷亡，即應以警械使用條例之賠償為斷，下級法院司法審判機關，亦應遵守法律保留原則與上級法院之決定。況目前立法機關也看到缺失，正著手修法彌補之。

(三) 本案判決雖點出了「警察機關配備警械種類及規格表」之缺失，但在論理過程中有明顯論述上的瑕疵

　　本案判決稱：「……依行政院發布之『警察機關配備警械種類及規格表』所示，警棍、高壓噴水車均屬警械之範圍，惟原告另提及之

警盾、警靴並非行政院所定警械之範圍。必須是『警察機關配備警械種類及規格表』核定之警械，方有警械使用條例之適用。警察持警械所造成之損害，始能依警械使用條例之規定求償，警察非持警械（例如徒手徒腳）所造成之損害，則必須依國家賠償法之規定求償，倘身上同時有此二種傷勢，難道要區分造成各傷勢之原因，分別向『各級政府』及『各級政府所屬警察局』求償？益徵若將警械使用條例認定為國家賠償法之特別法，且就賠償之『主體』及『範圍』優先適用警械使用條例相關規定，係治絲益棼……。」

就此，要論述的是，「警察機關配備警械種類及規格表」屬法規命令，有關規格採列舉規定，並沒有將警察盾牌列入，盾牌為保安裝備，非行政院函頒「警察機關配備警械種類及規格表」所列之警械，該規格表既屬法規命令，法院審判時即應遵守法規命令之規定。未來警械規格表應適度修正。

但本案法院卻依警察盾牌不在規格表內之理由，跳脫不適用警械使用條例有關「主體」及「範圍」之特別規定，而全部回歸國家賠償法之規定，如此論理，恐不具有客觀性，而係本案法官依其主觀自我主張，缺乏客觀一致性判斷依據。亦即，本案法官應詳加分析，為何本案排除警械使用條例之適用，論理上不能以單一理由為依據，恐以偏概全之嫌。

四、小結

本案判決以警察盾牌非屬「警察機關配備警械種類及規格表」內，以偏概全而將本案全部適用國家賠償法之規定，而得出國家賠償義務機關為臺北市政府警察局，並藉此來跳脫警械使用條例第11條第2項賠償範圍之拘束，進而，直接引用國家賠償法第9條規定而得出賠償義務機關為臺北市政府警察局，此種論理，違背了自由心證中的論理法則邏輯推演程序，以單一理由否定全盤之片面理由，純屬本案法

官之主觀推論，明顯違背了國家賠償法第6條之規定以及上級司法實務之見解。

肆、爭點解決與建議

從上述分析，可以得出司法實務上意見分歧，肇因於警械使用立法上之疏失。就此，本文認為警械使用條例第11條應適度修正，以解決司法實務上之紛爭。

一、修正警械使用條例第11條

條文建議如下：

「警察人員依本條例規定使用警械，致人民生命、身體或財產遭受損失時，應由各該級政府支付『醫療費、慰撫金補償金或喪葬費』。但人民有可歸責之事由時，法院得減免其金額。

警察人員執行職務違反本條例規定使用警械，致侵害人民自由或權利時，應由各該級政府支付『醫療費、慰撫金補償金或喪葬費』，人民並依國家賠償法規定請求賠償。該項已支出費用得於損害賠償請求中扣抵之。

前項情形，警察人員出於故意違反本條例者，賠償機關得向其求償。

第一項與第二項醫療費、慰撫金、補償金或喪葬費之標準，由內政部定之。」

二、本條之立法理由

(一) 本條第1項刪除「第三人」回歸以「人民」為對象以杜爭議

原第1項補償對象僅限於第三人受傷、死亡或財產損失者，惟如警察人員合法使用警械致人民生命、身體或財產因公共利益已達遭受特別犧牲程度之損失時，參照釋字第670號解釋[17]意旨及警察職權行使法第31條之立法例（特別犧牲請求權），建議修正第1項規定警察人員依本條例規定使用警械，致人民生命、身體或財產遭受損失時，人民得請求補償，不以第三人為限，以擴大合理保障人民權益之範圍。如此規定，也可以跟警察職權行使法第31條針對無辜第三人之特別犧牲請求權作區隔。另本條項也考慮到人民有可歸責之事由（如嫌疑犯抵抗警察公權力之行使）而與有過失時，法院得減免其金額。

(二) 本條第2項回歸國家賠償法之適用解決司法實務之爭議

警察人員執行職務違反本條例規定使用警械侵害人民權益，人民得向國家請求賠償，係憲法第24條、國家賠償法第2條及警察職權行使法第30條所明定之國家責任，警察人員執行職務使用警械係行使公權力之行為，因而造成人民損害之賠償責任，本即應由國家擔負。第2項規定關於警察違法使用警械「致人受傷、死亡或財產損失」，由各該級政府支付之「醫療費、慰撫金、補償金或喪葬費」，是解決應急之用，不應限制人民續行救濟之權利，因此人民並依國家賠償法規

---

[17] 釋字第670號解釋文稱：「……皆一律排除全部之補償請求，……，不符冤獄賠償法對個別人民身體之自由，因實現國家刑罰權之公共利益，受有超越一般應容忍程度之特別犧牲時，給予所規範之補償，以符合憲法保障人民身體自由及平等權之立法意旨……。」本號解釋強調公共利益下，如有特別犧牲仍得給予補償，而非直接排除特定對象在適用範圍外。

定請求賠償，並明定各該政府支付之該項金額，於損害賠償請求中扣抵之。

參考文獻

1. 方文宗，〈警械使用正當性之刑法界限〉，《東海大學法學研究》，第57期，2019年5月。

2. 林明鏘，〈行使職權與國家賠償責任——兼評台北高行98年度訴字第1843號判決〉，《月旦法學雜誌》，第211期，2012年12月。

3. 施源欽，〈警械使用國家責任之研究〉，《警學叢刊》，第39卷第4期，2009年1月。

4. 黃清德，〈警械使用條例與案例研究〉，2019年警察法學與案例研究暨台日法學交流論壇，2019年11月22日。

5. 「研修警械使用條例研究案期末報告」，內政部警政署刑事警察局委託研究，研究主持人：洪文玲教授，2017年10月31日。

（本文所探討警察使用盾牌、警棍是否屬於警械使用規格表內之警械，經2022年9月30日警械使用條例修正第1條，而將第2項之「規格」刪除稱：「前項警械，包含警棍、警刀、槍械及其他器械；其種類，由內政部定之。」另有關「醫療費、慰撫金、補償金或喪葬費」之規定，第11條立法理由為：「……第二項規定關於警察違法使用警械之損害賠償原因限於『致人受傷、死亡或財產損失』，填補人民權益損害範圍亦僅有『醫療費、慰撫金、補償金或喪葬費』，賠償額度又受限於警察人員使用警械致人傷亡財產損失醫療費慰撫金補償金喪葬費支給標準，已不符合應完全填補被害人所受損害之要求，爰修正第二項規定擴大人民損害發生之原因及賠償範圍，明定警察人員執行職務違反本條例規定使用警械，致侵害人民自由或權利時，遭受損害之被害人，依國家賠償法規定由警察人員所屬機關擔負賠償，並移列

至第一項……。」修正條文如：「警察人員執行職務違反本條例規定使用警械，致侵害人民自由或權利時，依國家賠償法規定辦理。前項情形，為警察人員出於故意之行為所致者，賠償義務機關得向其求償。警察人員依本條例規定使用警械，致第三人生命、身體或財產遭受損失時，第三人得請求補償。但有可歸責該第三人之事由時，得減輕或免除其金額。前項補償項目、基準、程序及其他相關事項之辦法，由內政部定之。」）

第二篇

防疫執法與警察管轄權

第一章
防疫措施與人權保障*

---

* 本文曾刊登於《玄奘法律學報》，第35期，2021年6月，本文內容有酌作修正。

壹、前言

嚴重特殊傳染性肺炎（COVID-19）是由嚴重急性呼吸道症候群冠狀病毒2型（SARS-CoV-2）引發的傳染病。2019年末，該傳染病在中國湖北省武漢市爆發，其後向全球擴散，目前已經波及全球地區，至今仍未結束，病毒並再產生變種如巴西、英國、印度Delta以及秘魯Lambda等病毒，以及最新變種AY.4.2，傳播力與致死率不斷變更，導致全球死亡人數遽增，迄至目前為止疫情尚未完全結束。

對此，各國為抑制疫情之蔓延，均採取嚴厲之管制措施，並增加行政部門之緊急處分權。我國於2020年2月25日通過了嚴重特殊傳染性肺炎防治及紓困振興特別條例（以下簡稱嚴重肺炎防治特別條例），嚴重肺炎防治特別條例於2021年5月31日再修正與公布，該條例屬緊急性的臨時條例[1]，除此之外，我國也有傳染病防治法，兩者同時規範目前之疫情。亦即，若干防疫規定與措施分別適用上述兩法，但兩者是否具互補關係則有進一步釐清[2]。

本文欲探討的是防疫措施與人權之關係，其中嚴重肺炎防治特別條例第7條與第8條與人權關係最值得探究。嚴重肺炎防治特別條例第7條規定：「中央流行疫情指揮中心指揮官為防治控制疫情需要，得實施必要之應變處置或措施。」行政院於草案之立法說明則略以：「一、考量防治控制疫情須視疫情狀況採取適切之應變處置作為，賦予中央流行疫情指揮中心指揮官相關彈性權限實有必要，爰為本條規定。二、又指揮官依本條所為之應變處置或措施不得逾越必要範圍，並應與防疫目的具有正當合理關聯，自屬當然。」本條實質內涵概念

---

[1] SARS期間也曾訂定嚴重特殊傳染性肺炎防治及紓困條例，SARS過後該條例施行完畢而已廢除。

[2] 傳染病防治法屬一般立法，與嚴重肺炎防治特別條例屬暫時性有別，由於特別條例立法期間非常倉促僅5天之長，故與傳染病防治法立法有若干重疊之處。

是否足夠明確，遭受多方之質疑與挑戰。尤其本條立法授權指揮官之權限是否得宜，有無授權範圍過大，導致干涉人民權利漫無邊際，而無法控制，且無適當監督機制，值得探究。

嚴重肺炎防治特別條例第8條規定：「於防疫期間，受隔離或檢疫而有違反隔離或檢疫命令或有違反之虞者，中央流行疫情指揮中心指揮官得指示對其實施錄影、攝影、公布其個人資料或為其他必要之防治控制措施或處置。為避免疫情擴散，對確診罹患嚴重特殊傳染性肺炎病人，亦同。前二項個人資料，於疫情結束應依個人資料保護相關法規處理。」本條涉及蒐集資料與處理以及隱私權之問題，實務運作上也涉及機關之間資料傳遞之問題，尤其中央疫情指揮中心、移民署與其他單位資訊聯結與傳遞之問題。

本文首先先就嚴重肺炎防治特別條例之性質作分析，本條例是否合憲，並與憲法授予總統之緊急處分權作比較分析；此外，嚴重肺炎防治特別條例第7條，授予疫情指揮中心如此權限，以快速解決疫情，授權範圍是否漫無邊際，值得進一步探究；其次，疫情指揮中心運用本條所採措施，並搭配傳染病防治法一起運作，與限制基本人權部分有無合乎法律之要求，其中最有爭議，是對特定人士限制出入國境之措施，此涉及人民出入境之自由，如大陸配偶所生的小孩不能入境，醫生、高中以下師生限制出國等，此等限制是否符合法律保留原則，限制法源依據有無爭議，另限制手段是否合乎比例原則；最後，則為嚴重肺炎防治特別條例第8條之規定，是否合宜，依此，衛福部結合其他機關所採取電子監控隔離檢疫、大數據之疫調等，是否涉及個人資料保護以及隱私權侵犯之問題，有無違反法律規範之明確性與法律保留原則。

本文先從嚴重肺炎防治特別條例之規定是否合憲探討，進而探討本條例第7條與第8條之規定是否符合法律明確性與授權明確原則，最後，探討疫情指揮中心依此所採取之手段，是否符合法律保留原則以及比例原則之要求。

貳、嚴重肺炎防治特別條例合憲性之探討

一、嚴重肺炎防治特別條例與總統憲法上緊急處分權之比較

　　嚴重肺炎防治特別條例以特別條例方式訂定，屬緊急暫時性之法律，立法授權疫情指揮中心面對當前疫情處理緊急公共衛生狀況，權宜裁量的空間，等疫情結束後該條例即不能再適用，如同SARS當時也訂定的嚴重急性呼吸道症候群防治及紓困暫行條例般[3]，本條例第7條授權指揮官針對疫情的緊急處分權，與總統根據憲法的緊急處分權之差異，比較如下：

(一) 總統緊急處分權憲法依據

　　依憲法增修條文第2條第3項規定：「總統為避免國家或人民遭遇緊急危難或應付財政經濟上重大變故，得經行政院會議之決議發布緊急命令，為必要之處置，不受憲法第四十三條之限制。但須於發布命令後十日內提交立法院追認，如立法院不同意時，該緊急命令立即失效。」屬於緊急危難或應付財政經濟上重大變故等重大事件即時之必要處置，有緊急性及即時性之情形，但最後也要經立法院追認，才屬完備之正當程序。

　　司法院釋字第543號解釋文即稱：「……緊急命令係總統為應付緊急危難或重大變故，直接依憲法授權所發布，具有暫時替代或變更法律效力之命令，其內容應力求周延，以不得再授權為補充規定即可逕予執行為原則。若因事起倉促，一時之間不能就相關細節性、技術性事項鉅細靡遺悉加規範，而有待執行機關以命令補充，方能有效達成緊急命令之目的者，則應於緊急命令中明文規定其意旨，於立法院

3　該條例在SARS結束後，於2004年12月31日廢止。

完成追認程序後，再行發布……。」

　　是故總統所頒布即等於暫時性法律性質，如須訂定相關細節性、技術性事項命令仍須送法院追認，程序要求嚴格。在本號解釋強調總統頒布緊急命令有替代法律之功能，如需頒布命令補充應依行政命令之審查程序送交立法院審查，以符憲政秩序[4]。可見有關總統緊急處分權以及抽象命令之頒布，仍受立法院相當嚴格之審查程序[5]。

(二) 嚴重肺炎防治特別條例爲行政法上例外法制

　　本條例則是立法機關直接授權疫情指揮中心，採取應變措施而訂定緊急暫時性之法律，爲應付公共衛生而授權，屬專業行政權限的執行。第7條給予指揮官充分授權，且不設任何界限，概念明顯不夠明確，指揮官應變措施究竟是具體或也包括抽象命令並不清楚，不若總統緊急處分權屬具體措施，若有頒布緊急行政命令需要，尚且受立法機關直接監督，反觀嚴重肺炎防治特別條例則無此限制，且對指揮官權利之行使，就細節性之訂定，應履行法律正當程序，組成委員會，並經由委員會決定，正式作成會議紀錄等程序，卻完全缺乏程序之要求，而任由指揮官全權決定；如與總統緊急處分權比較，本條例之授權顯然屬漫無邊際的空白授權。且本條例屬處理緊急狀態的暫時性法律，是否屬於常態法制下的例外法制，亦即羅馬法諺所謂「緊急時不知法律」，而不受一般法律原則之拘束，則有探究[6]。

---

[4]　參閱釋字第543號解釋理由書。

[5]　邱文聰，〈在例外與常態間失落的法治原則 —— 論臺灣模式防疫的法律問題〉，《法官協會雜誌》，第22卷，2020年12月，頁143。

[6]　黃源浩，〈公共衛生緊急狀態與行政法上的例外法制〉，《月旦醫學法報告》，第54期，2021年4月，頁50以下。

二、傳染病防治法與嚴重肺炎防治特別條例併存

嚴重肺炎防治特別條例在適用上屬於所謂的措施性法律，立法直接授予專業行政部門，尤其疫情指揮官應付緊急事件（疫情）的緊急處分權，有稱為其打造出所謂的「實質上凍結常態法律」之緊急法制。亦即，指揮官在嚴重肺炎防治特別條例之授權下，可免受一般常態法律之限制[7]。

有關本條例有無違憲之問題，應從過去2003年發生SARS期間的立法情形作比較，即可得出究竟。

SARS期間除了傳染病防治法，立法機關也於2003年5月訂定了嚴重急性呼吸道症候群防治及紓困暫行條例，給予行政部門處理疫情的處分權限。

本次疫情之發生屬來得突然，為了抑制疫情確實有即時處置必要性，須行政部門快速採取必要處置措施。因此，立法機關透過合乎民主程序的立法程序，直接制定措施性（暫時性）法律授權相關專業部門，採取必要的應變措施，似合乎民主法治的正當程序，並不違憲[8]。

此外，參考釋字第690號解釋，亦肯認SARS當時制定的特別條例屬合憲範圍，其理由書稱：「……鑑於各種傳染病之發生、傳染及蔓延，危害人民生命與身體之健康，政府自應採行適當之防治措施以為因應。為杜絕傳染病之傳染及蔓延，九十一年一月三十日修正公布之傳染病防治法（下稱舊傳染病防治法）第三十七條第一項規定：『曾與傳染病病人接觸或疑似被傳染者，得由該管主管機關予以留驗；必

---

[7] 德國威瑪憲政時代，即空白授權德國總統（希特勒）為維持國內公共秩序與安全之嚴重安危，得採取恢復公共秩序與安全之必要措施。參閱邱文聰，前揭註5，頁142以下。

[8] 潘俊良，〈科技防疫與隱私權保護之衡平——歐盟與德國之例〉，《科技法律透析》，第32卷第5期，2020年5月，頁24。

要時，得令遷入指定之處所檢查，或施行預防接種等必要之處置。』（下稱系爭規定）。所謂必要之處置，係指為控制各種不同法定、指定傳染病之傳染及蔓延所施行之必要防疫處置，而不以系爭規定所例示之留驗、令遷入指定之處所檢查及施行預防接種為限。九十二年五月二日制定公布溯自同年三月一日施行之嚴重急性呼吸道症候群防治及紓困暫行條例（已於九十三年十二月三十一日廢止）第五條第一項明定：『各級政府機關為防疫工作之迅速有效執行，得指定特定防疫區域實施管制；必要時，並得強制隔離、撤離居民或實施各項防疫措施。』可認立法者有意以此措施性法律溯及補強舊傳染病防治法，明認強制隔離屬系爭規定之必要處置……。」

本號解釋稱特殊條例為措施性法律，又稱「暫時權宜性法律」，為了有效防堵疫情快速蔓延所訂立之法律，其係針對特定之事務暫時性法律，屬於法秩序之例外，由立法機關授權的緊急處置[9]。

從本號解釋可以得知，大法官肯認此種措施性法律之合憲性。但若比較釋字第690號，所稱該嚴重急性呼吸道症候群防治及紓困暫行條例第5條第1項明定，僅是指具體強制隔離措施，但目前所制定之嚴重肺炎防治特別條例第7條所稱的應變措施，究竟屬具體措施或抽象命令，卻無從從本條之概念而得以明白知悉。

---

[9] 兩種防疫法律並存也存於奧地利，參考林明鏘氏發言，立法院第10屆第4期司法及法制委員會「行政命令、一般處分之法定程序及法制監督機制—防疫措施法制爭議」公聽會紀錄，2021年9月30日，頁4。德國法則只有傳染病防治法。

參、嚴重肺炎防治特別條例法條本身合憲性之探討

一、第7條規定是否符合法律明確性原則

　　第7條所稱「指揮官為防治控制疫情需要，得實施必要之應變處置或措施」法律概念是否明確；「實施必要之應變處置或措施」之範圍是否足夠明確，讓受規範者可理解、可預見，司法審查可確認，則有疑問。另外，其應變處置或措施，是指具體之措施或抽象之命令，有進一步探究之必要[10]。首先，第7條所稱的「指揮官為防治控制疫情需要」，概念非屬明確，因為該條並無進一步規定，在何種情形下才屬「防控疫情需要」。對此，吾人試以威瑪憲法的國家緊急權與現行德國傳染病保護法之規定作比較。

(一) 威瑪憲法的國家緊急權規定

　　與本條例相類似規定，是威瑪憲法第48條第2項規定：「德意志帝國內公共安全與秩序受到嚴重干擾與危害時，帝國總統得採取恢復公共秩序與安全之必要措施。」屬暫時性的緊急措施規定，該條第5項進而規定：「其細節由帝國法律規定之。」係指對帝國總統所採緊急性之必要措施，進一步授權法律規範限制之，但可惜的是，該條第5項之法律卻從未制定，導致當時的帝國總統希特勒利用此條項規定，頒布諸多法規命令與具體措施。在此產生的是，此種在緊急狀態下所為之必要措施，其內涵究竟僅指具體個案或包括抽象命令，並不

---

[10] 釋字第543號解釋，針對總統緊急命令下要補充頒布執行命令，尚要求該執行命令送立法院追認，反之，嚴重肺炎防治特別條例第7條所稱「得實施必要之應變處置或措施」卻授權指揮官寬廣權限，並無進一步授權明確性之要求。參閱林工凱、謝碧珠，〈嚴重特殊傳染性肺炎疫情下應變處置措施之探討〉，《臺灣醫界》，第63卷第8期，2020年8月，頁57。

清楚，而根據當時希特勒所頒布的緊急措施確實也包括前述兩者，導致其權限大到不可控制[11]。本條例第7條也同樣出現此問題，但嚴重肺炎防治特別條例之授權僅屬於行政法層次，非憲法緊急處分權。雖該條例第18條第1項：「本條例施行滿三個月後，行政院應就疫情及相關預算執行向立法院提出書面報告。」行政院有向立法院書面報告義務之規定，但立法院卻從未從實監督，也從未對所頒布的具體措施及裁罰規定充分審查，任由指揮中心自行決定毫無監督而大權旁落，而產生類似德國威瑪時代的情形。

(二) 德國傳染病保護法之規定

1. 全國性疫情確定屬聯邦眾議會之權責

德國傳染病保護法（Infektionsschutzgesetz）第5條第1項就明白說明：「如果符合第六句的先決條件，德國聯邦眾議會得確定全國的疫情。世界衛生組織已宣布國際關注的突發衛生事件，且威脅或將威脅性傳染病傳入德意志聯邦共和國境內，若該傳染病又擴及德國全國境內，而存在公共健康嚴重之危害時，即屬流行傳染病之狀況（該條第六句）；該確定和廢除將在聯邦法律公報上公布。只要確定了全國性的疫情，聯邦政府應定期向德國聯邦議院口頭通報全國範圍的疫情發展情況。」

依據該法之規定，有權宣布全國性公衛事件是聯邦眾議會，聯邦政府則是宣布執行強制應變管制措施。

2. 採取緊急應變措施

有關採取相關防疫之應變措施，則規定在傳染病保護法第28條，乃劃定傳染性疾病之防護措施，其第1項規定當發生有患者、疑似染病者或帶原者，以及疑似帶有病菌之屍體時，主管機關基於防範疫病散播之需求，應採取必要之保護措施。特別是第28a條第1款所述的保

---

[11] 黃俊杰，《法治國家之國家緊急權》，元照出版，2001年，頁34。

護措施和第29條至第31條（觀察或勒令治療）；主管機關僅在特定條件允許下，強制人們不得離開其所在地，或不得進入其指定的場所或公共場所。在第一句條件下，主管機關得限制或禁止活動或其他人群聚集，並關閉第33條所指的沐浴場所或公共設施或其部分。個人一般行動自由（基本法第2條第2款第一句）、人身自由（基本法第2條第2款第二句）、集會自由（基本法第8條）、遷徙自由（基本法第11條第1款）和住宅的不可侵犯性（基本法第13條第1款）在這方面受到限制。

　　之後因疫情嚴重，於2020年11月頒布第28a條，該條第1項列舉諸如：公共空間距離要求、戴口罩、私人和公共場所的出入或接觸限制、禁止或限制經營餐飲設施、禁止旅遊或住宿等。在當時對進一步之限制或禁止措施，仍委由各邦依該法第32條訂定法規命令為之。但2021年4月因第三波疫情之嚴重，增列了第28b條，增加聯邦政府採取必要防護措施，聯邦政府有權頒布在德國全境有效的措施（之前，德國各邦政府可以自行採取不同的措施，依照該法第32條各邦頒布限制措施之法規命令）。

　　德國境內的縣市只要連續3天「平均每10萬人7日累計新增確診人數超100」的條件下，實施強化防疫措施。這些強化措施主要包括：

(1) 每個家庭接待訪客最多不超過一人，包括在室內及戶外，14歲及以下兒童不計入其中。

(2) 每晚22時至次日凌晨5時實施宵禁，無必要理由不得外出。個人外出運動（跑步或散步，不包括開車或乘坐公車）不得晚於24時。

(3) 只允許無接觸的體育運動，除單獨進行外，只允許兩人一起或和家庭成員一起。

(4) 關閉近距離接觸的服務業，尚在營業的戶外餐廳，只允許外帶和外送，關閉博物館及其他設施，但理髮店可以繼續營業[12]。

---

[12] 參閱德國傳染病保護法第28b條，於2021年4月25日新修訂，其條文內鉅細靡遺，跟我國規定顯然過於精細，各有利弊。

　　聯邦政府根據第一句制定的法規命令需要聯邦議院和聯邦參議院的同意。

　　從德國傳染病保護法分析，可知就所採取限制措施，2021年4月前之立法是以第28條（第一波疫情）、第28a條（第二波疫情）為準[13]，其立法面臨規範文字框架過於侷限之困境，造成諸多規定執行上產生困難[14]；2021年修正增加第28b條，將各邦訂定法規命令權限，在疫情嚴峻下統由聯邦政府制定之；如果未達全國一致嚴峻情況下，則授權各邦政府以法規命令作進一步規定（有關中央與地方權限之劃分）。

(三) 分析

　　德國傳染病保護法有關疫情宣布與採取應變措施，分屬不同權責機關，亦即，疫情宣布如一級或二級警戒，如立法院宣布，應變措施則分由聯邦或各邦為之，其設計在於避免行政部分過於專斷；且因疫情發展必須不斷修正，但在採取應變措施上，仍強制要求應變措施遵守法律保留原則以及授權明確性之要求，並無容許行政權緊急情況的例外[15]，其細膩程度顯然非我國可比擬。但也有其缺點，尤其是當面

---

[13] 參閱許澤天，《他山之石》維護自由與防疫需要　值得戒敬的德國法治與分級規定，新新聞，2021年7月6日，https://www.storm.mg/new7/article/3794013，最後瀏覽日期：2021年7月7日。

[14] 蔡麒亞，我國因應武漢肺炎疫情相關法制之檢討與建議—以德國處理經驗為借鏡，http://taiwansig.tw/index.php/%E6%94%BF%E7%AD%96%E5%A0%B1%E5%91%8A/%E6%86%B2%E6%94%BF%E6%B3%95%E5%88%B6/8684-%E6%88%91%E5%9C%8B%E5%9B%A0%E6%87%89%E6%AD%A6%E6%BC%A2%E8%82%BA%E7%82%8E%E7%96%AB%E6%83%85%E7%9B%B8%E9%97%9C%E6%B3%95%E5%88%B6%E4%B9%8B%E6%AA%A2%E8%A8%8E%E8%88%87%E5%BB%BA%E8%AD%B0%E2%80%94%E4%BB%A5%E5%BE%B7%E5%9C%8B%E8%99%95%E7%90%86%E7%B6%93%E9%A9%97%E7%82%BA%E5%80%9F%E9%8F%A1，最後瀏覽日期：2021年7月6日。

[15] 可能因為威瑪憲法過度授權行政部門之權限，在德國傳染病保護法並不主張行政緊急權之例外，其立法仍受一般法律原則之拘束。

對疫情瞬息萬變之情況，過度細膩反而不易應變與施展。兩國法制顯現出過猶不足之情形，我國法制在比較下，似仍應朝法制規範明確性去努力。

二、嚴重肺炎防治特別條例第7條可否以緊急情況之例外，免受法律原則之拘束

嚴重肺炎防治特別條例第7條「防控疫情需要」之規定，立法直接授權疫情指揮官來決定全國性疫情警戒級別，並授權採取必要之應變措施，如與上述德國傳染病防治法比較，疫情中心指揮官權限範圍，是否無限可能，與德國威瑪憲法第48條第2項，有若干類似之處。

釋字第690號解釋也是針對「傳染病防治法第37條第1項所定『必要之處置』包含強制隔離在內，違憲？」作出解釋，在解釋理由書稱：「……系爭規定雖未將強制隔離予以明文例示，惟系爭規定已有令遷入指定處所之明文，則將曾與傳染病病人接觸或疑似被傳染者令遷入一定處所，使其不能與外界接觸之強制隔離，係屬系爭規定之必要處置，自法條文義及立法目的，並非受法律規範之人民所不能預見，亦可憑社會通念加以判斷，並得經司法審查予以確認，與法律明確性原則尚無違背……。」

同樣的問題，也發生在嚴重肺炎防治特別條例第7條所稱「實施必要之應變處置或措施」之適用。確實嚴重肺炎防治特別條例第7條，似不若嚴重急性呼吸道症候群防治及紓困暫行條例第5條概念之明確（具體措施），導致學者與實務界意見分歧，有認為該條並不涉及法律明確性，而是應屬於授權明確性之問題，認為嚴重肺炎防治特別條例第7條授予指揮官之權限，並非屬法律明確性之要求，而是

不符合法律授權明確性之要求[16]。但另有認為，疫情指揮中心係根據傳染病防治法第17條而任命，但嚴重肺炎防治特別條例第7條疫情防治措施實施權限，賦予指揮官過大權限並非妥適，且該條抽象法律概念，恐有違反法律明確性要求，有違憲之虞，而應設置複數成員決定之委員會與監督機制[17]。

　　上述兩種不同論點各有其見解，但若要進一步了解，應就執行至今疫情指揮官所採取應變措施加以分析。就醫院服務之醫事人員及社工人員一定期間限制出國，衛福部則頒布醫院因應嚴重特殊傳染性肺炎（COVID-19）人員出國規定（109年3月17日函），其性質屬於抽象職權命令方式[18]。但疫情指揮中心所公布之諸多規定則係針對特定事件的一般處分性質，如衛福部所發布延長外籍移工定期健檢期限：2020年5月31日（含）以前應完成辦理定期健檢的移工，得延長三個月完成健檢，亦即原應於2020年5月31日完成定期健檢者，得延後至2020年8月31日前完成；本函釋屬一般處分性質，但卻無救濟之告示。而2021年5月28日發布公告修正「嚴重特殊傳染性肺炎（COVID-19）第三級疫情警戒標準級防疫措施裁罰規定」，稱疫情警戒標準（第三級警戒）屬一般處分性質，並有訴願救濟之告示[19]，但裁罰基準似屬抽象法規命令性質。

　　本文認為，本條授權指揮官得採必要措施，由於此種授權涉及對

---

[16] 黃源浩，〈嚴重特殊傳染性肺炎防治及紓困振興特別條例與授權明確：與法國法的比較〉，《月旦法學雜誌》，第303期，2020年8月，頁15。林明昕，〈再論嚴重特殊傳染性肺炎防治及紓困振興特別條例第7條之合憲性爭議〉，《台灣法學雜誌》，第407期，2021年1月，頁6。

[17] 吳采模、高塚眞希，〈「嚴重特殊傳染性肺炎防治及紓困振興特別條例」之概要及其法律問題〉，《萬國法律》，第231期，2020年6月，頁111以下。

[18] 該出國規定命令，衛福部並無直接限制出國對象，係以該命令禁止出國。因此，屬限制醫事人員出境且具有規範性質的職權命令，法條依據為嚴重肺炎防治特別條例第7條。

[19] 參閱衛生福利部民國110年5月28日衛授疾字第110200495號函。

人民權利嚴重干預，立法者應極盡所能，在職權行使範圍內用盡一切可能，讓法律概念內涵得以讓受規範之客體就概念規定得以預知及明確知曉，而非僅以抽象法規，類似空白授權任由疫情指揮中心決定之[20]。在此，學者所稱授權明確性[21]，應是指立法者未盡立法者應有詳盡規範法條之義務而言，而與我國大法官所稱授權明確性仍屬有別[22]。

第7條所稱「實施必要之應變處置或措施」究竟是指具體或也包括抽象之命令在內，吾人就實際發生的案件觀之，依據第7條所發布函文，如外籍勞工健康檢查權期間之延後、禁止台灣人大陸配偶小孩返台[23]、高中以下學生禁止出國之命令[24]，都屬具體事件，其發布屬所謂的一般處分。上述雖發布機關為陸委會或教育部，但都是依據疫

---

[20] 黃源浩，前揭註16指出，法國立法者的消極無權限，即是我國法律明確性之要求。

[21] 黃源浩，前揭註16，頁3。林明昕，前揭註16，頁6。

[22] 如參考德國法傳染病保護法也授權衛生部頒布諸多緊急性法規命令，無須參議會同意的緊急授權，但各項授權都符合了授權明確性之要求。參閱該法的第5條規定。

[23] 中央流行疫情指揮中心於2020年2月12日宣布，撤回陸委會於昨日公布所有相關陸配子女入境回台措施。亦即，目前不具有我國國籍的陸配子女，仍滯留中港澳地區者，不同意入境。但目前已經在台灣者，可以每次申請延長停留15天。指揮中心於7月15日宣布，明天起開放國人2歲以下持居留證的陸籍子女（小明）入境；繼7月16日開放「小小明」入境，中央流行疫情指揮中心8月12日宣布，今起2至6歲的陸配子女，即使沒有我國居留證，只要父母陪同均得返台，532名學齡前「小小明」終可全家團圓。從政策變成法律執行，禁止國人小孩入境之措施，在人權考慮上確實有爭議。

[24] 教育部民國109年3月20日臺教授國部字第1090032762號公告：「為防治控制疫情需要，自公告日起至民國109年7月15日止，公私立高級中等以下學校、外國僑民學校、實驗教育機構、團體及教保服務機構之教職員工生，非經專案許可，應暫時停止出國（境）。」其法律依據卻是非其主管之法令，如嚴重肺炎防治特別條例第7條、傳染病防治法第7條、災害防救法第31條第1項第11款等，非常特別，但如觀察該函示內容，應是依中央流行疫情指揮中心第16次會議議決而定的。

情指揮中心令函而發布。

又如最近所發布疫情三級警戒，尚包括諸多中央與地方應執行事項與限制營業等下令措施與處罰，涉及範圍深及廣，影響眾多人民之重大權益，雖以單一事件的一般處分發布，但其相關措施與裁罰規定表，卻類似抽象法規之規定。就此，應變處置或措施之性質難以確定，學者主張該條違反所謂的授權明確性論理可能不精準，或許其所稱授權明確係指針對所謂的空白授權而言[25]，亦即，是指立法者未詳盡立法者之職權而有空白授權之嫌而言。

三、防疫指揮中心的指揮官之權限

嚴重肺炎防治特別條例第7條所稱之指揮官法源出自於傳染病防治法第17條：「中央主管機關經考量國內、外流行疫情嚴重程度，認有統籌各種資源、設備及整合相關機關（構）人員之必要時，得報請行政院同意成立中央流行疫情指揮中心，並指定人員擔任指揮官，統一指揮、督導及協調各級政府機關、公營事業、後備軍人組織、民間團體執行防疫工作；必要時，得協調國軍支援。」

但以傳染病防治法之規定，套用在嚴重肺炎防治特別條例第7條指揮官是否得當，值得探究。因爲嚴重肺炎防治特別條例給予指揮官權限幾乎毫無限制，完全不符合傳染病防治法該條指揮官之權限。因此，本文認爲本條例指揮官層級是否直接適用傳染病防治法，應有不同考量，尤其指揮官權限涉及中央部會間之指揮以及中央與地方權限之分配，應再高一級只有行政院長才可擔任；但若堅持傳染病防治法第17條規定，則指揮官所作決定必須符合正當法律程序，亦即，應透

25　林明昕，前揭註16，就授權明確性三要素目的、範圍與内容之分析，最後檢驗是否立法者有無涉及空白授權之嫌，前後之論述，似與大法官所稱得授權明確性無關。同樣缺點也發生在黃源浩之授權明確性之探討上，參閱黃源浩，前揭註16，頁3以下。

過成立委員會方式作出決定，交由指揮官執行，並設置相當監督機制，如立法院成立監督委員會等。

本文認為，兩者法律性質不同，傳染病防治法為常態法，嚴重肺炎防治特別條例則屬緊急狀況的例外法，不應混合使用，如比較德國法，其是採取修改傳染病防治法，以常態法來宣布全國性疫情以及採取之應變措施；但我國則是另立特別法（特別條例），既有常態與特別之別，則應有特別立法考量之權限設計，以解決目前該條規範概念不明與授權不足之情形。此外，指揮中心所謂滾動性的超前部署，卻處處發生所為之決定常有思慮未周之情況，部分甚至受到政策之左右，如小明禁止入境之事件。本文建議，疫情指揮中心應成立決策委員會，其成員除專業醫療人士外，應包括科技以及法律專業人士，其決議始能遵守法律正當程序[26]。本文建議，可以參考傳染病防治法第17條第2項規定，增列於嚴重肺炎防治特別條例第7條第2項而稱：「主管機關為對抗疫情，應成立決策委員會來發布應變處置與措施，委員會之成員以及應遵守之程序與要件，由中央主管機關定之。」

四、嚴重肺炎防治特別條例第8條資料蒐集涉及隱私權之問題

嚴重肺炎防治特別條例第8條第1項：「於防疫期間，受隔離或檢疫而有違反隔離或檢疫命令或有違反之虞者，中央流行疫情指揮中心指揮官得指示對其實施錄影、攝影、公布其個人資料或為其他必要之防治控制措施或處置。」本條規定所採取之手段與個人隱私有關之措施，涉及憲法第22條所保障之隱私權有關。本條所稱的「實施錄影、攝影、公布其個人資料或為其他必要之防治控制措施或處置」，目

---

[26] 此如從6月28日延長至7月12日，僅指揮官6月23日記者會宣布，並無進一步作為，而未能遵守法律正當程序。

前實務上所採用之電子圍籬監控，是否也包括在「其他必要之防治控制措施或處置」中呢？或者電子圍籬的使用依據源自傳染病防治法第48條及第58條，條文僅僅規定政府可以對出入境人員及接觸者實施檢疫或隔離，未授權政府取得隔離及檢疫者的手機門號追蹤人員行蹤。[27]。在此，政府請電信業者協助執行電子圍籬的法律依據為個人資料保護法第20條第1項第2款及第4款。條文指出，業者在「增進公共利益所必要」和「防止他人權益之重大危害」的條件下，個資可作目的外利用。

　　雖然依照字面解讀，防疫目的可能為公共利益，然而個資法僅是一般性規定，並沒有針對調取個資訂下保護措施。

　　本條規定係基於公益考量而訂定，除了上述有關法律概念明確性有質疑外，但對於所實施監控手段要件與程序並無進一步規定，是否只要有違反之虞者，就可以實施必要防治之措施，值得探討。在我國法制上，有關實施錄影、攝影手段在警察職權行使法第9條也有類似規定，而該條規定比嚴重肺炎防治特別條例第8條更加詳細，有提到使用科技工具以及蒐集對象之限制（如無可避免涉及第三人資料之蒐集）等。在此部分，嚴重肺炎防治特別條例第8條並未提到使用科技工具，是否符合法律明確性之要求，而有補充必要。

　　且嚴重肺炎防治特別條例第8條與傳染病防治法第11條：「對於傳染病病人、施予照顧之醫事人員、接受隔離治療者、居家檢疫者、集中檢疫者及其家屬之人格、合法權益，應予尊重及保障，不得予以歧視。非經前項之人同意，不得對其錄音、錄影或攝影。」兩條文之間如何適用值得探究。

　　本文認為，嚴重肺炎防治特別條例之訂定，為緊急立法，諸多情形可能思慮不周。因此，第8條之適用仍應一併考慮傳染病防治法之

---

[27] 台灣人權促進會，守住新冠疫情，卻丟了隱私？科技防疫的七個爭議，未來城市，2021年1月14日，https://futurecity.cw.com.tw/article/1855，最後瀏覽日期：2020年8月20日。

規範，才屬恰當。又本文認為，嚴重肺炎防治特別條例第8條之資料蒐集手段以公益考量，本條文雖未提到科技工具，但實際執行上所採行以科技工具蒐集資訊，如手機電子監控、電子尋人系統或GPS定位系統監視，是否合乎本條之規定，則有探究[28]。如觀之釋字第690號解釋，本條文如申請解釋，站在防疫之必要的公益考量下，大法官仍會肯認本條之運用科技工具仍屬合於本條之規定範圍，本文認為應無問題，應符合本條所稱「其他必要之防治控制措施或處置」來解釋科技工具使用之正當性。

肆、防疫措施所涉及人權之探討

一、基本人權之保障

防疫措施是針對人流管制，避免人員過多接觸，並阻隔國際之間病毒之傳播，主管機關乃採取國境入出之管制，此涉及憲法第10條人民有居住及遷徙之自由。另有關嚴重肺炎防治特別條例第8條對居家檢疫與居家隔離者資料蒐集，涉及憲法第22條隱私權之問題。另宣布疫區警戒級別，涉及人民營業權與生存權之問題，此涉及實務處理是否符合法律規範之情形。

嚴重肺炎防治特別條例卻未提到有關人權干涉之情形，如參考德國傳染病保護法第5條是針對宣告進入全國性傳染病警戒（屬聯邦眾議會之權限），該法第5條第5項則對該全國性疫情警戒宣告對人權之影響有詳細規定：「身體完整不受侵害的基本權利（基本法第2條第2

---

28 陳玥汝，〈我國紓困條例所涉隱私權議題初探〉，《科技法律透析》，第32卷第5期，2020年5月，頁28以下。何建志，〈COVID-19疫情期間防疫與隱私之平衡：相關法律議題分析與社會正義觀點〉，《台灣法學雜誌》，第387期，2020年3月，頁26以下。

款第一句）在本條第二項的範圍內受到限制。」[29]另值得一提的是，德國法上執行或採取應變措施爲衛生部，針對衛生部採取相關應變措施則規定在傳染病保護法第5條第6項規定：「聯邦衛生部可以根據羅伯特科赫研究所的建議提出建議[30]，以便在德意志聯邦共和國內採取協調一致的方法。」此即，我國所稱超前部署的應變措施，在此是有研究機構提供專家意見給聯邦衛生部，以使衛生部超前部署得以完整充分呈現。

另傳染病保護法第28條是有關主管當局採取必要的保護措施，對其可能干涉之人權也有詳細規定，第28條第1項後段規定：「採取必要的保護措施，對行動自由權（基本法第2條第2款第一句）、人身自由（基本法第2條第2款第二句）、集會自由（基本法第8條）、遷徙自由（基本法第11條第1款）、房屋不受侵犯（基本法第13條第1款）之人權受到限制。」

德國法之立法提到牽涉干預人權，於法條中明白說明，值得我國立法之參考。

二、限制出入國境管制措施有關管轄爭議之問題

在本次疫情期間，有多起限制出入國境之管制措施，但並非所有限制之法條依據係根據嚴重肺炎防治特別條例第7條而來，如教育部所頒布禁止高中以下之教職員工生出國，乃是教育部所頒布。另外，

---

[29] 本法第5條規定：「Das Grundrecht der körperlichen Unversehrtheit (Artikel 2 Absatz 2 Satz 1 des Grundgesetzes) wird im Rahmen des Absatzes 2 insoweit eingeschränkt.」類似我國所採居家隔離與居家檢疫之措施，所涉及之人身自由。

[30] 根據本法第4條之定義，羅伯特科赫研究所是預防傳染病以及早期發現和預防感染傳播的國家權威機構。這包括流行病學和實驗室分析的開發和實施，以及對傳染病的病因、診斷和預防的研究。它與負責的聯邦當局、負責的州當局、國家參考中心、其他科學機構和專業協會合作。因此，它提供給政府有關疫情的專家之意見。

限制台灣人配偶及小孩入境之法律依據,也非只根據特別條例,而尚有臺灣地區與大陸地區人民關係條例(以下簡稱兩岸人民關係條例),且發布機關為陸委會透過新聞稿方式為之[31]。

(一) 教育部公告公私立高級中等以下學校之教職員工生禁止出國[32]

為防治控制疫情需要,自公告日(即2020年3月20日)起至2020年7月15日止,公私立高級中等以下學校、外國僑民學校、實驗教育機構、團體及教保服務機構之教職員工生,非經專案許可,應暫時停止出國(境)(教育部函)。

適用對象:於醫院服務之醫事人員及社工人員。

限制地區:第三級旅遊警告地區,除特殊情形外,禁止前往;第一級旅遊注意地區、第二級旅遊警示地區,須報准後始得前往。

報准程序:因會議、公務或其他特殊原因,欲前往第三級旅遊警告地區,應經所屬醫院報衛生福利部同意;第一級旅遊注意地區、第二級旅遊警示地區應報經所屬醫院同意。

實施期間:自2020年2月23日起至2020年6月30日止,並得視疫情狀況縮短或延長之。

出國者,返國後應依嚴重特殊傳染性肺炎中央流行疫情指揮中心針對其前往地區規定,接受居家檢疫或自主健康管理14天,且於該期間不得從事醫療照護工作。

教育部雖以函示公告,符合限制之法定程序,但教育部函示所稱法源依據之嚴重肺炎防治特別條例第7條、傳染病防治法第7條,以及災害防救法第31條第1項第11款,有關於此,教育部非主管機關,何來依據上述條文來限制教職員工出入境。上述情形,乃疫情指揮中心

---

[31] 依據兩岸人民關係條例第10條、傳染病防治法第58條第1項第6款。

[32] 教育部民國109年3月20日臺教授國部字第1090032762號公告。

宣告在先[33]，教育部執行該項宣告才引用上述規定，係根據疫情指揮中心令函而來，並無違反法律保留以及管轄權之規定[34]。

(二) 陸委會與指揮中心管轄之爭議

2019年12月中國大陸武漢市發生肺炎疫情，隨著疫情擴大，我國中央流行疫情指揮中心於2020年1月25日作出限制中國大陸人士來台之相關規定，並於25日公告陸客來台限制對象新增在海外、港澳之陸籍人士，不得申請來台。大陸委員會基於家庭團聚及人道考量，於2月11日宣布「持長期居留證或長期探親的國人陸配、中國大陸子女，准予入境」，嗣因網民反對聲浪，陸委會主委陳明通召開記者會，宣布只有符合「在中國無人照顧」及「未成年」兩個條件才能入境，且要專案申請，並於11日深夜緊急發布，另增加「父母雙親都在台灣」的條件。然，防疫指揮中心指揮官衛福部陳時中部長宣布一切取消。政府政策的一再轉折，除了顯示部會間橫向聯繫的不足外，也凸顯此一事件在防疫、人權、兩岸關係間的複雜糾葛[35]。

大陸委員會表示，考量中國大陸新型冠狀病毒疫情持續擴散，與港澳接壤之廣東各城市疫情趨於嚴峻，且港澳不排除亦有社區感染的風險，及外界對相關醫療能量能否因應不斷質疑等因素，基於防疫優先，自2020年2月11日零時起，港澳人士，除商務履約活動、跨國企業內部調動（含陪同人員）、已取得我居留證之配偶及未成年子女外，均暫緩來台；至已持有有效入出境證者推遲來台。港澳學生亦暫

---

[33] 中央流行疫情指揮中心指揮官爲防治控制疫情需要，依嚴重肺炎防治特別條例第7條、傳染病防治法第7條及災害防救法第31條第1項第11款規定，於2020年3月16日宣布實施「高級中等以下學校教職員工生停止出國至本學期上課日結束止」之必要應變處置。

[34] 陳仲嶙，〈從防疫出國禁令爭議再訪法律保留的疆界〉，《法律與生命科學》，第9卷第1期，2020年6月，頁28以下。

[35] 黃華源，〈新冠肺炎防疫期間不具我國國籍陸配子女返台問題之探討〉，立法院議題研析（立法院法制局），2020年3月3日。

緩來台。所有獲准來台者一律均須進行居家檢疫14天。

相關措施將會視未來疫情狀況隨時調整更新[36]。陸委會之限制入境措施是以新聞稿方式為之，除程序不合法外，更不合法律保留之要求。

首先，有關管制大陸人士與港澳人士入境，發生了疫情指揮中心與陸委會不同調的情形。首先，陸委會是以兩岸人民關係條例第10條，再搭配嚴重肺炎防治特別條例第7條發布新聞稿，而未履行所謂公告程序，未符合法律應有正當程序。而另外產生之爭議是，第7條之規定，似乎過於簡陋不合乎法律明確性要求，也未說明疫情發生時，中央疫情指揮中心與中央各機關之管轄權分配。除此之外，也未規定中央與地方權限之劃分[37]，就此部分，第7條之規定，立法機關顯有未盡其責之情形，而屬一種立法怠惰。

從上分析，限制出入境除個別法規外（如兩岸人民關係條例、災害防救法等），也適用傳染病防治法以及嚴重肺炎防治特別條例，而相關法規並無規範中央機關間管轄範圍之劃分。因此，才會產生教育部公告法律依據是嚴重肺炎防治特別條例，陸委會配合防疫也是用傳染病防治法等引用非屬管轄法規之情形。

釋字第443號解釋解釋文稱：「憲法第十條規定人民有居住及遷徙之自由，旨在保障人民有任意移居或旅行各地之權利。若欲對人民之自由權利加以限制，必須符合憲法第二十三條所定必要之程度，並

---

36 陸委會，基於防疫優先，自109年2月11日零時起，港澳人士，除商務履約、跨國企業內部調動、已取得我居留證之配偶及未成年子女外，均暫緩來臺，https://www.mac.gov.tw/News_Content.aspx?n=B383123AEADAEE52&sms=2B7F1AE4AC63A181&s=CE035689ACC4F39F，最後瀏覽日期：2021年6月15日。

37 雖然嚴重肺炎防治特別條例第17條：「各級政府機關為執行本條例所定相關事項，除第四條、第十一條至第十四條外，必要時，得委任、委託或委辦相關機關執行。」只說明防疫措施屬中央權限，地方政府負責執行。但疫情指揮中心與中央主管機關間權限如何分配並無說明，導致疫情指揮中心與陸委會不同調之情形。

以法律定之或經立法機關明確授權由行政機關以命令訂定。限制役男出境係對人民居住遷徙自由之重大限制，兵役法及兵役法施行法均未設規定，亦未明確授權以命令定之。……」應以授權明確的法規命令為之。

除此之外，中央與地方機關針對防疫措施如何劃分權限之問題，在嚴重肺炎防治特別條例第7條並無規範，產生中央與地方發生權限爭議無法解決之窘境。

(三) 醫院因應嚴重特殊傳染性肺炎（COVID-19）人員出國規定（109年3月17日函）

該規定之頒布，依據嚴重肺炎防治特別條例第7條，屬於類似職權命令性質，指揮中心依此規定限制醫院服務之醫事人員及社工人員出國之規定。在此產生的問題是，疫情指揮中心以公告抽象命令方式來限制該等人員出國，並未實際履行對特定對象之一般處分公告程序，此種限制不符合行政正當程序。另外，以職權命令來限制出境，亦不符合司法院釋字第443號解釋之意旨。司法院大法官在幾號解釋中（第443號、第454號解釋）強調限制人民遷徙自由之限制，要符合法律保留原則，至少應符合授權明確性之法規命令才可。因此，指揮中心此項公告，恐有違反法律保留原則。

三、機關間資料傳遞之爭議

傳染病防治法第31條明定，醫療機構人員於病人就診時，應詢問其病史、就醫紀錄、接觸史、旅遊史及其他與傳染病有關之事項；病人或其家屬，應據實陳述。違反前述規定者，依據同法第69條，處1萬元以上15萬元以下罰鍰。

為防止疫情擴大並協助掌握病人流向，中央流行疫情指揮中心2020年1月25日指示，運用移民署提供的最近三個月內曾到過湖北地

區之入出境名單資料，儘快讓醫療院所於健保雲端系統中查詢，即可提醒就醫民眾湖北地區旅遊史。

衛生福利部中央健康保險署將內政部移民署提供2020年1月13日起（14天內之後變成30日）由武漢入境台灣的名單資料，提示於健保雲端系統主頁面的病人資訊摘要，供醫師於診斷病人時提高警覺，全力防堵疫情擴散。本項註記於2020年1月27日上線，請醫師於看診時進入健保雲端系統查詢，醫療院所對已事先簽署同意書採取批次下載雲端醫療資訊的病人，亦須查詢雲端系統。病人就醫時亦應主動告知醫師近期旅遊史，讓醫師能更正確即時診療，以保護國人健康[38]。

因應新冠肺炎疫情升溫，配合防疫政策及確保國人健康，移民署每日依照疫情指揮中心決策，即時更新系統檢核機制，並於旅客入境前將入境旅客艙單每日48次自動傳送至疾管署電子入境檢疫系統，以利先期資料檢覈作業。另整合入出境及戶籍資料每日3次傳遞旅客入出境資料，由疾管署將資料轉報或彙整相關機關進行資料比對分類，提供給地方民政及衛生機關進行檢疫追蹤使用。

此外，指揮中心在疫調中使用基地台三角定位，以手機來掌握受疫調管制人員之動態[39]。亦即，以手機電子監控，再配合電子尋人系統，衛生福利部整合移民署、內政部戶政司以及通訊傳播委員會（NCC）等部會資料，串連移民署入境蒐集的聯絡地址、戶政的戶籍地圖，以及NCC的電信帳單地址，使系統得在第一時間向三區的里幹事進行關切，藉以對被列為居家檢疫以及居家隔離者，進行行動範圍監控。按「電子圍籬智慧監控系統」防疫對象如手機離開居家隔離範圍，警察機關勤務指揮中心即可接收到「防疫對象脫離監控範圍」簡訊，並立即派遣警力前往居家檢疫者住宅查訪[40]。

機關之間資料之傳輸有無符合個人資料保護法之規定，在此，衛

---

[38] 發布日期：2020年3月18日，發布單位：移民資訊組。

[39] 林工凱、謝碧珠，前揭註10，頁49。

[40] 陳玥汝，前揭註28，頁29。

生福利部整合移民署、內政部戶政司以及NCC等部會資料，因此等作為，被蒐集者無可預見其個人資料被利用之情形，疫情指揮中心此種作為屬個人資料保護法第16條所稱個人資料目的外利用，應符合該條但書之規定，指揮中心採取該手段係為迅速掌控擅離住所者之位置，俾利找回擅離住所者，降低對大眾感染之風險，維護對社會大眾健康、生命法益，符合該條但書第2款、第3款、第4款所稱重大公共利益、免除當事人或他人之生命、身體、自由或財產上之危險等規定[41]。

在此，有關資訊之交換與傳遞，德國法之經驗可供參考。比較德國傳染病保護法第5條第7項針對有關防疫資訊之交換與傳遞，其規定主管機關（羅伯特衛生專業機構）在發生全國性疫情之際，於其法定職權範圍內，協調並交換各邦之間、中央聯邦與地方政府間，以及其他相關單位和機構之間的防疫資訊，其有關之細節衛生福利部經聯邦參議院同意下，得頒布一般行政規則。在此，各項資訊，包括位置資訊都為匿名資料無法識別出個人，來保護個人之隱私權[42]。對此，嚴重肺炎防治特別條例第8條明顯簡陋，並無明定中央或地方機關之間或民間電信業者，資料如何傳遞之問題，本條是有規範不足之情形。

另外，警察機關依通訊保障及監察法規定，在法院同意下，可對特定對象監聽、看其通訊行為，包含傳至1922的行動簡訊，行政院推出簡訊實聯制時曾保證僅作為疫調使用，且保留28天即刪除資料，有質疑者，指出簡訊實聯制恐遭警方濫用，用於辦案以追蹤嫌犯的行蹤。為避免產生誤會，內政部已要求警政機關基於通訊監察取得實聯

---

[41] 陳玥汝，前揭註28，頁30，認為指揮中心目的外之利用符合個人資料保護法第16條但書第1款「法律明文規定」規定，本文持不同意見。

[42] 潘俊良，前揭註8，頁22；德國傳染病保護法第5條第7項規定：「在其法定任務範圍內，羅伯特科赫研究所得協調各邦之間以及聯邦與各邦以及其他相關部門和機構之間的資料交換。經聯邦參議院同意，聯邦政府可以發布一般行政規則確定進一步的細節。」

制簡訊資料，應主動排除使用[43]。

民間司法改革基金會發布聲明表示，警方運用「1922簡訊實聯制」辦案引發爭議，呼籲法務部、內政部發函禁止調取疫調簡訊進行犯罪偵防，相關主管機關則應研議修法，保障人民隱私及個資[44]。

本問題涉及所發簡訊是否屬於通訊，而有無符合通訊保障及監察法規定，得以監聽特定對象的所有通訊內容。本文認為，實聯制屬於特殊的防疫保護措施所儲存資料，性質上應不屬於通訊，且不應作為目的外之使用，警察此等作為，似有搭便車之嫌不宜為之。

伍、結語

本次疫情，嚴重肺炎防治特別條例基於維持重大公共衛生安全之考量，且有先前SARS期間之經驗與法制，並經釋字第690號之解釋，應屬合憲，但嚴重肺炎防治特別條例第7條與第8條授予疫情中心指揮官過大權限，且立法過於簡略，未詳細規定疫情指揮官職權行使之範圍及其界限，究竟第7條所稱「實施必要之應變處置或措施」究竟是指具體或也包括抽象之命令在內，從實務之處理，連疫情指揮官都搞不清楚，本條之規定，概念不夠明確，恐有違法律明確性之要求，也與法律授權明確性有違。致使指揮官所發布的應變措施，處處未能遵守法律保留原則與正當法律程序之原則，此其一也。另一，則是本條授權條款，未詳細劃分中央機關間與中央與地方間之權限，致使實務

---

[43] 蘇文彬，警方利用實聯制簡訊資料追蹤嫌犯行蹤惹爭議！內政部要求警方監聽時主動排除使用實聯簡訊資料，2021年6月21日，https://www.ithome.com.tw/news/145136，最後瀏覽日期：2020年8月20日。

[44] 劉世怡，實聯制簡訊遭誤解用於辦案 法務部：研議修法保障個資，中央通訊社，2021年6月24日，https://www.cna.com.tw/news/asoc/202106240357.aspx，最後瀏覽日期：2020年8月20日。

上非屬具有管轄權的教育部或陸委會援引非屬其管轄之法律，如災害防救法、傳染病防治法等，亂象不斷重複發生。

但很遺憾的是，本條再次修正（2021年5月31日）時，對於嚴重肺炎防治特別條例第7條與第8條，卻未配合不足之處加以修正，殊為可惜。

對於嚴重肺炎防治特別條例第7條規範缺乏明確性，本文建議增列第2項而稱：「主管機關為對抗疫情，應成立決策委員會來發布應變處置與措施，委員會之成員以及應遵守之程序與要件，由中央主管機關定之。」

最後本文建議，嚴重肺炎防治特別條例本屬暫時性質的措施性法律，本次疫情已經延續三年，何時結束仍未可得知，實應考慮回歸正常法律狀態，本條例應與傳染病防治法合併，以符合法治常規狀態。

參考文獻

1. 林工凱、謝碧珠，〈嚴重特殊傳染性肺炎疫情下應變處置措施之探討〉，《臺灣醫界》，第63卷第8期，2020年8月。

2. 林明昕，〈再論嚴重特殊傳染性肺炎防治及紓困振興特別條例第7條之合憲性爭議〉，《台灣法學雜誌》，第407期，2021年1月。

3. 陳玥汝，〈我國紓困條例所涉隱私權議題初探〉，《科技法律透析》，第32卷第5期，2020年5月。

4. 陳仲嶙，〈從防疫出國禁令爭議再訪法律保留的疆界〉，《法律與生命科學》，第9卷第1期，2020年6月。

5. 吳采模、高塚眞希，〈「嚴重特殊傳染性肺炎防治及紓困振興特別條例」之概要及其法律問題〉，《萬國法律》，第231期，2020年6月。

6. 何建志，〈COVID-19疫情期間防疫與隱私之平衡：相關法律議題分析與社會正義觀點〉，《台灣法學雜誌》，第387期，2020年3月。

7. 邱文聰，〈在利外語常態間失落的法治原則——論台灣模式防疫的法律問題〉，《法官協會雜誌》，第22卷，2020年12月。

8. 黃源浩，〈公共衛生緊急狀態與行政法上的例外法制〉，《月旦醫學法報告》，第54期，2021年4月。

9. 黃源浩，〈嚴重特殊傳染性肺炎防治及紓困振興特別條例與授權明確：與法國法的比較〉，《月旦法學雜誌》，第303期，2020年8月。

10.黃俊杰，《法治國家之國家緊急權》，元照出版，2001年。

11.潘俊良，〈科技防疫與隱私權保護之衡平——歐盟與德國之例〉，《科技法律透析》，第32卷第5期，2020年5月。

（本文提及之嚴重特殊傳染性肺炎防治及紓困振興特別條例已於民國112年7月1日因施行期間屆滿，當然廢止。）

第二章
特殊傳染性肺炎疫情下有關口罩取締與裁罰管轄權之爭議[*]

---

* 本文曾刊登於《月旦醫事法報告》，第60期，2021年10月，本文內容有酌作修正。

壹、前言

　　國內疫情嚴峻，中央疫情指揮官於2021年5月28日公告修正「嚴重特殊傳染性肺炎（COVID-19）第三級疫情警戒標準及防疫措施裁罰規定」，其中有關外出時全程佩戴口罩，刪除「經場域人員勸導不聽者」[1]，作出直接裁罰規定。除公告「全國第三級疫情警戒」外，附帶的「防疫措施裁罰規定」性質為何，有無違反法律保留原則並非明確。此外，裁罰規定中「外出時全程佩戴口罩」，如何取締與處罰應屬各縣市政府權責。在此，各縣市主要舉發機關為警察局，但各縣市政府制定標準卻非一致，多數縣市對於裁罰權並無進一步規定，警察直接依據傳染病防治法舉發；高雄市警察局則細分舉發權責機關；臺北市政府直接透過公告，賦予警察機關處罰之裁量權，此舉產生了管轄權移轉之問題，引發更多討論。

　　本文探討議題集中在管轄權爭議上，包括中央疫情指揮中心權限以及地方執行之管轄權：

一、中央疫情指揮中心宣布三級警戒法源依據為傳染病防治法第36條以及傳染病防治法第37條第1項第1款、第2款、第6款，並制定職權命令之裁罰規定表[2]，是否合乎法律之授權？

---

[1] 衛福部於2020年12月1日生效公告「為防治嚴重特殊傳染性肺炎，進入本公告所示高感染傳播風險場域應佩戴口罩」，公告事項二：「民眾進入高感染傳播風險場域，應佩戴口罩；未佩戴口罩，經場域人員勸導不聽者，依傳染病防治法第70條第1項規定，處新臺幣3,000元以上1萬5,000元以下罰鍰。」本次公告刪除了經場域人員勸導不聽者。就此，未戴口罩取締與處罰等於指揮中心裁罰規定，直接作為法律依據，未給予陳述意見，不合乎頒布行政處分之規定。

[2] 中央疫情指揮中心所公告裁罰基準，雖根據傳染病防治第67條以及第70條規定而來，似可歸類為行政程序法第159條所稱的行政規則，但未履行第160條公告程序，且可適用該裁量基準之對象不是屬官或下級機關，而是全國各機關與地方政府，不符合行政規則，而屬對外產生效力之職權命令。

二、臺北市公告委任警察局為裁罰機關，有無違反管轄權移轉之規定？

三、嚴重特殊傳染性肺炎防治及紓困振興特別條例（以下簡稱本條例）有無繼續存在之必要？

貳、宣布第三級疫情警戒及裁罰規定法源問題

一、引用法規錯誤

　　中央疫情指揮中心宣布三級警戒法源依據為傳染病防治法第36條以及傳染病防治法第37條第1項第1款、第2款、第6款。但觀其公告內容除三級警戒之宣布屬一般處分外[3]，其餘相關措施及裁罰規定表類似法規命令性質的職權命令。

　　傳染病防治法第36條規定：「民眾於傳染病發生或有發生之虞時，應配合接受主管機關之檢查、治療、預防接種或其他防疫、檢疫措施。」本條是規定民眾有接受主管機關防疫、檢疫措施之義務。

　　第37條第1項第1款、第2款、第6款：「地方主管機關於傳染病發生或有發生之虞時，應視實際需要，會同有關機關（構），採行下列措施：一、管制上課、集會、宴會或其他團體活動。二、管制特定場所之出入及容納人數。……六、其他經各級政府機關公告之防疫措施。」則是規定地方主管機關於傳染病發生或有發生之虞之權限。

　　上述兩法條並無授權中央疫情指揮官發布三級警戒之權限，比較之下，反而依傳染病防治法第8條「傳染病流行疫情、疫區之認定、發布及解除，由中央主管機關為之」較有可能。但該條也無授權疫情指揮官訂定裁罰規定。

---

[3] 衛福部之疫情警戒公告，是特定事件之公告，並有救濟教示，屬一般處分；但後面裁罰規定，則屬法規性質，並不適用前述訴願救濟途徑。

二、是否得引用本條例第7條為依據

嚴重特殊傳染病肺炎特別條例在適用上屬於措施性法律，針對特定之「事務」，所訂之權宜性法律。立法直接授予疫情指揮官，應付緊急事件（疫情）的緊急處分權，有稱為其打造出所謂的「實質上凍結常態法律」之緊急法制，亦即指揮官在本條例之授權下，免受一般常態法律之限制[4]。

本條例第7條所稱「指揮官為防治控制疫情需要，得實施必要之應變處置或措施」，法律概念是否足夠明確，讓受規範者可理解、可預見、司法審查可確認，則有疑問；另外，其應變處置或措施，是指具體之措施或抽象之命令，也有進一步探究之必要[5]。行政院所提草案第7條：中央流行疫情指揮中心指揮官為防治控制疫情需要，得實施必要之應變處置命令或措施。立法院第10屆第1會期黨團協商會議紀錄（2021年2月24日）刪除命令兩字，在場法務部次長陳明堂發言，「命令」兩個字可以拿掉，在傳染病防治法當中常使用「指示」兩個字[6]。就此，本條似僅授權疫情指揮官，發布具體之應變措施（一般處分）。

本條之規定過於抽象且幾乎空白授權，給予指揮官太大權限，恐有違反法律保留原則，或者無法通過最起碼的授權明確性的標準，且沒有事後追認的程序及其他的配套措施。

4　德國威瑪憲政時代，即空白授權德國總統（希特勒）為維持國內公共秩序與安全之嚴重安危，得採取恢復公共秩序與安全之必要措施。

5　釋字第543號解釋，針對總統緊急命令下如要補充頒布執行命令，尚要求該執行命令送立法院追認，反之，本條例第7條所稱「得實施必要之應變處置或措施」卻授權指揮官寬廣權限，並無進一步授權明確性之要求。參閱林工凱、謝碧珠，〈嚴重特殊傳染性肺炎疫情下應變處置措施之探討〉，《臺灣醫界》，第63卷第8期，2020年8月，頁57。

6　「指示」即等同於「應變處置或措施」，參閱立法院第10屆第1會期黨團協商紀錄，立法院公報，第109卷第2期，2020年2月24日，頁431。

因此，指揮中心如援引本條例第7條，雖可宣布疫情三級警戒，但仍不足作為頒布類似法規（職權）命令性質之裁罰規定。

從上述兩法規，似無法找到指揮中心訂定法規命令之依據，亦即裁罰規定之宣布，在法無明文授權下所為，恐有違法律保留原則。

參、有關取締口罩地方裁罰管轄委任之爭議

一、有關佩戴口罩之公告

衛福部曾於2020年12月24日公告，民眾參加大型活動應全程佩戴口罩，未佩戴口罩經確導不聽者，由違反地之地方政府依傳染病防治法第70條第1項規定處罰。2021年5月16日宣布第三級疫情警戒之裁罰規定中，再次明示外出時全程佩戴口罩，經勸導不聽者依法裁處，但在同年5月26日再次修正，增加了外出時全程佩戴口罩、配合實聯制，並刪除「經勸導不聽者」，對違反者直接開罰。就口罩取締，指揮中心稱上述變動為滾動式的修正規定，是否因緊急性而無須遵守法律應有之程序？此涉及處罰程序之變動（法規變動），卻任由指揮中心滾動式的變動，是否應送立法院備查或審查規定，或立法院應實施實質審查監督權？

據指揮中心宣布三級警戒後說明，口罩的舉發與裁罰，地方政府應依據疾管署「嚴重特殊傳染性肺炎（COVID-19）第三級疫情警戒標準及防疫措施裁罰規定」以及傳染病防治法第37條第1項第6款之規定，由地方主管機關負責，是故應為地方行政慣例措施[7]。

---

[7] 疫情指揮中心公告疫情三級警戒內容，並以其直接作為地方執法之法律依據，並載明於臺北市政府以及警察局公告中。在此所謂地方「行政慣例措施」的意思是指地方政府如何執行，純屬地方事務，中央不管該項事務是由何機關來執行。

因此，據指揮中心並無就地方政府如何實施裁罰作指導。但刪除「經勸導不聽者」，對違反者一律直接開罰之規定，在處罰程序上不依個別事實作判斷，一律不予當事人陳述意見之規定，恐有違程序正義與平等原則[8]。

二、臺北市政府公告權限委任管轄權爭議

地方執行中央法律，是否可以將原本屬於地方政府衛生局權限移轉給非管轄機關之警察局。臺北市政府於2021年5月26日公告[9]，將傳染病防治法第36條、第37條、第58條、第67條、第69條及第70條、本條例第15條第2項有關本府權限事項業務，委任本府各目的事業主管機關或指定機關，以該機關名義執行，並追溯自2021年5月16日起實施[10]。

委任之法律係依據行政程序法第15條第1項及第3項、本條例第17條、臺北市政府組織自治條例第2條第2項及第5項辦理。在本公告中所稱的「指定機關」即是指警察機關。

對於上述臺北市政府之委任授權，遭受輿論相當批評。有謂公告授權臺北市政府警察局來負責取締，違反管轄權之移轉，應依法為之

8　此種逕行裁處之情形，除社會秩序維護法第44條輕微違警事件之逕行裁處，以及道路交通管理處罰條例第7條之2，汽車駕駛人之行為有下列情形之一，當場不能或不宜攔截製單舉發者，得逕行舉發等，前述即時裁處，都有一定的情況下始得為之，而未戴口罩之處罰並非輕微事件，稽查人員直接裁處恐有問題。

9　在疫情指揮中心宣布三級警戒後，臺北市政府民國110年5月26日府衛疾字第11001194501號公告，將裁罰權限委任警察機關。

10　本次疫情，經常出現法律溯及之情形，如衛福部限制醫院服務之醫事人員及社工人員出境，早在本條例制定前即已發生，而後竟然引用該條例，也是出現法律溯及之情形。處罰權禁止溯及，行政罰法第4條有規定，臺北市政府公告溯及處罰屬違法。

的規定[11]。

又有稱，地方警察機關雖隸屬地方政府，但基於警察補充性原則，警察機關協助取締蒐證後，仍應依法移請衛生機關裁處，才是合乎法令與職責的作法[12]。有認為，此舉由警察裁罰回復到戒嚴體制，凡行政機關無法執行都交由警察來執行[13]。

地方政府是否可以以地方法規（臺北市政府組織自治條例第2條第2項及第5項）將其權限委任下級機關處理，如移轉管轄之事務屬於地方自治事項，當然地方自治團體基於地方自治制度性之保障，有權委任下級機關執行[14]。但如果移轉事務非屬自治事項，如本案疫情之防疫措施，應屬中央立法（包括疫情中心之指示），交予地方執行事項，並非專屬地方自治之事項，地方本身即不得變更中央法規所規定的管轄權。但在此值得一提的是，本公告所稱法條依據，除臺北市政府組織自治條例第2條第2項及第5項外，臺北市政府尚援引本條例第17條：「各級政府機關為執行本條例所定相關事項，……必要時，得委任、委託或委辦相關機關執行。」作為依據，形式上來看，本條委任之法律依據也包括各級政府在內，臺北市政府援引本條看似並無問題。

但如進一步分析，所稱行政機關得依法規將其權限之一部分，委

11　參閱臺北市政府民國110年5月26日府衛疾字第11001194501號公告，該公告主旨係依據傳染病防治法將本府權限事項委任本府各目的事業主管機關或指定機關，以該機關名義執行，委任依據為行政程序法第15條第1項及第3項，警察局因此而有權成為取締機關；此公告違反管轄權依法規為之的規定，因為傳染病防治法並無授權。林伯謙，為了防疫，就該讓警察當萬用工具人嗎？，https://plainlaw.me/2021/06/22/roleofpoliceincovid19/，最後瀏覽日期：2021年7月22日。

12　林伯謙，前揭註11。

13　鄭善印，〈執法正義首要在依法行政〉，《聯合報》讀者投書，2021年8月24日，A12版。

14　詹鎮榮，〈地方自治事項之權限委任〉，《台灣本土法學雜誌》，第98期，2007年9月，頁212。

任所屬下級機關執行之，其所謂「法規」，包括憲法、法律、法規命令、自治條例、依法律或自治條例授權訂定之自治規則、依法律或法規命令授權訂定之委辦規則等有關委任事項之「行政作用法規」。原則上如無作用法規依據，不得擅自委任，以確保「管轄權恆定原則」[15]。因此，行政機關通常僅得依作用法，仍不得依組織法內有關權限之規定[16]，訂定涉及人民權利義務之法規命令（參司法院釋字第535號、第570號及第654號解釋意旨）。從而，若行政機關欲將部分權限委任所屬下級機關執行，仍須有個別作用法之具體法規依據，並由各主管機關依據行政程序法第15條規定辦理委任[17]。

　　本文認為，本條例雖具作用法性質，但第17條管轄權變更規定，卻無具體範圍僅泛稱「執行本條例所定相關事項」，似缺乏授權明確性，且本條例第17條所稱「必要時，得委任、委託或委辦」範圍過寬更不確定，究竟各級政府是否仍需有地方作用法規，進一步規範委任事項，則不清楚。

　　本文認為，本次疫情中央疫情指揮中心以及地方政府，交叉運用

---

[15] 組織法一般係規範行政機關內部運作，以適用於機關內部為多，而作用法則以對外施行為主，其所規定者具有實踐性質之「職權」，大都具有干預性質，是權利或權力之性質，需有法令具體授權基礎，參照最高行政法院109年度上字第861號判決。

[16] 2021年8月19日行政院院會通過「行政程序法部分條文修正草案」，草案第15條之4即提到前四條之法規，以委任、委託或委辦機關據以行使權限之法規為限。其立法理由說明，所定「權限」，係指對人民行使公權力而言，故倘公權力之行使對人民權利造成干涉或侵害者，因屬法律保留之範圍，即須以「法律」、「法規命令」或「自治條例」作為權限行使及權限移轉之法規依據。又所定「據以行使權限之法規」，原則上固以行政作用法為主，惟不限於此，倘特殊情形下，行政組織法係機關以行使某特定權限之法規者，亦包括之。參閱file:///C:/Users/user/Downloads/%E7%B8%BD%E8%AA%AA%E6%98%8E%E5%8F%8A%E4%BF%AE%E6%AD%A3%E6%A2%9D%E6%96%87%E5%B0%8D%E7%85%A7%E8%A1%A8%20(1).pdf，最後瀏覽日期：2023年3月1日。

[17] 參照最高行政法院109年度上字第861號判決。

兩法規分別發布公告之亂象，尤其本條例，立法匆促考量未周，給予主管機關太多方便之門，容有破壞法治之疑慮。

細究本條例第17條內容所稱「各級政府機關為執行本條例所定相關事項」，是指執行本條例所定相關事項，但未戴口罩事項，係依據傳染病防治法第36條以及第37條第1項第1款、第2款、第6款而來，嚴格言之，並非依據本條例而來，當然就非第17條所稱的「執行本條例所定相關事項」，且其裁罰基準也是根據傳染病防治法第67條以及第70條而訂定的[18]。因此，臺北市政府援引該條第17條作為法源依據，恐非合法。

基於上述公告，臺北市警察局於2021年6月3日函各外勤單位，該函包括作業程序、案件管轄（分局）、資料整備，並依「臺北市政府衛生局處理違反傳染病防治法事件統一裁罰基準」建議裁罰額度，將移送案件表連同檢證資料，函報警查局裁罰[19]。

基上函，未戴口罩事件是由警察分局舉發後，移警察局行政科裁罰。裁罰書處分理由中，依據指揮中心裁罰規定，且依行政程序法第103條第5款規定，不予當事人陳述意見。此種利用警察直接開罰，不予當事人陳述意見，似又回到戒嚴時代。且警察成為衛生局之執法工具，因為警察是依據「臺北市政府衛生局處理違反傳染病防治法事件統一裁罰基準」作為裁罰基礎。

三、高雄市政府以及其他直轄市並無委任之公告

高雄市政府警察局2021年6月3日疫情通報，依據高雄市嚴重特殊傳染性肺炎第一級流行疫情指揮中心第89次應變會議紀錄：有關民眾反應未戴口罩或群聚等事項分辦原則如下：

---

[18] 參閱衛福部民國110年8月10日衛授疾字第1000200731號函。

[19] 臺北市警察局民國110年6月3日警行字第1103074624號函。

(一) 有明確場域：有明確、可辨識之場域名稱，請移給場域管理機關辦理。例如公園、文化中心、學校等，請依據場域管理機關分給工務局、文化中心、教育局辦理。

(二) 沒有明確場域：例如在馬路上、在戶外等，由警察局處理單位辦理。

(三) 如對「高雄市政府違反傳染病防治法案件舉發通知書」有所疑義，請移案給衛生局。

高雄市函區分了場域管轄機關以及警察機關負責取締與舉發權責，但實際所發生案件90%都是警察局告發後，函衛生局裁處。

從上述可知，高雄市政府警察仍只負責取締與舉發，其他直轄市新北市、桃園市、臺南市亦屬如此。綜合言之，疫情期間各地方政府取締口罩事權雖有不一，但從實務觀之，各地取締職責仍以警察為主，臺北市則更把警察當成執法工具。

肆、管轄權爭議之解決

一、法規制定缺失，造成管轄權變更之濫用

未戴口罩取締與處罰，因中央疫情指揮中心交叉運用兩個傳染病法，且善用公告疫情警戒以及應變措施之便，並以公告再次作為法源之依據創造法源，造成中央權限不斷透過公告而無限擴充權限，地方政府如臺北市政府也善用此立法缺失，並以此來委任警察機關作為裁罰機關之公告，增加了警察執行他機關管轄之業務成為執法工具，實有違管轄權恆定原則。

警察執行他機關業務一直長期存在問題，早期屬於職務協助，戒嚴時期解除後，原本將警察職務協助部分，回歸主管機關，但我國行政機關執行力一直積弱不振，後變本加厲將調查與取締再請求警察機

關幫忙。內政部警政署乃自2014年1月起新成立保安警察第七總隊，其中第四至第九大隊（第四大隊負責陽明山、金門國家公園及羅東林區管理處之維護）負責國家公園之秩序與執法，協助內政部營建署國家公園管理處查察取締違反國家公園法等行為，確保國家公園之設施、土地、林木等之安全[20]，此舉又將職務協助變成常態性的支援。進而，本次臺北市政府竟然越俎代庖直接委任警察機關裁罰，警局也只好接受了。行政機關缺乏執行力是長期存在之問題，就本案委任警察機關就非屬事務管轄來裁罰，已造成行政機關管轄權恆定原則產生極大震撼，並使警察干預人民權利範圍不斷擴充，變成無警察難以執行之情形，本非國家之幸。本文建議，不論中央或地方政府應成立調查取締與執行之常設機構，就如我國所成立行政執行署以及廉政署般，才能徹底解決普遍存在行政機關執行不足之問題[21]。

二、廢除本條例，回歸傳染病防治法

本條例制定之初，是為緊急快速控制傳染病疫情之擴散，所訂定措施性之法規，當初立法之初，也是因為如此，才給予疫情指揮中心指揮官無拘束自由裁量之空間，但沒有想到疫情會拖這麼長，且看不到盡頭。從實務實施結果，中央疫情指揮中心只藉由每天記者會，宣布限制人民權利之措施，其決策過程如何從未公布，完全不合乎法律正當程序，且在無法律之授權下，頒布攸關人民權益的法規命令，更甚的是，本條例對指揮中心之應變措施及裁罰規定，並無設適當監督

---

[20] 「跨機關行政協助機制及其相關法制之研究」，國家發展委員會委託研究，研究主持人：洪文玲，2015年4月，頁82。

[21] 「行政機關強制力行使之研究：行政機關與警察機關合作模式」，國家發展委員會委託研究，受委託單位：國立臺灣大學政治學系，研究主持人：章光明教授，協同主持人：陳愛娥副教授、洪文玲教授、葉一璋副教授，2014年3月，頁101以下。

機構,造成若干錯誤處置措施,任由其採所謂滾動性修正,不斷修正裁罰要件。

本文從取締與處罰口罩管轄權之亂象,起因於傳染病防治法與本條例此二法規間之重複規定,造成中央主管機關與地方政府隨意變更管轄權,顯然動搖了行政程序法第11條「管轄恆定原則」,如本文即認為衛生局管轄之裁罰權,委請警察局行使顯有法規未備之疑慮。

伍、結語

疫情似遙遙不可期盼早日結束,但也不能讓措施性法律長久存在,破壞原本應有之法秩序,且疫情防治本即有傳染病防治法,本文建議,只要將本條例的若干應變處置措施之法條與傳染病防治法合併即可,至於有關紓困部分因涉及福利行政,宜透過預算方式,由立法院啟動監督機制即可,不必制定在特別條例上。

參考文獻

1. 林工凱、謝碧珠,〈嚴重特殊傳染性肺炎疫情下應變處置措施之探討〉,《臺灣醫界》,第63卷第8期,2020年8月。
2. 詹鎮榮,〈地方自治事項之權限委任〉,《台灣本土法學雜誌》,第98期,2007年9月。
3. 鄭善印,〈執法正義首要在依法行政〉,《聯合報》讀者投書,2021年8月24日,A12版。
4. 「跨機關行政協助機制及其相關法制之研究」,國家發展委員會委託研究,研究主持人:洪文玲,2015年4月。

5. 「行政機關強制力行使之研究：行政機關與警察機關合作模式」，國家發展委員會委託研究，受委託單位：國立臺灣大學政治學系，研究主持人：章光明教授，協同主持人：陳愛娥副教授、洪文玲教授、葉一璋副教授，2014年3月。

6. 立法院第10屆第1會期黨團協商紀錄，立法院公報，第109卷第2期，2020年2月24日。

（本文提及之嚴重特殊傳染性肺炎防治及紓困振興特別條例已於民國112年7月1日因施行期間屆滿，當然廢止。）

第三篇

行政罰法之實踐

第一章
評論釋字第786號解釋與
行政罰法修法之趨勢[*]

* 本文曾刊登於《月旦法學雜誌》，第301期，2020年6月。

壹、問題分析

一、責罰相當原則憲法之根據爲何？

二、行政罰法最初裁處時是指何種情形？

三、釋字第786號解釋文所稱，尚在行政救濟程序中之其他案件，法院及相關機關應依本解釋意旨及2018年利益衝突迴避法規定辦理，此是否變更行政罰法第5條之規定？

四、行政機關裁處酌減之法律依據有何問題，應如何改善？

貳、罪刑相當原則與責罰相當原則

一、刑法的罪則要件

司法院大法官在有關刑事立法上提出罪責之概念，作爲合憲性之審查。

刑罰須以罪責爲基礎，並受罪責原則之拘束，無罪責即無刑罰，刑罰須與罪責相對應，罪責要件如下：

(一) 正面的罪責要件

1. 可歸責性：係以行爲人對其實現不法行爲應受譴責之程度，亦即可歸責性爲基礎。

2. 不法意識：行爲人具備不法意識（違法性認識），指行爲人對於其行爲之不法性的意識或意識可能性。

(二) 負面的欠缺寬恕（或減輕）罪責事由

1. 排除罪責事由

　　如欠缺罪責能力、不可避免的禁止錯誤等，若有此等事由，即欠缺了罪責前提或欠缺罪責成立之要素。

2. 寬恕罪責事由

　　寬恕罪責事由則為大幅度降低行為之不法及罪責內涵，使其未達值得處罰的最低界線。故審判者基於行為特殊動機，放棄對行為人進行罪責非難，寬恕其行為。寬恕罪責事由，如禁止錯誤、正當防衛、緊急避難過當之減輕等。

二、刑法罪責相當原則

(一) 罪責相當原則是否屬憲法上原則德國法有爭論

　　罪責相當原則係指行為人侵害行為對法益造成之損害與行為人所承擔之責任應具相當性[1]，如果受譴責不法結果質疑刑度過高，即屬罪責不相當。罪責相當原則是否違憲法上之誡命，德國學者對此有所爭論[2]。Tatjana Hörnle〈罪責原則的憲法論證〉文章中稱，罪責相當原則源自於法治國正義誡命，刑罰中所隱含的非價判斷與所發生之不法結果損害間，應合乎比例[3]。但Frister卻認為罪責僅供衡量尺度（比

---

[1] 罪責相當原則是否屬於罪責原則下位概念或單獨成立一個原則，刑法學說尚未形成一致之見解，本文採兩者可以分別成立來觀察。

[2] 司法院大法官從釋字第476號解釋，歷經釋字第551號以致最近第775號解釋，都僅以憲法程序上之比例原則作為合憲的審查基準。至於該原則源自於憲法上何種實質規定卻未作說明。

[3] Tatjana Hörnle著，鍾宏彬譯，〈罪責原則的憲法論證〉，《軍法專刊》，第59卷第1期，2013年2月，頁156以下。

例參考點），並非憲法保障之原則[4]。

(二) 司法院大法官解釋直接認定爲憲法上原則

有關刑罰法律，基於無責任無處罰之憲法原則，人民僅因自己之刑事違法且有責行爲而受刑事處罰（本院釋字第687號解釋參照）。刑罰須以罪責爲基礎，並受罪責原則之拘束，無罪責即無刑罰，刑罰須與罪責相對應（本院釋字第551號及第669號解釋參照）。亦即國家所施加之刑罰須與行爲人之罪責相當，刑罰不得超過罪責。基於憲法罪刑相當原則（本院釋字第602號、第630號、第662號、第669號及第679號解釋參照），立法機關衡量其所欲維護法益之重要性、防止侵害之可能性及事後矯正行爲人之必要性，綜合斟酌各項情狀，以法律規定法官所得科處之刑罰種類及其上下限，應與該犯罪行爲所生之危害、行爲人責任之輕重相符，始與憲法罪刑相當原則及憲法第23條比例原則無違[5]。

釋字第551號解釋：「……毒品危害防治制例第16條規定：『栽贓誣陷或捏造證據誣告他人犯本條例之罪者，處以其所誣告之罪之刑』，未顧及行爲人負擔刑事責任應以其行爲本身之惡害程度予以非難評價之刑法原則，強調同害之原始報應刑思想，以所誣告罪名反坐，所採措置與欲達成目的及所需程度有失均衡；其責任與刑罰不相對應，罪刑未臻相當，與憲法第23條所定比例原則未盡相符。」也僅提到罪責相當屬刑法原則。

從上述大法官解釋中，對罪責相當原則僅提出尺度衡量標準，至於罪責相當原則爲何是憲法原則，究竟源自於憲法上何種實質原則，卻隻字未提。對此，蔡明誠大法官在釋字第775號部分協同意見書提出：「罪責原則……依德國聯邦憲法法院見解，係基於人性尊嚴尊重

4　Frister, Schuldprinzipien, 1988, S.45；轉引自Tatjana Hörnle著，鍾宏彬譯，前揭註3，頁157。

5　參閱釋字第775號解釋理由書第12段。

及法治國原則。罪責作爲可罰性之要件，與量刑罪責不同。其以行爲個人之可非難性爲必要。有關行爲人之責任（或稱罪責）構成刑罰量刑之基礎（刑法第57條第1項前段『科刑時應以行爲人之責任爲基礎』）。於刑法所稱之責任，包含該當構成要件之不法實現時可責性之程度。……。而在犯罪與法律效果間亦須均衡，不得違反憲法罪責相當之刑罰原則，且如對微罪行爲或損害限度方面之量刑，則判斷其個案是否符合比例。」[6]

　　蔡大法官講到重點，在德國罪責原則係源自於人性尊嚴尊重及法治國原則的憲法上原則。如對微罪行爲或損害限度方面之量刑，則判斷其個案是否符合比例，則是基於憲法罪責相當之刑罰原則。

　　本文肯認，立法應合乎罪責相當原則，但司法權是否得僅以憲法第23條比例原則，直接來衡量立法裁量權，有無需要另依其他實質審查標準，如法治國原則或實質正義之要求，大法官對此似有說明之必要。就此，未來司法院大法官之解釋仍有補充之處。

三、責罰相當原則

　　在行政處罰上，司法院大法官提出責罰相當原則以與上述刑法上罪責相當原則作區隔，主要內容在於處罰金額不法責任與所觸犯之處罰是否合乎比例，司法院解釋認爲，此涉及憲法第15條財產權以及第23條之比例原則。

(一) 釋字第641號解釋

　　該解釋文稱：「……菸酒稅法第21條規定：『本法施行前專賣之米酒，應依原專賣價格出售。超過原專賣價格出售者，應處每瓶新臺幣二千元之罰鍰。』……惟採取劃一之處罰方式，於個案之處罰顯

---

[6]　參閱釋字第775號蔡明誠大法官部分協同意見書，頁11。

然過苛時，法律未設適當之調整機制，對人民受憲法第15條保障之財產權所爲限制，顯不符妥當性而與憲法第23條之比例原則尚有未符……。」

該理由書又稱：「……該條規定……於特殊個案情形，難免無法兼顧其實質正義，……立法者就此未設適當之調整機制，其對人民受憲法第15條保障之財產權所爲限制，顯不符妥當性而有違憲法第23條之比例原則……。」

本號解釋有提到特殊個案情形，應兼顧其實質正義，立法者就此未設適當之調整機制，有違責罰相當原則憲法上之要求。

(二) 釋字第716號解釋

本號解釋稱：「……對人民違反行政法上義務之行爲處以罰鍰，其違規情節有區分輕重程度之可能與必要者，應根據違反義務情節之輕重程度爲之，使責罰相當。……公職人員利益衝突迴避法第15條規定：『違反第九條規定者，處該交易行爲金額一倍至三倍之罰鍰。』於可能造成顯然過苛處罰之情形，未設適當之調整機制，其處罰已逾越必要之程度，不符憲法第23條之比例原則，與憲法第15條保障人民財產權之意旨有違……。」

該號解釋與釋字第641號解釋意旨類似，都以立法機關未設適當之調整機制，致其處罰已逾越必要之程度，不符憲法第23條之比例原則之規定。

(三) 釋字第786號解釋

本號解釋稱：「……民國89年7月12日制定公布之公職人員利益衝突迴避法第14條前段規定：『違反第7條……規定者，處新臺幣100萬元以上500萬元以下罰鍰』同法第16條規定：『違反第10條第1項規定者，處新臺幣100萬元以上500萬元以下罰鍰。』惟立法者未衡酌違規情節輕微之情形，一律處以100萬元以上之罰鍰，可能造成個案處罰顯然過苛而有情輕法重之情形，不符責罰相當原則。……又本解釋

聲請案之原因案件，及適用上開規定處罰，於本解釋公布之日尚在行政救濟程序中之其他案件，法院及相關機關應依本解釋意旨及107年6月13日修正公布之公職人員利益衝突迴避法規定辦理……。」

　　本號解釋就責罰相當原則，並未如釋字第641號解釋提出憲法上實質原則之要求，以及提出立法機關未設有適當之調整機制，而是直接質疑立法不當裁量權，造成個案處罰顯然過苛之情形，並以憲法第23條比例原則，作為罰責過苛之審查基礎。

　　在此，基於權力分立相互尊重情形下，司法權似應謹守權力分立，適度尊重立法裁量權。亦即，如果立法者在當時立法之際並無明顯錯誤時，司法即應尊重，此即所謂權力分立之界限。

　　解釋理由書卻以，2018年利益衝突迴避法立法理由，作為本號解釋違憲之正當理由，此種以後階段立法理由來評價先前立法之錯誤，似有以其矛攻其盾之論理，極為罕見，其稱：「……將系爭規定一所規範事項修正為第17條，調整罰鍰金額為『新臺幣30萬元以上600萬元以下』，並將系爭規定二所規範事項修正為第16條第一項，降低罰鍰金額為『新臺幣10萬元以上200萬元以下』，其修正理由均為『高額行政罰鍰固能嚇阻公職人員不當利益輸送，但觀之法務部近年審議並裁罰案例，並為符憲法第23條比例原則，爰下修罰鍰基準』（立法院公報第107卷第56期院會紀錄第512頁及第513頁參照）其修法理由與本解釋意旨相符……。」[7]

　　本文認為，本號解釋既然直接以個案罰責過苛，並以其後來修正後之立法理由質疑立法機關，似不宜僅單以憲法第23條比例原則，作為衡量立法裁量之標準，應提出其他憲法上原則的實質理由，如法治國實質正義之要求，來作為正當合理解釋之依據，較為恰當，否則恐限於僅以形式上憲法比例原則，似有過度干涉立法裁量權之嫌。

---

[7]　參閱司法院釋字第786號解釋理由書邊碼7。

參、司法院解釋與行政罰法第5條之程序關聯性探討

一、釋字第786號大法官之意見書分析

本號解釋就是否適用行政罰法第5條之規定，部分大法官提出不同的看法。

(一) 行政法院法官有選擇適用新法或聲請解釋的選擇權

黃虹霞大法官提出：「……行政罰法第5條所稱『裁罰時』不當然應不包括行政法院裁判時。退而言之，法官有權拒絕適用違憲法律（只是依法應先聲請本院解釋而已。但本件情形特殊，2018年系爭二規定之修法理由既已自承原規定不符憲法第23條比例原則，其為違憲已昭然），因此，至少於有類似修法之情形時，應認為行政法院法官不待聲請本院解釋，即當然可以（「得」即有權）適用修法後之新規定，不待本院之諭知……。」[8]

(二) 肯定大法官就聲請案之解釋權

黃瑞明大法官協同意見書提出：「……未修法前，實務上撤銷訴訟仍以最初裁處時之法律作為裁判時應適用之法律。基此，若未經聲請釋憲，原因案件均仍應適用2020年利衝法，故本院仍有受理並對之作違憲宣告之必要……。」[9]

8　釋字第786號黃虹霞大法官協同意見書，頁5。

9　黃瑞明大法官係參考臺北高等行政法院108年度簡上字第82號判決，該協同意見書註4。

(三) 法官聲請解釋應不受理

　　蔡宗珍大法官提出不同看法，但主張理由顯有前後矛盾之處，其於不同意見書「壹之三」提出「法官聲請釋憲案作成解釋前，作為釋憲標的之相關法律規定已因法律修正而失效者，針對舊法聲請之釋憲案，即應不受理」，但在「貳之二」又提出：「……『問題癥結在於行政罰法第5條』，……依目前實務見解，該個案之準據法卻可能仍是最初裁處時之法律，即便該法律於最初裁處後之變更是對被處罰人較有利亦同，其違憲性實屬顯然！……，3件釋憲聲請案之原因案件所適用之利衝法，均於審判程序中變更為對受處罰人較有利之規定，惟依行政罰法第5條之規定，於行政機關裁處後法律始出現有利之變更者，對前此之原因案件並不適用。以刑法第2條第1項規定對照來看，更可見行政罰法第5條規定之荒謬性……行政罰之處罰程序與行政救濟程序竟一律以行政機關最初裁處時或裁處前之法律為據？……」[10]

　　足見蔡大法官認為第5條法條係以最初裁處時為準，仍指主管機關作出裁處當時適用之法律，在本案即屬修正前之舊法，因此蔡大法官壹之三所提出，大法官「針對舊法聲請之釋憲案，即應不受理」之論點即出現矛盾。

二、本文意見

　　針對上述大法官們之意見，本文就本條分析如下：

　　行政罰法第5條是依據刑法第2條而制定的，刑法於2005年2月2日修正第2條第1項規定：「行為後法律有變更者，適用行為時之法律。但行為後之法律有利於行為人者，適用最有利於行為人之法律。」修正為「從舊從輕」。

---

[10] 釋字第786號蔡宗珍大法官不同意見書，呂太郎大法官加入貳之二部分，頁4以下。

　　而行政罰法第5條規定則是適用刑法修正前之條文：「行為後法律或自治條例有變更者，適用行政機關最初裁處時之法律或自治條例。但裁處前之法律或自治條例有利於受處罰者，適用最有利於受處罰者之規定。」採從所謂之「從新從輕原則」。

　　目前在法律適用上，何謂最初裁處時，尤其發生在救濟期間，主管機關所作成之處分因救濟而遭撤銷時，究竟如何認定「最初裁處時」發生爭議。在此，有認為（甲說）既然原處分已遭撤銷，主管機關重為處分，就如同未曾處分般，當然適用新修正之法律[11]。

　　但另外一說（乙說）則持否定說而認為，行政救濟撤銷原處分，不影響主管機關最初之裁處時間點，法務部民國98年7月9日法律字第0980021578號函即稱：「……本條所稱行政機關最初裁處後之行政救濟作為，包括訴願先行程序之決定、訴願決定、行政訴訟裁判，乃至於經上述決定或裁判發回原處分機關另為適當之處分等時點，均非屬『行政機關最初裁處時』。因如將『從新』之時點界定於上開救濟程序之決定或裁判時，不但易啟受處分者僥倖心理，毫無理由提起救濟，而期待法規之變動，徒增救濟程序之費時費力，亦將使原處分合法性判斷之基準時往後挪移，立論欠缺一貫，因此我國行政罰法乃規定適用『行政機關最初裁處時』之法律或自治條例……。」

　　學者認其理由為「行政訴訟的制度旨趣在於對行政行為作事後的合法控制。因此，行政法院所應審查者，乃行政機關作成處分時是否合於當時之法律及事實狀態」[12]。

　　本文依現行法（行政罰法第5條）規定，贊成仍以主管機關第一

---

[11] 法務部行政罰法諮詢小組第4次會議，2006年2月7日，結論稱：「……行政機關雖已於本法施行前已為處罰，嗣後原裁罰處分，因行政救濟撤銷溯及失其效力，而應於本法施行後重為裁處，此時與未經裁處時相同，依本法第45條第1項規定，自有本法第5條從新從輕原則之適用。」

[12] 李建良，〈行政罰法中「裁罰性之不利處分」的概念意涵及法適用上之若干基本問題——「制裁性不利處分」概念之提出〉，《月旦法學雜誌》，第181期，2010年6月，頁160。轉引自釋字第786號黃瑞明大法官協同意見書。

次作出處分為最初裁處時，在此，行政法院仍應尊重主管機關適用法律之情形。

肆、釋字第786號解釋之分析

本號解釋重點有二：

一、責罰相當原則──個案處罰顯然過苛

本號解釋文前段稱：「中華民國89年7月12日制定公布之公職人員利益衝突迴避法第14條前段規定：『違反第7條……規定者，處新臺幣100萬元以上500萬元以下罰鍰』同法第16條規定：『違反第10條第1項規定者，處新臺幣100萬元以上500萬元以下罰鍰。』惟立法者未衡酌違規情節輕微之情形，一律處以100萬元以上之罰鍰，可能造成個案處罰顯然過苛而有情輕法重之情形，不符責罰相當原則，於此範圍內，牴觸憲法第23條比例原則，與憲法第15條保障人民財產權之意旨有違，應自本解釋公布之日起，不予適用……。」

本段以「個案處罰顯然過苛」為理由，但為何處罰過苛僅以「情輕法重」來說明為何違反責罰相當原則，並僅以憲法第23條之比例原則作為形式審查之依據，如此草率恐將被質疑有侵犯立法機關裁量權之嫌。在本號理由書中，僅以2018年之立法理由來質疑2000年所訂定的系爭規定過苛，似有以矛攻盾之嫌，似可採德國法以「法治國的個別實質正義」作為審查是否合憲之基礎。

二、指導法官於尚在訴訟案件應適用新法

本號解釋文稱：「……又本解釋聲請案之原因案件，及適用上開

規定處罰，於本解釋公布之日尚在行政救濟程序中之其他案件，法院及相關機關應依本解釋意旨及107年6月13日修正公布之公職人員利益衝突迴避法規定辦理。」

對此，蔡宗珍大法官稱：「本號解釋理由就個案應適用法律之指示，不但欠缺理據，且屬『未經聲請所為解釋』，然本號解釋宣告違憲之法律規定於作成解釋前即已失效，因此，本號解釋對於利衝法相關規定所作之違憲宣告，幾已無實益……利衝法新法修正理由與本解釋意旨相符，實無法導出本解釋聲請案之原因案件以及其他於解釋公布日尚在行政救濟程序之案件均可依利衝法新法辦理之結論！本號解釋於未經聲請之情況下，逕就法院以及行政救濟程序相關案件之審理，指定其應適用之法律，其涉入個案程度恐已屬空前！這是否意味著某種憲法解釋效能之夾帶走私？此種以夾帶走私方式導入的憲法解釋效能，究竟將是鞏固憲法解釋之權威性，還是會逐漸渙散憲法解釋之內在體系構？……」[13]

蔡大法官之質疑部分有理，但有部分仍得在此加以補充：

(一) 尚在行政救濟程序中之其他案件的範圍界定

本號解釋直接指導法院，於尚在行政救濟案件應適用新法，但範圍是否僅就本號解釋所及範圍，或延伸到公職人員利益衝突迴避法所有其他案例，例如也包括釋字第716號解釋之範圍？

若屬前者，則問題不大，可直接以向來司法院大法官解釋效力解決之，但若屬後者及於公職人員利益衝突迴避法之其他案件，則本號解釋將翻轉了行政罰法第5條從新從輕原則之適用。亦即，凡屬所有正在行政救濟之案件，將不再適用最初裁處時之法律，一律適用新法，則本號解釋將排除行政罰法第5條之適用。但本文希望大法官之意旨並非如此。

---

[13] 蔡宗珍，前揭註10，頁6。

(二) 如僅限於本號解釋行政救濟中其他案件之範圍，則本解釋內容似屬多餘

　　大法官解釋之一般拘束力，釋字第185號解釋稱：「自有拘束全國各機關及人民之效力，各機關處理有關事項，應依解釋意旨為之。」

　　依此大法官解釋因而取得一般拘束力，所有的機關、法院、人民等均受其拘束。故對於尚在行政救濟中未確定判決之案件，法院以及行政機關均應依據大法官解釋進行決定及裁判，其解釋溯及既往生效。釋字第592號解釋亦謂：「……本院釋字第五八二號解釋，並未於解釋文內另定應溯及生效或經該解釋宣告違憲之判例應定期失效之明文，故除聲請人據以聲請之案件外，其時間效力，應依一般效力範圍定之，即自公布當日起，各級法院審理有關案件應依解釋意旨為之。」對於解釋公布前，已繫屬中尚未確定案件，也一體適用新的解釋。足見大法官違憲宣告之解釋，也追溯既往而適用至尚未確定案件上。

(三) 以釋字第716號解釋後行政法院實例說明

1. 最高行政法院103年度判字第656號判決

　　該號判決稱：「……上訴人主張原處分違法並侵害其權利而提起之撤銷訴訟，原應依原處分時之法律為判斷基準，然依上說明原處分所依據法律之裁罰規定既經宣告違憲，且立法院已依解釋意旨就裁罰規定為修正，又法官適用法律為審判，自應以合憲法律為基準，故本件應以修正後合憲之利益衝突迴避法第15條為裁判始適法……。」公職人員利益衝突迴避法於2014年修正後，基於原處分所引法律違憲且已有合憲之新法，故法院主張行政機關應依合憲新法重為處分，乃屬當然。法官於審判中適用之法律，如經司法院大法官解釋宣告違憲並經立法機關修正公布者，應適用新修正之法律作為審判之依據。

2. 臺北高等行政法院106年度訴字第1763號判決

該判決稱：「……本件原處分既經撤銷，著由被告重為處分，即回復「『行政機關最初裁處時』之狀態，依行政罰法第5條規定，即應適用新法即2018年6月13日修正公布，同年12月14日施行之利益衝突迴避法第14條規定，併予指明……。」

本案未經撤銷前，主管機關最初裁處時適用2014年11月26日之規定（因司法院釋字第716號解釋宣布違憲而修法），但本判決卻要求直接適用2018年新修正之構成要件，即公職人員利益衝突迴避法第14條規定，但新法（2018年）之修正係立法政策之考量，並非遭大法官宣告違憲而修正，法官可以捨棄法律規定（行政罰法第5條最初裁處時），要求主管機關新法之適用嗎？本案法官之要求，正符合上述黃霆虹與蔡宗珍大法官之主張，但本文持反對意見認為，法官應依行政罰法第5條規定才屬正當。該條規定如蔡宗珍大法官所言應修正，但未修正前仍屬有效之法律，法官仍有依法審判之義務。

伍、公職人員利益衝突迴避法案件分析

釋字第786號解釋理由書稱：「……臺北高等行政法院第三庭法官（聲請人二）……就其3次違規行為依該法第16條規定：『違反第10條第1項規定者，處新臺幣100萬元以上500萬元以下罰鍰。』（下稱系爭規定二）、行政罰法第8條但書、第18條第3項及第25條規定，各酌減至法定罰鍰金額最低額三分之一，併處原告罰鍰100萬元。……惟立法者未衡酌違規情節輕微之情形，一律處以100萬元以上之罰鍰，縱有行政罰法減輕處罰規定之適用，仍可能造成個案處罰顯然過苛而有情輕法重之情形（例如：對於進行短期、一次性之低額勞務採購或所涉利益較小者課處最低100萬元罰鍰），不符責罰相當原則……。」

　　本案在適用法律上有明顯錯誤，亦即，該案不符合行政罰法第8條但書之規定，是不可減輕的情形，本號解釋卻未予更正，反而贊同而提出縱有「行政罰法減輕處罰規定之適用」。在此，吾人不知大法官們是刻意不去評斷此缺失，或者眞的不知？

　　對於行政罰法第8條之適用，因爲實務上已有太多行政機關誤用該法條，法務部也作出幾號函釋[14]，舉最近一次，法務部民國106年11月22日法律字第10603512750號函釋要旨稱：「行政罰法第8條規定參照，行爲人如已知悉法規所禁止或要求應爲之行爲義務爲何，就該違反行政法上義務行爲而言，行爲人即已具備不法意識，應無該條但書適用餘地，又該但書所稱『按其情節』係指行爲人不知法規之可責性高低而言；另該法第18條第3項規定，係針對裁處機關適用該法定有『減輕』或『同時定有免除處罰』規定而予以減輕處罰時，爲避免行政機關適用上有恣意輕重之虞，所爲統一減輕標準之規定。」該函釋言明，先有不知法律才能適用但書，以及才有行政罰法第18條第3項之適用；而本號解釋理由書之系爭案例二，當事人並非不知法律，當然就無減輕之適用[15]。

　　本文認爲，除公職人員利益衝突迴避法罰則過高不當之外，行政罰法也無刑法第59條之規定[16]，能夠給予行政機關裁量之空間，因此，行政機關常因考慮當事人情狀可憐，卻無其他法規可運用，轉而運用行政罰法第8條但書之規定[17]。本文認爲，行政罰法確有增列如

---

[14] 法務部民國98年11月19日法律決字第0980048736號、民國99年2月22日法律字第0999005633號、民國101年8月29日法律字第10100150220號、民國103年2月12日法律字第10303501730號、民國105年2月23日法律字第10503503620號。

[15] 除系爭案例二，在黃瑞明大法官所提的其他42案中，仍有15案之多，原處分依據行政罰法第8條以不知法律減輕的情形。

[16] 第59條犯罪之情狀顯可憫恕，認科以最低度刑仍嫌過重者，得酌量減輕其刑。

[17] 觀察上述黃瑞明大法官於釋字第786號協同意見書中所整理的案件，主管機關以行政罰法第8條所爲減輕之裁罰，即基此理由。

刑法第59條規定之必要，以減少爭議。

陸、結論與建議

一、釋字第786號解釋

(一) 責罰相當原則是否為憲法上原則，本號解釋未加說明

本號解釋文僅提出，可能造成「個案處罰顯然過苛」而有情輕法重之情形「不符責罰相當原則」，所稱「責罰相當原則」為憲法上原則，理論基礎何在未加說明；「個案處罰顯然過苛」衡量立法裁量之標準，僅以2018年立法理由說明，有欠妥適。

(二) 宣示行政救濟之適用多此一舉

司法院大法官解釋效力所有機關都應遵循，如果案件正在訴訟進行中尚未確定終局判決之案件（釋字第185號解釋），該適用之法律被宣布違憲，受理法院即應遵守司法院解釋，適用正確法律，無庸再行告知，本號如此解釋，恐易產生誤解，本號解釋是否是指所有正在行政救濟的公職人員利益衝突迴避法案件，皆有本號解釋之適用，而間接否定行政罰法第5條之規定。

二、本號解釋理由書對適用法律錯誤未作更正

解釋理由書之案例二有適用行政罰法第8條與第18條第3項之錯誤情形，本號解釋未予糾正，是本號解釋值得探究之處。

三、建議修正行政罰法第5條給予受理法官行政救濟時即時更正之權

行政罰法第5條似應予修正爲宜，採取類似刑法第2條之修正。未來法院受理之際，如遇有法律修正時，應可採取適用最有利於當事人之法律。

四、建議增列類似刑法第59條之條文，增加行政機關裁量之考量

行政罰法第8條，似可考慮如刑法第16條增列「除有正當理由而無法避免者外」作爲免責知要件；此外，行政罰法並無類似刑法第59條之條文，給予法官酌以減輕之裁量權，從本號解釋之案例分析，實務的行政機關對於裁罰仍屬過重，卻因找不到給予減輕之法條，而明知錯誤卻仍援用行政罰法第8條的情形大有所在。本文建議，行政罰法似可增加類似刑法第59條之規定，給予法官裁量之權。

參考文獻

1. 李建良，〈行政罰法中「裁罰性之不利處分」的概念意涵及法適用上之若干基本問題——「制裁性不利處分」概念之提出〉，《月旦法學雜誌》，第181期，2010年6月。
2. Tatjana Hörnle著，鍾宏彬譯，〈罪責原則的憲法論證〉，《軍法專刊》，第59卷第1期，2013年2月。

|第二章|
由公共危害概念論行政罰及刑事罰之立法裁量及法實踐*

---

* 本文係本人國科會2015年研究案之研究報告題目。

壹、緒論

一、研究背景

　　近年來台灣有關公共危害之事件頻傳，諸如三聚氰胺（2008年）、塑化劑（2011年）及劣質油品（2013年、2014年）等食安事件、2012年葉少爺酒駕等交通事件、2013年日月光工廠排放廢水等環境污染事件、2014年高雄地區石化氣爆炸事件即為典型事例。可以發現上述案件經常涉及廣大民眾的公共利益，這些公共危害一發生常見政府各級機關束手無策，只一再加重罰則，而忽略立法技術之考量，行政法規中大量引入刑事罰條文，造成行政罰與刑事罰雜亂錯綜之規定。但對於造成多數民眾公共危害部分，由於散布層面廣，政府機關卻仍束手無策。因此，本研究一併分析公共危害之責任界定，以及政府應採取之措施。

　　上開違反法定（刑事法、行政法）義務之不法行為，對於我國社會、經濟、民生等領域而言乃造成重大影響。基此，有關法領域就著重於課予人民積極作為、消極不作為之「行為規範」，及就違反上開法定義務之行為加以課責或非難之「制裁規範」，是否有立法疏漏或其他缺失，即為學界及實務界所檢討。在我國相關法制的發展過程中，由於政府行政事務龐雜及社會快速發展，導致政府所欲達成之行政目的漸趨多元化，有關行政法上義務之建立及違反前述義務之效果，乃散見於各個行政法律及自治條例之中。我國早期在立法政策之考量上，對於某些僅係違反行政法上義務之行為[1]，乃科以刑法所列刑名的罰責，此即一般所稱之「行政刑法」、「行政刑罰」或「附屬刑法」，此為目前的普遍立法方式，如衛生環保法規經常出現，在相關法規上如何確定行政刑罰與行政罰之界限，我國似乎委由立法裁量

---

[1]　如土石採取法、石油管理法、電子遊戲場業管理條例等是。

之，因此，部分行政法規會發現立法機關隨意為之的情形，如食品安全衛生管理法（修法前）第44條以及第49條行政罰與刑事罰並列的情形，衍生實務執行之困境。

就此，立法者雖基於上述脈絡之發展，且行政機關裁處執行之行政罰（包括行政刑罰、行政秩序罰等），其處罰名稱種類不一，裁處程序及標準互異，又因缺乏共同統一之法典，致得否類推適用刑法總則等有關規定法理裁處之見解分歧等因素，我國乃於2005年2月5日制定公布²行政罰法，但上述爭議行政罰與刑事罰之界限，卻未因此更趨明朗。是以，就行政罰及刑事罰之區分及界限而言，我國行政罰法以下規定就有必要予以調整：

(一) 裁處罰鍰與不法利得之追繳（行政罰法第18條第1項以及第2項）。

(二) 一行為不二罰（行政罰法第24條）。

(三) 刑事罰優先原則（行政罰法第26條）。

二、研究目的

本研究案從上述食品安全衛生管理法（修法前）分析，發覺立法技術上只著重罰則輕重問題之解決，一直提高刑罰與行政罰罰則，導致同一構成要件，可以處予行政罰以及刑罰，並衍生同時可以裁處沒收（沒入）以及不法利得之處分，且實務上也有前例認為不法利得屬於刑罰或行政罰，而撤銷行政之不法利得處分，對此本研究會針對沒收、沒入以及不法利得追徵性質詳細分析，尤其針對行政罰上所稱不法利得作分析。此外，針對行政罰法第26條刑事優先原則，實務上所發生執行問題，本計畫會針對我國實務上處理之疑義作解析。

---

² 2011年11月23日，行政罰法乃就第26條、第27條、第32條、第45條及第46條有所修正。

　　本研究案認為我國在立法技術上並未顯現出刑事罰與行政罰之明顯界限，完全任由立法機關決定之，導致例如食品安全衛生法（修法前）第44條以及第49條同時出現處罰之立法粗糙情形。就此問題上，本研究案擬以德國法以及日本法作比較分析，提出他國如何解決行政罰以及刑事罰界限之問題，作為我國未來立法之考量。

　　本研究案發現在立法與實踐面產生偏差的情形，諸如上例之立法例，立法本意良好，但法實踐上卻未臻理想，達不到法之目的，針對本問題本研究案先蒐集相關判決，之後並對實務司法機關檢察官以及法官作實務訪查，以解決實際問題，作為修法之建議。

三、研究方法

(一) 歷史研究法

　　歷史研究法就法律學門之議題研究而言，所應考量者包括有立法預備資料、預備草案、草案、立法理由書，參與起草部會的有關紀錄、立法機關的大會及審查委員會的紀錄等因素[3]。而本研究案在研究進程上，除了針對行政罰法之制定及修正歷程有所分析外，並就我國解嚴迄今有關重要行政法規的制定、修正等發展歷程予以分類檢討。

(二) 比較研究法

　　比較研究法，通常係就將外國有關之立法或案例與我國法規或判解函釋對照後予以分析。此種傳統的研究方法有助於了解我國立法者在立法進程中的盲點並提出建議作為日後改善之可能。然而，雖然「他山之石，可以攻玉」，但法律制度的橫向移植，容易成本土適應之困境。爰此，本研究案在執行期間，乃將著重於「如何避免行政罰

---

[3] 黃茂榮，《法學方法與現代民法》，自版，2011年，增訂6版，頁411。

與刑事罰範圍過度重疊」之問題意識，反向比較外國法相關之發展歷程，以作爲是否移植或轉化甚或是另行提出解決方案的重要考量因素。

(三) 深度訪談法

以半開放式深度訪談法，爲取得較具代表性意見，故採立意取樣，訪談對象爲學者、專家、司法機關包括法官以及檢察官及機關主管等5人次，將其訪談內容透過記錄及歸納，了解國內學者、專家及機關主管之認知及問題提出。

貳、公共危害與公害法制

一、現代公共危害之出現與關注

人類雖藉由科技的運用及其背後蘊含之知識背景，創造出遠比過往時代更多的福祉及財富，所開啓的現代化進程，使人類的物質文明生活自此而更加便捷及舒適。然而，隨著科學技術的運用，人類在社會生產的製程中，無時無刻地形成嶄新的製程或產品，於此同時，也將許多危害物質擴散至自己所身處的自然環境中，使與人類共處於自然界中的各種媒介，如水、空氣、土壤等受到負面影響，並且人類健康更可能透過直接的接觸，或經由食物鏈的循環而受有危害的疑慮[4]。因應於此種多層、複雜的現代社會現象的產生，於是乃形成「公害」或「公共危害」的社會名詞爲集合性、概括性的現象描

4　請參見：傅玲靜，〈我國化學物質法制規範體系之檢討——以德國法制之觀察及比較爲中心〉，《科技法學評論》，第10卷第2期，2013年12月，頁164。

述[5]。自1970年代以來，因公害現象發生之頻率漸增，且影響層面上亦更趨廣泛的背景脈絡之故，人類逐漸在追求社會、經濟發展之同時，乃日益關注誠如上述一般，日趨嚴重的公害問題。準此，各國政府乃在其政策之形塑上，落實大量的公害立法，以衡平科技運用與維護環境品質間的各種利害衝突。

二、公害作為法律概念？

從台灣實際的經驗出發，自1986年以來多次歷經杜邦設廠事件、高雄林園廢水事件後，乃效仿日本1961年公害對策基本法[6]之立法體例，制定公害糾紛處理法並於法條中明定公害之定義，其於第2條第1項中規定：「本法所稱公害，係指因人為因素，致破壞生存環境，損害國民健康或有危害之虞者。其範圍包括水污染、空氣污染、土壤污染、噪音、振動、惡臭、廢棄物、毒性物質污染、地盤下陷、輻射公害及其他經中央主管機關指定公告為公害者。」[7]準此而言，可認為公害乃係因人為活動，致破壞生活環境，進而危害廣大地區一般居民之生活權益、或有危害其權益之虞的法律事實[8]。

5　邱聰智，《公害法原理》，輔仁大學法學叢書編輯委員會，1987年，增訂再版，頁3、5。吳啓賓，〈公害與法律〉，《法令月刊》，第41卷第10期，1990年10月，頁256。

6　日本公害對策基本法於1993年11月19日隨環境基本法之制定而廢止。

7　（舊）日本公害對策基本法第2條第1項：「本法所稱之『公害』，係指妨礙環境保護、事業第三人的活動所伴隨而生之相當範圍的空氣污染、水質污濁（水除水質以外之狀態又包含水底沉積物之惡化。除第9條第1項外，亦同。）、土壤污染、噪音、震動、地層下陷（開採礦物所須之土地挖掘除外。以下亦同。）以及惡臭、人體健康或生活環境（包含與人之生活具有密切關係之財產及與人之生活有密切關係之動植物及其生活環境。以下亦同。）及其他所生之損害。」

8　史慶璞，〈公害犯罪與社會立法〉，《工業污染防治》，第18卷第2期，1999年4月，頁119。

　　然而，在此所尚須進一步探討者是，立法者雖因應環境污染或環境破壞之事實狀態，將公害概念自社會用語轉變為實定法上之用語，但於此同時，是否即代表「公害」之事實狀態，業已作為行政機關進一步採取保護或管制措施的要件？事實上，公害概念背後所關注的環境破壞或環境污染問題，乃屬於傳統警察法所關注的對象，其規範目的係在確保危險或實害不致發生[9]，而基於此種危害防止的任務，在措施上乃是透過刑事或行政秩序之法規範中，以管制的角度進行規範[10]。

　　上述管制模式的選擇，乃係基於自由法治國的精神下，人民對於任何國家權力的運作須得以在事前即得以預測，所謂危害或危險，對於公共安全造成具體之危險或損害的狀態或行為，準此而言，危害的概念被侷限在下列二種特徵之上。亦即，如對公共安全或秩序所生的損害以及此種損害乃有發生之「足夠可能性」[11]，換言之，僅有在確知危害的存在後，行政機關方有透過干預措施予以介入的必要性。而有關於危害的認定，基本上乃係建立在線性的因果關係之上，透過經驗法則予以預測。然而，此種公害概念，雖然在其概念範圍上，與傳統所稱之危害有其重疊，但現代公害尚包含所謂的不確定性特徵，亦即在現代科學技術的發展過程中，環境是否因此致生損害或產生危害，乃經常缺乏確切的因果關係，或係難以透過既有的智識經驗予以判定。對此，在1980年代Beck提出風險社會理論後，此種囿因於人為因素，而對於環境或人類健康所造成的不利影響，乃被認為屬於所謂的風險。也因此，所謂的風險，係指有導致健康受妨礙之效果，且該效果將有實現（對於健康）危害的可能性[12]。

9　王毓正，〈論環境法於科技關連下之立法困境與管制手段變遷〉，《成大法學》，第12期，2006年12月，頁101-102。

10　傅玲靜，前揭註4，頁164。

11　Götz, Allgemeines Polizei-und Ordnungsrecht, 14. Aufl., 2013, S.35.

12　李寧修，〈「預防原則」於食品安全法制之應用〉，行政院國家科學委員會專題研究計畫，2012年2月，頁5。

　　綜上所述，本文認為，由社會用語轉變為法律上用語的公害，其在概念上屬於廣泛性的社會現象描述，在其管制政策及措施之選擇上，勢必仍然必須回歸到作為干預基礎之危險中，有關蓋然性之討論，若經判定屬於危險者，則其後所面對者，乃係採取何種管制手段方為妥適之課題。至於如遇有不確定性之人為風險時，則有進一步的討論空間。

參、制裁不法行為制度的體制及其競合

一、我國對於不法行為之制裁制度

　　制裁之基礎乃基於憲法第23條所揭示，國家作出制裁時之正當理由，限制個人自由權利之正當事由唯有訴諸於對自由之內在限制，亦即承認個人自由權利之行使必須以服從團體生活之約束為其前提[13]。換言之，當違反團體生活之約束時，國家即可作出制裁。

　　制裁之定義乃是「針對違反社會規範者，為否定或制止該行為所為之反作用，且以剝奪一定之價值、利益或賦課一定之反價值、不利益為內容之作用」。制裁並可大致分為以國家為主體、定有法制度且以組織化之「法律制裁」，以及其他之「社會制裁」[14]。

　　我國對於不法行為制裁，自制裁法的體系而論[15]，罰則可分為刑事罰與行政罰[16]。刑事罰之種類，大致可分為死刑、無期徒刑、有期

---

[13] 參閱余振華，《刑法違法性理論》，元照出版，2001年，頁5。

[14] 左伯仁志，《制裁論》，有斐閣，2009年，頁7。

[15] 林山田，《刑罰學》，臺灣商務印書館，2005年，修訂本，頁1。

[16] 美國有民事罰之概念，而我國沒有。參照蔡震榮、鄭善印，《行政罰法逐條釋義》，新學林出版，2008年，2版，頁31以下。

徒刑、拘役以及罰金等為是[17]。行政罰之種類，大致計有罰鍰、沒入以及其他裁罰性之不利處分[18]。

二、一行為不二罰原則

　　一行為不二罰原則，相似或相同之原則，在德國稱一事不二罰原則；於美國法則稱禁止雙重危險原則；在日本則是稱禁止雙重處罰原則。各國皆將其精神明文於憲法之中[19]，惟須注意的是，上述各國

---

[17] 刑法第33條規定：「主刑之種類如下：一、死刑。二、無期徒刑。三、有期徒刑：二月以上十五年以下。但遇有加減時，得減至二月未滿，或加至二十年。四、拘役：一日以上，六十日未滿。但遇有加重時，得加至一百二十日。五、罰金：新臺幣一千元以上，以百元計算之。」

[18] 行政罰法第1條：「違反行政法上義務而受罰鍰、沒入或其他種類行政罰之處罰時，適用本法。但其他法律有特別規定者，從其規定。」第2條：「本法所稱其他種類行政罰，指下列裁罰性之不利處分：一、限制或禁止行為之處分：限制或停止營業、吊扣證照、命令停工或停止使用、禁止行駛、禁止出入港口、機場或特定場所、禁止製造、販賣、輸出入、禁止申請或其他限制或禁止為一定行為之處分。二、剝奪或消滅資格、權利之處分：命令歇業、命令解散、撤銷或廢止許可或登記、吊銷證照、強制拆除或其他剝奪或消滅一定資格或權利之處分。三、影響名譽之處分：公布姓名或名稱、公布照片或其他相類似之處分。四、警告性處分：警告、告誡、記點、記次、講習、輔導教育或其他相類似之處分。」

[19] 德意志聯邦共和國基本法第103條第3項：「Niemand darf wegen derselben Tat auf Grund der allgemeinen Strafgesetze mehrmals bestraft werden.」
美國憲法增修條文第5條後段：「nor shall any person be subject for the same offense to be twice put in jeopardy of life or limb; nor shall be compelled in any criminal case to be a witness against himself, nor be deprived of life, liberty, or property, without due process of law; nor shall private property be taken for public use, without just compensation.」
日本國憲法第39條後段：「又、同一の犯罪について、重ねて刑事上の責任を問はれない。」

憲法文義所指稱之「事」與我國之「行為」[20]，以及罰與罰間意義是否相同[21]，亦有所討論。本文認為，德國所稱「事」是指程序基本權之保障賦予個人之一定法安定性及依本質形成「刑罰追訴一次性權利」[22]。

(一) 一行為不二罰在我國為法治國原則

釋字第503號解釋為對「二罰」之處罰分界作解釋與確立，分辨何謂「一罰」與何謂「二罰」之義，並且進一步敘明其為現代民主法治國家之基本原則[23]。

---

[20] 我國學者彭鳳至認為：「德國基本法第103條第3項規定如果譯為『一行為不二罰原則』，從字面而言，故無不可。但是，該項規定無論譯為『一行為不二罰原則』或『一事不二罰原則』，其中『行為』或『事』，都是完全訴訟法上『事實』的概念，與實體法上的『行為』的概念不同。」參閱彭鳳至，〈一事不二罰原則與「一行為不二罰原則」之辯證2——為司法院釋字第604號解釋請命〉，《司法周刊》，第1729期，2014年12月。

[21] 若望文生義，德國與日本憲法皆明文「罰」乃是專指刑事罰。我國有學者以此論採之。

[22] 釋字第751號蔡明誠大法官協同意見書，頁3。

[23] 釋字第503號解釋主文：「二者處罰目的及處罰要件雖不相同，惟其行為如同時符合行為罰及漏稅罰之處罰要件時，除處罰之性質與種類不同，必須採用不同之處罰方法或手段，以達行政目的所必要者外，不得重複處罰，乃現代民主法治國家之基本原則。是違反作為義務之行為，同時構成漏稅行為之一部或係漏稅行為之方法而處罰種類相同者，如從其一重處罰已足達成行政目的時，即不得再就其他行為併予處罰，始符憲法保障人民權利之意旨。」

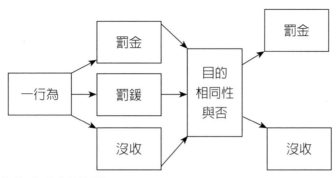

圖1　行為之吸收關係[24]

　　若爲同一行爲，處罰目的及處罰要件不同，且處罰之性質與種類不同，若必須採用不同方法而爲併合處罰，已達行政目的所必要時，似即得重複處罰[25]。由上述可知對於罰責之合併處罰與分別處罰的分辨，乃是用行政目的作判斷。是故，對同一行爲之二罰，吾人可以得出以下結論爲「爲達不同之行政目的，而因處罰之種類與性質不同，必須採取不同的處罰方法或手段」所爲之的行爲。

　　釋字第604號解釋則進一步針對行爲數之疑義部分作闡釋，並且正式出現「一行爲不二罰」原則之名稱；一自然存續之違規行爲，得因舉發次數，在符合比例原則及法律授權明確性原則之下，切分爲數次違規行爲，進而予以數次處罰[26]。

---

[24] 圖1乃顯示對一行爲有罰金、罰鍰與沒收時，罰金與罰鍰因皆是財產罰，目的具有相同性，故而罰金優先於罰鍰（基於刑事優先原則）而只處罰金與沒收。

[25] 黃俊杰，《行政罰法》，翰蘆圖書出版，2006年，頁124。

[26] 釋字第604號解釋主文：「……得藉舉發其違規事實之次數，作爲認定其違規行爲之次數，從而對此多次違規行爲得以多次處罰，並不生一行爲二罰之問題，故與法治國家一行爲不二罰之原則，並無牴觸。立法者固得以法律規定行政機關執法人員得以連續舉發及隨同多次處罰之遏阻作用以達成行政管制之目的，但仍須符合憲法第二十三條之比例原則及法律授權明確性原則……。」

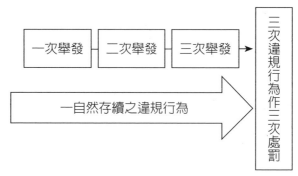

圖2 釋字第604號解釋行為數之計算

一行為不二罰於我國乃基於釋字第503號與第604號解釋,而分別敘明原則之特性,且確立其憲法原則之地位與將其賦予正式名稱,使其更加鞏固與肯定「一行為不二罰原則」為法治國家基本原則。

(二) 行為數之判斷

上述釋字中已將一行為不二罰原則作原則與方向定調,也明言其為法治國家基本原則,惟其行為數與罰責數之細節判斷,乃牽扯國家制裁力之行使,以致於影響人民的基本權,不可不作進一步了解。

行為可分為自然上一行為與法律上一行為,自然上一行為與法律上一行為之差異與判斷分述如下。

自然上一行為,須具有單一與同種類之意思決定、時空緊密關聯,以及用第三者的觀察為準之三項準則[27]。故此,必須從自然生活或經驗來觀察,凡是一個行為可以被分割為數個動作,但該等動作僅能構成一個有意義的生活事件,則行為人的行為若係於單一與同種類之意思決定,而數個具時空緊密關聯性之舉止,再透過第三者的觀察,得以被視為是單一的綜合行為,而無法作分割者,即屬於自然上一行為[28]。

---

[27] 蔡震榮、鄭善印,前揭註16,頁54。

[28] 蔡志方,《行政罰法釋義與運用解說》,三民出版,2006年,頁189。

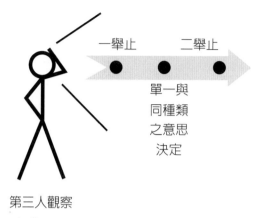

圖3　自然上一行為

　　法律上一行爲，須具有構成要件的一行爲、繼續違法行爲，以及連續違法行爲之三項準則[29]。是故，乃基於法律感情或法律政策，在立法技術上經由法律構成要件的結合，評價爲單一的行爲。學說乃將法律構成要件上的一行爲、繼續性，而無偶發不同要件行爲發生或法定時空間隔、連續的違法行爲狀態，論以法律上一行爲[30]。

　　自然上行爲數與法律上行爲數不同之交錯情形，有討論與舉證之必要，故試以下例舉之：

　　甲工廠設置數個放流口用以違規排放污水，實施一個排放行爲，而主管機關依水污染防治法第58條作分別處罰[31]，並不違反一行爲不二罰之原則。此情形由自然上行爲數之審核標準審視，難謂其有數個行爲之論。惟在法律上行爲數論之，水污染防治法第58條構成要件，

---

[29] 蔡震榮、鄭善印，前揭註16，頁56、57。

[30] 蔡志方，前揭註28，頁189。

[31] 水污染防治法第58條：「同一事業設置數放流口，或數事業共同設置廢水處理設施或使用同一放流口，其排放廢水未符合放流水標準或本法其他規定者，應分別處罰。」

圖4　法律上一行為

評價為一放流口是一行為。是故，此為自然一行為而構成法律數行為之情形。

乙工廠設置於空氣污染物之總量管制區內，從事廢鐵之融化、煉製再鑄造之行為，所產生之污染物未經排放管道排放。而主管機關依空氣污染防制法第32條第1項第1款與第2項[32]規定作裁罰，並不違反一行為不二罰之原則。此情形以自然上行為數之審核標準審視，當然為數行為。惟在法律上行為數論之，空氣污染防制法第32條構成要件，將其評價為同一行為。是故，此為自然數行為而構成法律一行為之情形。

---

[32] 空氣污染防制法第32條：「在各級防制區及總量管制區內，不得有下列行為：一、從事燃燒、融化、煉製、研磨、鑄造、輸送或其他操作，致產生明顯之粒狀污染物，散布於空氣或他人財物。……前項空氣污染行為，係指未經排放管道排放之空氣污染行為。第一項執行行為管制之準則，由中央主管機關定之。」

1. 釋字第754號解釋

(1) 解釋文

「最高行政法院100年度5月份第2次庭長法官聯席會議有關：『……進口人填具進口報單時，需分別填載進口稅、貨物稅及營業稅相關事項，向海關遞交，始完成進口稅、貨物稅及營業稅之申報，故實質上為3個申報行為，而非一行為。如未據實申報，致逃漏進口稅、貨物稅及營業稅，合於海關緝私條例第37條第1項第4款、貨物稅條例第32條第10款暨營業稅法第51條第7款規定者，應併合處罰，不生一行為不二罰之問題』之決議，與法治國一行為不二罰之原則並無牴觸。」

(2) 解釋理由書

① 違反租稅義務之行為，涉及數處罰規定時，如係實質上之數行為，原則上得分別處罰之。至行為數之認定，須綜合考量法規範構成要件、保護法益及處罰目的等因素。

② 為簡化稽徵程序及節省稽徵成本，除進口稅本由海關徵收外，進口貨物之貨物稅及營業稅亦由海關代徵，且由納稅義務人填具一張申報單，於不同欄位申報三種稅捐，仍無礙其為三個申報行為之本質，其不實申報之行為自亦應屬數行為。

③ 國家基於不同之租稅管制目的，分別制定法規以課徵進口稅、貨物稅及營業稅，於行為人進口貨物未據實申報時，固得依各該法律之規定併合處罰，以達成行政管制之目的，惟於個案併合處罰時，對人民造成之負擔亦不應過苛，以符合憲法第23條比例原則之精神，併此指明[33]。

---

[33] 參閱司法院釋字第754號解釋摘要，本摘要係由大法官書記處依解釋文及理由書摘錄而成，僅供讀者參考，並不構成大法官解釋的一部分，解釋公布日期：2017年10月20日。

2. 有關行政罰法第24條一行為不二罰司法解釋之分析

　　從上述大法官釋字第503號、第604號以及第754號解釋，可以看出行政罰上一行為之概念與刑法上一行為概念仍有所差異。大法官在這三號解釋，尊重立法機關立法裁量的形成權，如釋字第604號解釋以刑法觀點應屬於自然一行為，卻透過立法方式將持續違規狀態，透過警察舉發方式分割為數行為。以及第754號解釋，如以刑法觀點應屬於數個動作，但仍屬一個申報之行為，而非解釋文所稱「無礙其為3個申報行為之本質」。其實，釋字第754號是針對便民的一個申報行為，申報人進口貨物，將三種密切關聯相互依存且環環相扣無法分割的稅則（進口、貨物以及營業稅），合併為一申報行為。因此，三個申報過程，應屬單一報稅之意思表示，分解為數個不同稅則之報稅活動，應屬刑法上所謂的法律上一行為[34]。

　　因此，透過上述大法官之解釋，在我國行政罰法有關行為數之計算，屬於行政罰特有之計算方式，有別刑法上一行為之計算。

3. 管轄機關之確定

　　行政罰法第31條第2項及第3項規定：「一行為違反數個行政法上義務而應處罰鍰，數機關均有管轄權者，由法定罰鍰額最高之主管機關管轄。法定罰鍰額相同者，依前項規定定其管轄。一行為違反數個行政法上義務，應受沒入或其他種類行政罰者，由各該主管機關分別裁處。但其處罰種類相同者，如從一重處罰已足以達成行政目的者，不得重複裁處。」是有關罰鍰以及其他種類行政罰管轄權確定原則。

　　在稅法上罰鍰之計算並非以法定上下額之規定，而以倍數方式規定，如何計算所謂的法定罰鍰額最高之主管機關就有困難，如加值型及非加值型營業稅法第51條規定：「納稅義務人，有下列情形之一者，除追繳稅款外，按所漏稅額處五倍以下罰鍰，並得停止其營

---

34 游文昌，〈一行為不二罰之探討——以關稅案件為中心〉，中原大學財經法律學系碩士論文，2020年6月，頁104以下。

業……。」又如稅捐稽徵法第44條：「營利事業依法規定應給與他人憑證而未給與，應自他人取得憑證而未取得，或應保存憑證而未保存者，應就其未給與憑證、未取得憑證或未保存憑證，經查明認定之總額，處百分之五以下罰鍰……。」以及海關緝私條例第37條：「報運貨物進口而有下列情事之一者，得視情節輕重，處所漏進口稅額五倍以下之罰鍰，或沒入或併沒入其貨物……。」都以倍數計算，有別於行政罰法第31條第2項之規定。稅務實務上也經常發生無法確定何者為法定罰鍰最高機關時，則必須透過相關函釋來解決，財政部民國97年6月30日台財稅字第09704530660號函即稱：「營業人觸犯加值型及非加值型營業稅法（以下簡稱營業稅法）第51條第1項各款，同時違反稅捐稽徵法第44條規定者，依本部85年4月26日台財稅第851903313號函規定，應擇一從重處罰。所稱擇一從重處罰，應依行政罰法第24條第1項規定，就具體個案，按營業稅法第51條第1項所定就漏稅額處最高5倍之罰鍰金額與按稅捐稽徵法第44條所定經查明認定總額處5%之罰鍰金額比較，擇定從重處罰之法據，再依該法據及相關規定予以處罰。」

三、刑事優先原則

(一) 行政罰法第26條之性質

刑事優先原則，乃明文規範於行政罰法第26條第1項前段，其立法乃參考自德國違反秩序法第21條第1項前段[35]。我國行政罰法第26條第1項前段所規定，一行為同時觸犯刑事法律及違反行政法上義務規定者，依刑事法律處罰之。乃明白揭示刑事優先原則之義，其立法

---

[35] 德國違反秩序法第21條第1項前段：「一行為同時為犯罪行為與違反秩序行為者，僅適用刑法。」（Ist eine Handlung gleichzeitig Straftat und Ordnungswidrigkeit, so wird nur das Strafgesetz angewendet.）

理由乃因為一行為同時觸犯刑事法律及違反行政法上義務規定時，由於刑罰與行政罰同屬對不法行為之制裁，而刑罰之懲罰作用較強，故依刑事法律處罰，即足資警惕，實無一事二罰再處行政罰之必要。且刑事法律處罰，由法院依法定程序為之，較符合正當法律程序，是故應予優先適用。

上述規定，一方面強調因為刑罰較行政罰（罰鍰）為重，故將其吸收之意，僅只彰顯刑罰之效果，而兩者間屬量之差異。但另一方面，卻又認刑罰（具倫理非難）程序上優於行政罰程序（秩序違反），具優先處理地位，且本質上之不同執掌，遂以優先適用，顯採質的差異說，而產生矛盾之情形[36]。

然而，行政罰法第26條有刑事優先原則之例外，依行政罰法第26條第1項後段所規定，但其行為應處以其他種類行政罰或得沒入之物而未經法院宣告沒收者，亦得裁處之。若行政罰與刑罰有不同種類之別時，就不會發生上述之吸收效果。亦即，罰鍰以外之沒入及其他種類行政罰，兼具維護公共秩序之行政目的，行政機關仍得併予處罰。

(二) 德國法與我國法在刑事優先原則適用程序之差異

德國違反秩序法與我國行政罰法處罰種類於處罰程序上是有差異，德國法僅罰鍰一種，無我國所稱裁罰性不利處分。依德國違反秩序法第21條第2項規定：「前項行為如未科處刑罰時，仍得處與秩序（違反）罰。」與我國不同，該項罰鍰處分之管轄機關為受理之（刑事）法院，因此，在德國法並無我國法移送行政機關之規定。

另一問題，是刑事優先原則若主管機關已作成之確定罰鍰，事後法院受理時，得否廢棄罰鍰處分之問題。德國違反秩序法第86條第1項前段規定：「對當事人作成罰鍰裁決，之後其因同一行為於一刑罰程序受有罪判決者，罰鍰裁決在該範圍內被廢棄。」

---

[36] 程明修，〈行政罰法之比較法研究與修正建議〉，法務部委託研究案，研究期程：2018年5月到12月，頁4。

　　對德國現行制度由刑事法院同時處理罰鍰之問題，有無值得參考之處，本文認為，我國行政罰法仍有基於行政目的之裁罰性不利處分存在，與德國法僅罰鍰一種相當不同。雖然，在我國有可能產生罰鍰及裁罰性不利處分之爭議，屬行政法院管轄，而一行為同時觸犯刑罰之刑事優先，就此部分移由刑事法院管轄，恐會產生不同法院不同見解之情形，但由於我國行政罰法之結構與規定，與德國法存在之差異，仍不宜冒然引進。

　　上述管轄權競合之情形，舉以下說明之：

1. 食品安全衛生管理法之規定

　　食品安全衛生管理法是行政罰與刑事罰交錯規範，該法第44條屬行政罰處罰之規定，其稱：「有下列行為之一者，處新臺幣六萬元以上二億元以下罰鍰；情節重大者，並得命其歇業、停業一定期間、廢止其公司、商業、工廠之全部或部分登記事項，或食品業者之登錄：一、違反第八條第一項或第一項規定，經命其限期改正，屆期不改正。二、違反第十五條第一項、第四項或第十六條規定……。」而該法第49條第1項、第2項規定：「有第十五條第一項第三款、第七款、第十款或第十六條第一款行為者，處七年以下有期徒刑，得併科新臺幣八千萬元以下罰金。情節輕微者，處五年以下有期徒刑、拘役或科或併科新臺幣八百萬元以下罰金。有第四十四條至前條行為，情節重大足以危害人體健康之虞者，處七年以下有期徒刑，得併科新臺幣八千萬元以下罰金；致危害人體健康者，處一年以上七年以下有期徒刑，得併科新臺幣一億元以下罰金。」

　　如就條文分析比較，違反該法第15條第1項第3款、第7款、第10款，同時有行政罰與刑事罰重疊之規定。

2. 政府採購法

　　政府採購法有關廠商借牌爭議，在本法第101條規定：「機關辦理採購，發現廠商有下列情形之一，應將其事實、理由及依第一百零

三條第一項所定期間通知廠商，並附記如未提出異議者，將刊登政府採購公報：二、借用或冒用他人名義或證件投標者。……六、犯第八十七條（第5項：借用他人名義或證件投標）至第九十二條之罪，經第一審為有罪判決者……。」前述第2款主管機關直接裁處停權，而第6款則需等到刑事法院判決確定，使得作出停權處分，兩者有時間上之差異。

(三) 刑事優先有無例外

　　德國學者亦認為該國違反秩序法第21條之刑事優先適用原則，並非絕對，例外時，若秩序違反的構成要件，其法律事實之規定相較於刑罰構成要件係所謂特別關係，而與刑法規範比較係處於特別法的情形時，則仍得優先適用秩序違反之法規[37]。若罰鍰構成要件規定與犯罪構成要件規定二者之基本構成要件與保護目的係屬一致之情況下，但罰鍰構成要件含有較輕緩和特別狀況時，則應優先適用行政罰[38]。

　　在我國，若行為人一行為同時違反廣義刑事法規範以及秩序法規範，然而刑罰之處分效果卻低於行政罰之處分效果，此時其所產生的不利制裁效果反而會減輕，其中之輕重失衡，顯然可見。是故，未來立法技術上似可考慮若干例外情形，基於立法政策的考量，行政罰優先處理，排除刑罰優先之適用，基於此一構思斟酌增訂一些行政罰例外優先的規定[39]。

　　目前我國行政專業法規如食品安全衛生管理法大幅提高行政罰罰鍰數額，反之在刑事罰金部分並無顯著提高的情形下，對當事人而言，行政罰造成比刑罰更大之負擔。此部分如是否仍堅持刑事優先原

---

37 蔡震榮、鄭善印，前揭註16，頁30。

38 林錫堯，《行政罰法》，元照出版，2013年，2版，頁78。蔡震榮、鄭善印、周佳宥，《行政罰法逐條釋義》，新學林出版，2019年，3版，頁396。

39 蔡震榮，〈行政罰之管轄權確定原則〉，廖義男主編，《行政罰法》，元照出版，2008年，2版，頁303。

則，則有考慮之空間。

(四) 司法實務之處理情形

　　我國實務一般處理情形，如屬一行爲同時觸犯行政罰與刑事罰規定時，則行政機關就該涉及刑事罰部分移送檢察官，在此，僅就罰鍰部分有刑事優先之適用。至於罰鍰以外其他種類之行政罰不移送，行政機關基於行政目的仍保有管轄權，亦即就此部分不受刑事優先原則之影響。例如，廠商借牌參與投標，同時涉及行政罰與刑事罰，主管機關就對廠商處予停權處分，屬其他種類之行政罰，不移送檢察官，得基於本身之管轄權處理之，不受刑事優先原則之影響，得以併行處罰之。

(五) 因應刑法沒收制度之修正，行政罰法第26條第1項但書有無變更之必要

　　行政罰法第26條第1項但書規定：「但其行爲應處以其他種類行政罰或得沒入之物而未經法院宣告沒收者，亦得裁處之。」依該但書規定，行政機關之沒入，應先等法院案件確定而未宣告沒收，才得另裁處沒入，受法院之拘束[40]。在刑法沒收制度修正前，有關業者販賣私菸，如經檢察官緩起訴處分確定，行政機關依菸酒管理法裁處罰鍰並沒入私菸，但緩起訴處分屆滿前檢察官撤銷該緩起訴處分，改聲請簡易判決，行政機關應俟該簡易判決經法院判決有罪確定後，撤銷原罰鍰處分。如法院已同時宣告沒收，仍應依行政罰法第26條第1項但書規定意旨併予撤銷沒入處分[41]。因此，修正前仍採刑事優先原則。

　　新刑法將沒收去從刑化，並將其定性爲獨立於行罰與保安處分以外之法律效果後，原本但書所蘊含的一行爲不二罰立法基礎已有所鬆

---

[40] 法務部民國95年5月10日法律字第0950700277號函。

[41] 法務部民國97年6月9日法律決字第0970018233號函。

動,但書之規定勢必作重新修正為宜。有建議將第26條第1項但書現有文字「得沒入之物而未經法院宣告沒收」予以刪除,並微調相關文字即可[42]。對此意見,本文贊同。

本文認為,行政機關本於專業裁處沒入,較依法審判之法院更為精確,在司法實務上法院經常會尊重行政機關之專業,且行政機關之沒入如果與刑事處罰並非屬同一行為與法規所保護目的,則不應受刑事優先原則之拘束。

最高行政法院100年判字第1130號判決:「……再查水利法第93條之5既已明定違反同法第78條第1款情形者,主管機關得沒入行為人使用之設施或機具,並得公告拍賣之,並不以有刑事案件確定判決為要件,且刑事案件沒收之要件與違反水利法而予沒入之要件並不相同,二者競合時,後處理之機關就已經沒收或沒入確定者固毋庸再為沒入或沒收,但並非刑事案件有優先為沒收之順位關係。……本件既尚無司法為沒收判決確定之情形,則上訴人依系爭挖土機1部及鏟土機2部,分別為被上訴人違法傾倒廢土至寶斗厝溪內填塞河川水路所使用之設施及機具,合於水利法第93條之5規定得為沒入之規定,而為沒入之處分,於法並無違誤。」本案被上訴人係以其行為涉犯山坡地保育法第15條、水土保持法第32條第1項、刑法第185條第1項、廢棄物清理法第46條等法規為起訴,而與水利法之沒入法規保護目的有別。

本文認為,刑法沒收制度新修正,行政罰法第26條第1項但書應配合修正,並應尊重行政機關專業,不再受一行為不二罰刑事優先之拘束,如行政機關先為沒入,法院即應尊重。此外,沒入法規經常並非單科,常有附帶措施,如水利法第93條之5「主管機關得沒入行為人使用之設施或機具,並得公告拍賣之」,藥事法第79條「查獲之偽藥或禁藥,沒入銷燬之」。

---

42 詹鎮榮,〈行政罰定義與種類之立法政策上檢討——以裁罰性不利處分與沒入為中心〉,《法學叢刊》,第61卷第4期,2016年10月,頁29。

四、裁處罰鍰與不法利得之追繳

(一) 行政罰法第18條第1項及第2項之關係

本案判決提到行政罰法第18條第1項與第2項關係密切，第2項係根據第1項法定罰鍰之加重，其稱：「行政罰法第18條第1項及第2項規定：『（第1項）裁處罰鍰，應審酌違反行政法上義務行為應受責難程度、所生影響及因違反行政法上義務所得之利益，並得考量受處罰者之資力。（第2項）前項所得之利益超過法定罰鍰最高額者，得於所得利益之範圍內酌量加重，不受法定罰鍰最高額之限制。』

違反行政法上義務所得之利益，係指法規範對行為人課予一定之行政法上之義務，而行為人因違反該義務獲有利益之謂。此處雖不受法定罰鍰最高額之限制，但仍應於所得利益之範圍內行使裁量權始為合法。行政罰法第18條第2項規定，係依據專業行政法規裁處罰鍰時，授權主管機關得於違章行為人所得利益之範圍內，酌量加重罰鍰處分金額，不受原專業法規所定法定罰鍰最高額限制之一般總則性規定，該條第2項所謂『前項所得之利益』，係指罰鍰裁處之考量因素，旨在授予裁罰機關得超過法定罰鍰最高額之裁罰權限，不致構成『裁量逾越』之違法……。」因此第2項仍屬「罰鍰額度」之裁處依據。所以，本條第2項屬於第1項係就所得利益超出法定罰鍰加重之裁量授予權，仍屬罰鍰之一部分。亦即，如有所得利益超過第1項所稱之法定罰鍰，則於第2項授權主管機關有加重超過法定罰鍰之裁量權，本條第2項規定是屬於第1項裁罰之加重，兩者屬同一事件，應合併為之，不得單獨處罰。

(二) 不法利得追繳性質分析

行政罰法第18條第2項處罰性質，需具備故意過失之有責性要件，而追繳不法利得，是由第1項延伸而來，屬法定罰鍰加重之裁量權但仍屬於罰鍰。

(三) 行政罰法第18條第2項不得單獨作為裁罰之依據

　　行政罰法第18條第2項裁罰上限之解釋，學說見解似尚未見有深論。林錫堯大法官表示：「第2項則係參考刑法第58條規定，突破各個法律或自治條例所定法定罰鍰最高額之限制，以受處罰者因違反行政法上義務而獲得之利益，超過法定罰鍰最高額時，可以不受法定罰鍰最高額之限制，改於其所得利益之範圍內裁量。」[43] 其意旨主要係例外允許行政機關於行為人符合下列法定要件時，得於法定罰鍰最高上限額外，行為人所得利益之範圍內，對行為人為罰鍰之裁處。依法行政機關為裁處時，應注意下列四個要件：1.行為人違反行政法上之義務；2.行為人獲得一定之利益；3.違反行政法上之義務與所獲之利益有合理關聯；4.該利益超過法定罰鍰最高額之上限。

　　認為「裁罰」與「不法利得」應相當，似乎有將不法利得之額度作為裁罰額度之意。換言之，此一立法原意，似採「內含」之意[44]。

　　德國違反秩序法第17條第4項規定，「罰鍰額度應超過行為人因違反行政法上義務所得之經濟利益。於此情形，法定罰鍰最高額尚不足時，罰鍰額度得超過法定罰鍰最高額」，考量加計不法利得之。

　　罰鍰裁處雖包含兩部分，即核心之制裁部分與外加之利益剝奪部分，但二者性質不同，應分開觀察。後者（剝奪利益部分）雖具有裁罰性之外觀，但實際上不具有制裁性，而是有預防規範之特性，因此有別於行為的可非難性[45]。

　　案例中，裁罰最高額不得超過因違法行為「不法利得『加上』法定罰鍰最高額」。另有學者更清楚地描述，第17條第4項第二句之適用結果，將使得應受裁罰者無法留住其不法利得，同時除此之外還必

---

[43] 林錫堯，前揭註38，頁194。

[44] 程明修，前揭註36，頁48。

[45] 程明修，前揭註36，頁45。引自黃士元，〈從適用論刑法第58條規定之存廢──兼評「沒收新法──雷神索爾的戰錘」幾點質疑〉，《台灣法學雜誌》，第297期，2016年6月，頁72。

須接受法定之裁罰。不過裁罰之最高額度依然不得超過不法利得加上法定罰鍰之最高額。綜合以上說明，德國法制似應採取法定罰鍰最高額「外加」不法利得作為裁罰上限之制度[46]。

肆、我國對於公共危害制裁之實務及其困境

一、進行調查程序時所遇之問題

(一) 檢調單位

1. 警官

(1) 行政難題

國家廣立機關，設官分職，各有職掌或管轄，旨在分別負責，以共同達成國家目的，必要時仍須相互配合，彼此協助，以達「行政一體」，行政機關間有職務上相互協助之義務，有關職務協助法令依據分類如下：

① 一般法律規定：依行政程序法第19條規定，分別規範職務協助要件、書面原則、應拒絕之要件、得拒絕之要件、拒絕理由之通知及異議之解決、費用之分擔，係一般職務協助之通則性規定。另行政執行法第6條第1項規定，執行機關無適當之執行人員者、執行時有遭遇抗拒之虞者、執行目的有難於實現之虞者等原因，得請求其他機關協助之，係對協助行政強制執行所為之規定，稱為執行協助。

② 個別法令之規定：個別法令散見於各行政機關主管法規中，如海關緝私條例第16條規定，海關緝私，遇有必要時，得請

---

[46] 程明修，前揭註36，頁46。

軍警及其他有關機關協助之。所得稅法第112條第3項規定，本法所規定之停止營業處分，由稽徵機關執行，並由警察機關協助之。動物保護法第23條規定，動物保護檢查員於執行職務時，必要時得請警察協助之。食品安全衛生管理法第42條之1規定，為維護食品安全衛生，有效遏止廠商之違法行為，警察機關應派員協助主管機關等規定。

內政部警政署（以下簡稱警政署）對簡化警察業務，列為當前警政重要工作之一，惟各行政機關法規明定有警察職務協助事項，短期修法不易，惟警政署現階段對簡化警察業務，研議在適法基礎上，採取相關作法，希冀減低警察勤（業）務壓力，律定規則臚列如下：

① 法令上有規定者，除依相關法規辦理外，本署並要求各警察機關職務協助時，應秉「個案性」、「輔助性」與「臨時性」之原則，拒絕「通案性」、「常態性」之協助，清楚界定主管與協助機關之立場，以免造成權責不分。

② 法令上無明文規定者，為避免行政機關沿循舊例，動輒請求警察協助，應本「權力分立原則」，凡與治安、交通無關事項，各警察機關應堅守「國家分官設職，各有所司」的立場，警政署亦堅決反對不合警察職權及其行使方式，地方政府若有逾越現行法制現象，各警察機關應適時說明，捍衛警察職權。

③ 另於職務協助時，尤應注意警察職權行使法第28條第2項行使職權之規定。即對於其主管事務所產生之秩序或障礙，法律制度將第一次秩序與除去障礙處理權，授予專業主管機關，無法或適時排除其障礙者，警察機關僅居於補充地位，始得暫時介入排除。

(2) 機關協調難題

次查據臺灣板橋地方法院91年度訴字第2333號刑事判決中，法院認為環保警察為司法警察，惟同案上訴審臺灣高等法院92年度上訴字第1413號刑事判決及臺灣高等法院95年度上更(一)字第610號刑事判

決認為，依「行政院環境保護署及環保警察隊配合執行勤務要點」第2條第2款暨第5款後段「有關協助排除稽查或取締違法清除、處理有害事業廢棄物之阻礙」規定，係協同環境警察隊配合該署執行稽查勤務，故其任務編組性質僅屬「單純之行政協助」。

(3) 機關移送難題

有關行政不法與刑事不法之界限，經近二百年法學界不斷研究討論，目前取得共識係若立法者立法裁量，形成有效嚇阻犯行之法規範，惟處罰規定再重，若證據不足，定罪率低，其結果亦未能收到預期效果，環保及食安問題始終存在，甚至有坐大情形。以環境問題為例，環境刑事案件具有高度科學性與技術性，認定污染情形須以科學證據為主，惟警察機關未設有專責「環境污染鑑識」之單位，亦未設有環境污染之專責研究單位或資訊資料庫，故對於環境污染之產生原因、污染者所使用之物質（化學物質、毒性化學物質）、污染之程序及對於人體及生態之影響等，難以蒐證齊備，須由具有專責環境檢驗單位，及大量投入環境污染及防制研究之環保等行政機關調查並蒐集證據後，若發現有犯罪嫌疑，始進行其刑事偵查程序。

綜上，行政調查有能，但無強制權；刑事偵查檢警有權，但專業性有限，二者需相輔相成，始能懲治不法，故於偵辦環保及食安等案件調查程序中，警察機關係位居被動的職務協助角色，在旁保護行政（專業）機關安全，維護秩序，若行政機關依其專業性蒐證發現有涉及刑事不法，則續由警察機關發動強制處分權（例如申請搜索票），共同將不良業者移送法辦。

2. 檢察官

(1) 行政難題

行政機關告發部分，如無結合檢警調機關事先偵查技巧的配合，或者有時效遲滯（如調閱監視器、調閱通聯紀錄），查辦方向（法條適用、行為主體認定）等誤失可能，如何先期嚴密結合能量，仍屬精進的課題。

(2) 機關協調難題

司法偵查與行政調查，因個案的狀況，有多元的合作模式。首先，司法偵查機關與行政機關，平日有事前的例行性溝通平台（如聯繫窗口、協調會議）；其次，對於偵辦的合作方式，如有涉重大敏感案件（如公司行號規模較大、涉民生直接影響者等），行政機關有結合地方調查單位、警察機關後，再向檢察署報請檢察官指揮統籌偵辦，方式均視案件態樣有所不同。

(3) 機關移送難題

基於偵辦公共危害案件之專業性需求，本機關成立打擊民生犯罪專組，共2組人力，如有環保、食安等案件，均劃歸由該專組承辦人辦理。該專組並優先選送年度各項環保、食安、國土等法律與實務訓練。目前行政不法之認定，仍以函詢目的主管機關為常，部分輔以承辦人作為證人之角色到案說明闡述，個案之必要時，囑請鑑定，以及到場勘驗，是「函詢」、「證述」、「鑑定」、「勘驗」均為目前實務對行政不法認定之可能手段。

(二) 行政主管機關

1. 環保稽查人員

(1) 行政難題

本機關進入各企業、工廠調查（稽查）係依據相關環保法規入廠稽查（如水污染防治法第26條、空氣污染防制法第43條、廢棄物清理法第20條、第37條、第56條、第59條等），基本上進入合法工廠均可順利入廠稽查檢視其相關製程設備，或廢棄物是否依相關規定擺放申請，如違反規定則依上述法條告發。一般所遭遇之困難如廠房大門緊閉（非合法登記之工廠）在內工作，稽查同仁在外無法窺知廠內情況，僅能於周邊巡視有無污染違法情事（如偷排廢水、煙囪異常排放等）。如確實發現可疑，即使工廠大門關閉，本機關仍會運用儀器設備蒐證，如架設監視設備監控，或使用FLIR熱顯像儀來偵測煙囪溫

度以判斷是否有作業事實，後續亦會請警察單位協助跟車蒐證等（利用此方式已破獲數件環保案件）。但仍有部分執行上之困難如：

①　法令有規範標準，事業單位只要符合法規即可，與民眾認知（零排放、零污染）有落差，無法達到民眾之期待性。

②　感官性污染稍縱即逝（如噪音、異味），蒐證不易，往往錯過最佳排放蒐證時間。

③　污染事證直接關聯性舉證不易，例如放流水納排河川後，污染事證不易掌握，源頭不易釐清。

(2) 機關協調難題

針對調查犯罪行為之行政機關與檢警單位協調辦案。

①　建立單一窗口：可建立三方聯絡窗口及情資通聯管道，由各單位具有決策性及代表性人員擔任，當有助情資及資源共享，溝通及合作管道更為順暢，但實際執行面仍僅靠各單位承辦人合作默契維持（因為各單位人員異動頻繁）。

②　公開可用資源：基於互助共享精神，建議整合調查三方可供運用之資源及設備，屬於環境污染檢驗設備及技術亦可由環保署統一調查建檔。

③　人力調度合作：屬於跨縣市污染或區域性議題，建議可建立三方跨縣市合作偵辦機制。

④　以目前實務面來說，本機關在發現違反環保法規業者時，如有達到疑似可移送之廢棄物清理法第41條、第46條規定，將先通知保七總隊（環保警察）刑事警察大隊（或者當地分局員警）共同前往稽查，確認違法情事即交由會同之警方人員製作行為人筆錄移送當地地檢署偵辦。環保局人員主要係針對法規認定（行政部分）或現場廢棄物採樣，當違法明確時即進入刑事司法程序交由警方作後續偵訊移送地檢。

(3) 機關移送難題

通常司法機關在接獲民眾檢舉案件時，處理方式有二：

①　先行派員勘查是否有違反環保相關法令，如有違法事實則依

相關環保法令移送，如未發現違法情事，則發文環保機關依民眾陳情案前往稽查。

② 直接轉發民眾陳情資料予環保機關辦理。

(4) 管轄權競合

以跨局處聯合稽查或會勘方式執行，再協調各單位秉權責辦理。

2. 食品安全衛生稽查人員

(1) 行政難題

① 在地方發生的食安情資，大多是靠線報而來，原因在於普查或聯查從表面上看不出何處有問題，例如廠商用次級品代替，或者因成本而以工業用原料代替食用原料等，都必須靠線報才有辦法查獲。

② 稽查時法規面或義務人等並無太大問題，例如義務人大多會配合，若不配合則會吃虧，義務人難以對抗公家機關，即使稽查時惡意關門，稽查人員還是進得去。倒是有時會有民代來關心，若不給民代顏面，則屆時預算或在議會質詢時多少都會碰到困難，故民代關心倒是一個稽查時的棘手問題。

③ 工業原料竟然會用到食品上頭，可見工業原料的管理也是一大問題，這一方面若沒有徹底管控，最後還是難以阻斷違法行為。

④ 目前最難的是「先行放行」問題，因為一旦放行後，例如魚蝦，放在一般池水中，容易在取貨時狸貓換太子，或者改善違規程度。故應有一個固定倉儲或地點先行存放放行之物，避免有其他調換情形發生。這方面原是食藥署的權責，但宜交給地方辦理。

(2) 機關協調難題

① 檢、警、調三個單位通常會依行政程序法第19條的規定，來與行政機關作業務協調或職務協助，各機關也都有相關機制及對口單位，沒有機關敢於抗拒。衛生單位通常會在有情資

時，即邀集其他單位協助。調查局因有業績壓力，也會經常到衛生單位走走看看，探聽一下有沒有情資可以提供，衛生單位若有情資也不會吝於提供。

② 警察倒是很少到衛生單位，但通常都會應允衛生單位有關職務協助的要求。衛生單位通常在稽查時發現刑事事證明確，即會直接移給地檢署，不會再經過警察局。衛生單位請警察到場協助時，因專業問題，警察大多只是配合辦理，很少有主動移給警察偵辦的。

(3) 機關移送難題

① 檢警調若自行調查食安違法問題，幾乎沒有聽過調查後又將問題轉交給衛生單位認定有無行政不法的情形，除非衛生單位有跟案，否則難有回饋情形。衛生單位將案件移給地檢署後，通常其沒有將後續處理情形轉告給衛生單位，故是否起訴，衛生單位無從接獲通知。倒是衛生單位因為要自行蒐集情報，以便知曉哪一家公司行號專作違法勾當，因此會追蹤處理經過及移送地檢署的案件，一直到案件底定為止。

② 通常檢察官出面聯合各單位查案時，檢察官會當頭，指揮偵辦。雖然檢調之間不見得相當交融，但一起辦案時，檢警之間一定會互相配合。因稽查多靠地方基層，衛生單位又是這方面專家，有無危害人體健康都要靠其來認定，故會要求出面配合。其在出面配合後，仍然有自己的一條管道要上報到市政府主管單位。

(4) 管轄權競合

管轄有競合時，解決方式不外聯合查察，或依土地管轄及事務管轄來解決。各縣市主管機關之間會有默契，該誰管的案就誰管，中央通常不會多作干預，行政與刑事有競合時，又以刑事優先，故依行政程序法及行政罰法，大體上已可解決各種管轄上的競合問題。裁處後若有不服，則仍依訴願等程序處理。

3. 環保局科長

(1) 行政難題

　　稽查常常都會有困難，稽查員去稽查水污染的時候，看到河川有一股廢水排出來，經過追查大概知道在哪一個位置，但是要進去稽查的時候，受到干擾大門深鎖，去找工廠負責人來的時候，也百般干擾而不願意開門，不得其門而入。隔天報告有這個情形，雖然對其開了一個拒絕稽查的罰單，但是實務上當天並沒有辦法立刻發現偷排廢水的行為。後來呈上報告向檢察官說明情形，檢察官也支持，之後環保局也安排時間，並會同地方的保七大隊，跟環保署會合，由檢察官帶隊，並有申請搜索票，整個過程大概花費了3天左右的時間。但是很不幸地，3天以後強行進入這家工廠的時候，證據已經被湮滅了，在現場雖發現了一些偷排的管線，但事實上來說如果當時能夠第一時間進去，這個情形是不會發生的，而且能夠當場查獲偷排的行為，但很可惜法令上沒有規定強制進入，也沒有辦法處罰，雖然移送法辦，但是證據方面還是缺乏，所以有時候沒有辦法第一時間進去調查，這個是有實務上的困難。

(2) 機關協調難題

　　實務上，環保署、檢察官還有警察單位組成一個叫作「環檢警」的聯合稽查機制，這個機制固定一段時間就會交換意見，針對一些可疑的廠商去過濾資訊，共同去打擊這些犯罪的行為。當然，環檢警會共同稽核的情況是針對有違反刑法的部分，亦即行政法規裡面有刑事法規的部分，才會有聯合，如果單純只是行政處罰的部分，就由環保局自行處理。雖然有環檢警這個機制，但都是預先的行為比較多，例如已經有懷疑某一些業者有違法的行為，透過環檢警的平台，去進行跟監的動作，最後收網，這種情況就會用這種合作方式比較多。如果臨時發現一些違規的行為（例如偷排廢水的行為），就算是請環保署或是請警察機關前來，有時候還是很難進去，因為必須要有搜索票，申請搜索票的過程是比較花時間的，即使檢察官樂意協助，但是檢察

官也必須要向法院申請搜索票，通常晚上很難直接申請到搜索票然後強行進入搜索現場，超過一段時間，違法行為就不見了。至於彼此間有合作模式，但都是檢警預先有看到或是有掌握到訊息的時候，才能去作聯合稽查。

(3) 機關移送難題

有時候民眾直接向檢察官檢舉反映，檢察官就會請一些檢查單位，先去作初步的調查，如果認為只是涉及單純的行政法部分而沒有涉及刑事法的部分，檢察官會告訴檢查單位先過去抽查，然後依照行政處罰的方式處理即可，除非有涉及到刑事的部分，檢察官才會指揮地方環保局或是環保署來配合。

(4) 管轄權競合

以環保局就環境保護的業務來說，如果跟臺南市有管轄競合的問題，通常是採取聯合稽查的方式。現行的部分比較沒有問題是因為有一個環保署，環保署有南區北區中區，是跨區的，所以例如高雄市遇到的跨區就是屏東縣或是鄰近的臺南市，有涉及到跨區的時候環保署會出來主導，這點倒是沒有困難。

二、污染與損害之因果關係證明困難

(一) 檢調單位

1. 警官

(1) 以食安問題為例，於2013年5月，衛生署食品藥物管理局（於7月改制為食品藥物管理署）公布一項抽檢結果，在74件澱粉類製品中，有5件違法添加「順丁烯二酸」，目前台灣核准21種化製澱粉，「順丁烯二酸」並不在核准名單內。由於受到波及的食品種類繁多，如粉圓、肉圓、豆花、麵條、黑輪等，幾乎包辦消費者日常主食與副食品的品項，牽連之廣不亞於2011年的塑化劑事件。

(2) 嗣經消基會提起訴訟後，廠商即紛紛引用衛生單位官方網站的公告資訊「塑化劑DEHP會被人體迅速代謝，72小時內有85%由糞便中排出，其餘部分則由尿液排出」云云為反證，致使新北地院採納而判決消基會敗訴。爰此，消費者及偵查機關往往難以舉證其食用含有塑化劑（或其他物質）的食品，對身體的具體損害為何，亦無法證明有何因果關係存在。

(3) 本文認為若攙加毒物者，如先前爆發的塑化劑飲料事件，再如多氯聯苯攙入食用油的台灣和日本油症事件。德國及歐洲食安法管制的關鍵防線是：禁止攙加「非食物」於食品內，且禁止的「非食物」並不以毒物（或其他有害身體健康之物質）為限。因此，實務追究此種不法類型，並不生國家或消費者必須證明該「非食物」確實有害人體健康之舉證責任問題。用刑法的術語來說，這是一種「行為犯」而非結果犯的處罰類型，業者一有此行為即屬不法，不生因果關係的證明問題。政府衛福部門再三陷入到底人體吃多少才有害健康的論證，並且進一步誤導了司法實務。強冠地溝油和頂新飼料油事件，本質上正是這種攙加「非食物」於食品的不法類型。因此，非難重點是地溝油屬產業廢棄物，而飼料油亦非人體所食用之物品；爰此，自始至終並不生損害健康的證明問題。

2. 檢察官

　　強化專業之認定，以及蒐證技巧，應當仍是連結構成要件事實對於因果關係認定的基本工作。至於學理提出的疫學因果或條件說等，則是司法實務見解的審判業務範疇。

(二) 行政主管機關

1. 環保稽查人員

　　致人、畜、農、林受損者，由環境污染檢測分析先行執行判定，

無法釐清時，再導入專業鑑定機構進行分析，或透過公害糾紛調處鑑定程序裁定。

2. 食品安全衛生稽查人員

(1) 這一部分的問題最大，也是最困難的事。因食品安全有微量累積的概念，這種情形跟慢性病一樣，人體又有排毒功能及耐受性問題。此外食安又有多重因素互相影響問題，不是一個原因一個結果，故不容易認定是由哪一個因素造成最後結果。

(2) 頂新案也是相同，食安造成的傷害，幾次之後才會出現，與機率、累積、重金屬能否排出人體（像塑化劑就無法排出人體）等因素相關，這些都必須依靠國際間的認證或標準才能決定，與法律證據的概念不同。

3. 環保局科長

　　通常最大的困難點就是認為有涉及刑事案件，檢察官、警察單位或地方環保單位稽查到一個特殊案件的時候，認定它可能對水體或是對人民的生命有危害之虞或是立即性危險，這種的認定實務上是比較困難的。一個案子被稽查後移送法辦時，法官通常會要求要補足一些它對人體或環境有什麼具體性的傷害，但有一些具體性的傷害有時候是不容易量化的。例如，日月光當時大量的排放廢水到後勁溪，將其移送法辦後，檢察官也一樣起訴，進到法院的時候，法院認為如何證明這種情況有危害人體生命之虞，機關就必須去作這方面的舉證。而這方面的舉證，因為廢水排放出去以後，一定流到海裡面，可能就只能針對殘餘在底泥的部分去翻出來，翻出來之後，法官又要求證明這些底泥是日月光的，這種實務上的認定對地方機關來說是非常困難的，在科學實務上來說也是。很多工廠可能都把廢水排入後勁溪，整個後勁溪流域有很多的工廠排放，會有重疊性。比方說重金屬，很多工廠都有重金屬，實務上很難直接證明是來自於日月光，但是法官實務上常要求，如果沒辦法提出相關的證明或證據，極可能敗訴。這種

證據只能要求地方環保機關盡量去作，但是不是能夠達到法官需求，實務上是有困難的，法官不了解環保的業務，對環保的概念也不懂，但其掌有很大的權力，即爲實務上及技術上的困難。

三、現行制裁制度嚇阻力之程度

(一) 檢調單位

1. 警官

(1) 不法食品類型眾多，但其不法內涵可分爲三大類：

　　① 以A食物名義，販售B「食物」，包含攙加B食物或根本就是B食物。例如2014年底的頂新、大統大豆油（或葵花油）攙入並混充橄欖油販售事件，即欺瞞消費者，使其用高檔橄欖油的價格購買廉價的大豆油，業者可能構成刑法的詐欺取財或得利罪，以及食品安全衛生管理法的攙僞或假冒食物罪。

　　② 成分超標食物，尤其是可攙於食物但成分已超標的添加物，例如俗稱的防腐劑、起雲劑。這部分已非單純財產法益的侵害，而是涉及生命、身體及健康法益的侵害。

　　③ 食物攙加了「非食物」。所謂的非食物，定義上包含毒物，但不以此爲限。

(2) 若僅以保護財產法益的刑法詐欺罪來追訴，追訴強度及保護法益皆嫌不足。其次，食品安全衛生管理法雖然罰則一再加重，惟立法又未曾系統性檢討上開三種不法類型的輕重有別，以致司法實務左支右絀，只好一再將第三種非食物類型，一併混入第一種類型（攙僞或假冒食物罪）或第二種類型（違法添加物罪）來處罰，爰建議食品安全衛生管理法應將上開不法類型作區分，並制定不同刑責規定，採類似公害訴訟模式，也就是無過失責任主義，消費者無須證明所受損害，廠商只要違法添加不該加的成分

就應賠償，始能嚇阻不肖業者。

2. 檢察官

　　民生案件「入罪化」，似有強化政府宣示打擊不法效果，然因司法訴訟冗長、程序權保障、證據法則要求、審判系統慣用緩刑與易科刑等結果，對於一般民眾，尤其是業界熟諳此道下，當然嚇阻效果有限。反之，如對個案情節嚴重者，諸如行政處罰的限制或停止營業、吊扣證照等法律效果，更有立竿見影之效。

(二) 行政主管機關

1. 環保稽查人員

(1) 現行法規範的處罰不太能達到嚇阻的效果，環境污染非短時間內能顯現出其危害性，故行為人之罪惡感無法像刑事罰如此明顯。

(2) 廢棄物、廢水精製後不論等級多高，都不能當成食品原料，故相關證據應以原料源頭訂定規範，尤以食品原料為重。且目前罰鍰對比獲利不成比例，不當利得追討應該要從「一般營業人銷售額與稅額申報書」（401報表）著手，等比扣除，另外加重刑事罰。

2. 食品安全衛生稽查人員

(1) 造成公共危害事件的行為人的確經常是累犯，但罰則並無太大嚇阻力，這與醫療廣告的處罰不具威嚇力相同，原因是成本與所得不成比例。這只能透過修法解決，例如將法定最低額大幅提高，讓法官不至於從最低處量刑，用併罰罰金概念、用負面表列方式提高罰則、用但書將某種情形處罰額度拉高等方式來改變現行法律。

(2) 此外，法律在食安問題的結果上，也應導入概然性的概念，才能讓違法者得到懲罰。例如運用國外食品科學期刊所展示的成果，或者導入外國法規中所規定的超過多少ppm標準值即屬違法等方式。但引用美國數據部分應小心，因為人種及排毒都會有差異。

例如以體重論,每公斤不得有多少ppm含量等,即會出現美國人平均體重與國人不同的問題,故最好還是援用亞洲人的標準。

(3) 食安標準的數據不夠,就不能形成案例,只能繼續等待大量的數據出現。但「跨太平洋夥伴關係協議」(TPP)等國際協約也能作出貢獻,例如我國若爲了進入TPP而將食安標準自動提升,即能引起他國歡迎,一舉兩得。

(4) 至於檢驗機構不足等問題,則宜由國科會加強輔導,例如籌設實驗室等。廠商雖可自設實驗室,但尚無多少資本額者應設置多少規模的實驗室等具體規定,故不容易達成。

3. 環保局科長

回到前述提及的沒辦法立即進入稽查的問題,包括中央的環保署或是地方的保七,都沒有立即進入稽查的權力,恐怕要在法令上,例如廢棄物清理法或是水污染防治法作一個檢討,法規只有規定拒絕稽查的時候可以對其如何處罰,但並沒有辦法授權當拒絕稽查的時候可以強行進入,這樣的規定恐怕必須要作一個檢討。當然不是每個案子都要授權這麼大的權力,而是限定在怎麼樣的條件下可以強行進入,或是可以會同地區的員警強行進入,可能法律上必須要有一個授權,也就是說給稽查員一個相當有利的武器。

現行的廢棄物清理法當足以危害到人體、或是致人於死的情形,固然有判死刑,或判刑較重。然而,現在對於這種不法利益的獲得,雖然有不法利得的規定,但是不法利得的追繳有時候是環保機關自己去找尋法令,而不是在廢棄物清理法或是水污染防治法裡很明定地去規範。其實這些環保法規對於不法利得的規定,是引用刑法的概念,環保法規並沒有這類的設計。

四、剝奪不法利得之困難

(一) 檢調單位

1. 警官

(1) 以黑心油衝擊台灣食安案件為例，立法院於2014年12月10日修正食品安全衛生管理法第49條規定，除提高第1項至第4項刑度及罰金外；另增訂第2項前段具體危險犯之規定，按原條文第1項為抽象危險犯，第2項為實害犯，司法實務上雖常已證明犯罪行為人有違反第44條至第48條之1義務之行為，卻往往難以證明有致危害人體健康之結果，致重大食安事件，難以課予犯罪行為人第2項之罪責，爰在抽象危險犯與實害犯間，於原條文第2項前段增訂具體危險犯之處罰類型，若黑心產品情節重大足以危害人體健康之虞之灰色地帶，新增七年以下有期徒刑，並得併科新臺幣8,000萬元以下罰金，致人於死併科罰金2億元、致人重傷併科1.5億元，法人部分則可再10倍罰，最高可達20億元罰金。若不法所得超過罰金額度，法官還可酌量加重罰金，盼利用重罰達到嚇阻效果。

(2) 另立法者為避免不肖業者脫產致剝奪不法收益之目的不達，爰參酌美國民事沒收完全剝奪牽涉不法行為之財產之宗旨，及聯邦法典第18篇第983條（18U.S C.§ 983）規定增訂第48條之2第2項，由政府以優勢證據證明移轉於第三人之財產或利益與不法行為間關聯，得沒入或追繳該第三人受移轉之財產或其他利益，或追徵其價額或以其財產抵償之。且為確保不當利得沒入或追繳處分之實效，於同條第3項明定主管機關為沒入或追繳處分前，得依法扣留或向行政法院聲請假扣押或假處分，並免提供擔保之規定。

(3) 次按行政執行法第17條第1項為防範（負有公法上金錢給付）義務人有逃逸之虞，或應供強制執行之財產有隱匿或處分之情事，或經命其報告財產狀況，不為報告或為虛偽之報告者，明文規定行政執行處得命其提供相當擔保，限期履行，並得限制其住居。

另若義務人無正當理由屆期不履行亦未提供相當擔保,而需強制拘提到場,並經行政執行官訊問發現有下列情形之一,而有管收必要者,行政執行處應自拘提時起24小時內,聲請法院裁定管收之:

① 顯有履行義務之可能,故不履行。

② 顯有逃匿之虞。

③ 就應供強制執行之財產有隱匿或處分之情事。

④ 已發見之義務人財產不足清償其所負義務,於審酌義務人整體收入、財產狀況及工作能力,認有履行義務之可能,別無其他執行方法,而拒絕報告其財產狀況或為虛偽之報告。

(4) 綜上,立法者為能確實懲治不肖業者,除於食品安全衛生管理法修正提高刑度及罰金外,更參照美國立法例增訂防範(公法上金錢給付)義務人有逃逸及脫產情事者,得依法扣留或向法院聲請假扣押或假處分。另法院若於審理過程認有必要時,亦得裁定管收義務人,有效確實剝奪業者之不當利得,以嚇阻不法。

2. 檢察官

查扣犯罪所得,進而沒收,根除不法利益,當然為嚇阻的最佳利器。目前對於查扣相關資產,仍係透過扣押命令方式辦理。

現行除查扣現金現物外,對於資金帳戶查扣,在清查「金流」工作,仍未屬警察機關的重要認知,其仍停留在「人流」清查,移送嫌犯法辦之思考。往往對於犯嫌交保後,如未受不起訴處分,縱判刑後也可能易刑或緩刑,因此對於查扣財產(涉金融調查),相同於查緝人犯的偵查思維,有必要全面提升。

諸如查扣帳戶時,面臨夜間、或者假日,竟然沒有順暢的協調平台;再者,部分案件對於清查金流時,因調閱相關帳戶,金融機構竟優先於保護存款戶而通知之,均使得追查資金甚至查扣,成為阻力。

(二) 行政主管機關

1. 環保稽查人員

(1) 脫產及惡性倒閉。

(2) 由員工當代罪羔羊，負責人高枕無憂。

(3) 可供沒入財產不足。

2. 食品安全衛生稽查人員

　　要沒收不法利得，最困難的工作是，如何計算非法所得的問題。現在都是用營業額來計算，例如用進貨單計算進貨多少、可以製作多少產品，出貨後可以獲得多少營業額等，但成本及其他損失如何計算，就不容易。然而，不法所得又常是訴願的標的，因為最為具體及適合爭議。當然，小額利得，廠商看看合乎成本也就不計較了，但若是大額利得，就沒有這麼簡單，常常會有律師來爭執利得額度。

3. 環保局科長

　　關於不法利得都還沒有辦法很落實相關法令，所以有時候在引用這些法令計算的時候，像是日月光的案子被法院駁回，理由係不法利得只能夠追究三年前。其實有些違法的態樣也是，在燕巢曾有一案例，不法利得超過十年，但是也只能追繳三年，這樣子有時候對於違法者實在是一個鼓勵跟縱容。

五、制裁公共危害的行為之手段抉擇（檢警單位）

(一) 警官

　　食品安全衛生管理法第49條第5項規定：「法人之代表人、法人或自然人之代理人、受僱人或其他從業人員，因執行業務犯第一項至第三項之罪者，除處罰其行為人外，對該法人或自然人科以各該項十倍以下之罰金。」

　　本文以「味全混攙大統長基銅葉綠素油案」為例，前臺灣臺北地方法院檢察署認為味全公司銷售大統長基銅葉綠素混油案，違反食品安全衛生管理法第15條第1項第7款「攙偽或假冒」與第10款「添加未經中央主管機關許可之添加物」，才會建請法院依同法第49條第5項對味全公司科處最重罰金刑，嗣大統長基混油案雖遭到行政裁罰新臺幣（以下同）18.5億，卻因行政罰法規定「一事不二罰」原則及「刑事處罰優先」，在法院判決罰金3,800萬後，18.5億的裁罰卻遭到撤銷，引發輿論譁然，因而在這次食安修法中，建請行政院刪除本條科處法人罰金刑的規定，透過行政罰方式讓黑心廠商「罰得到、罰到痛」。

　　目前行政院修正草案新增屬於從刑性質的第49條之1第2項「法人因其代表人、代理人、受僱人或各其他從業人員犯本法之罪而取得財物或財產上利益，除應發還被害人外，沒收之。如全部或一部不能沒收時，應追徵其價額或以其財產抵償之」，是否衍生沒收「沒判有罪者」財產的疑義，依刑法第38條第2項規定「犯罪所得之物以屬於犯罪行為人者為限，得沒收之。但有特別規定者，依其規定」，既然允許例外規定，修正食品安全衛生管理法規定單獨沒收法人不法所得，尚無違反刑法精神。

(二) 檢察官

　　傾向於立法管制，朝「先行政後司法」模式。例如，公平交易法對於涉獨占、聯合、限制競爭等行為，均先依照同法第40條第1項規定限期令停止、改正其行為或採取必要更正措施，而屆期未停止、改正其行為或未採取必要更正措施，或停止後再為相同違反行為者，始有刑事處罰。有助於對於相關專業事務之不法認定。再如，就業服務法第63條、第64條，針對雇主違法聘僱外國人等情形，以有五年內再犯者，始處以刑罰，先由行政機關裁處，亦適足得以規制相類行為，保有刑法謙抑性，又不致使偵查或司法機關訴訟資源有限性，窮於受理承辦而未盡有嚇阻成效。

六、刑事程序後的問題（行政主管機關）

(一) 環保稽查人員

　　司法界引用法令見解與實際環境污染損害產生落差，不符社會期待性，例如日月光案件，依違反廢棄物清理法第46條第1款，最重處一年以上五年以下有期徒刑，得併科新臺幣300萬元以下罰金。日月光負責人張虔生被以公共危險罪遭移送高雄地檢署偵辦，但並未被起訴。高雄地院一審宣判，廠務處長蘇炳碩等4人，被依違反廢棄物清理法，判處一年四個月至一年十個月不等徒刑，但均宣告緩刑；日月光公司則處以罰金300萬元。涉及公共危險部分，法官以「因多家學術單位拒絕鑑定，又無證據說明排放廢水對人體造成危害」為由，認定罪證不足（環境污染非短時間內能顯現出其危害性，即使於底泥已測出重金屬超標，但需於人體累積達到基本含量，或每日食用一定量才有致命之危險），即使目前水污染防治法於2018年6月13日新修訂公布如第36條規定：「事業排放於土壤或地面水體之廢（污）水所含之有害健康物質超過本法所定各該管制標準者，處三年以下有期徒刑、拘役或科或併科新臺幣二十萬元以上五百萬元以下罰金。事業注入地下水體之廢（污）水含有害健康物質者，處一年以上七年以下有期徒刑、拘役或科或併科新臺幣二十萬元以上二千萬元以下罰金。犯第一項之罪而有下列情形之一者，處五年以下有期徒刑，得併科新臺幣二十萬元以上一千五百萬元以下罰金：一、無排放許可證或簡易排放許可文件。二、違反第十八條之一第一項規定。三、違反第三十二條第一項規定。第一項、第二項有害健康物質之種類、限值，由中央主管機關公告之。負責人或監督策劃人員犯第三十四條至本條第三項之罪者，加重其刑至二分之一。」法條上雖已律定從嚴，但是實務上仍須舉證出業者有故意之行為始得移送，目前均依水污染防治法第7條違反放流水標準先行裁罰。

(二) 食品安全衛生稽查人員

1. 檢察官起訴後的補提證據部分,是一大問題。因檢察官偵查後有時會要求補提證據、有時會出現案外案。前者因廠商已有警覺,後者因無從取證,故都不容易有結果。假若是某稽查人員查辦的案件,在事證明確時,一方面會移給檢察官,他方面會追蹤下去,也會將結論存查,若結果無刑事起訴,其也會自行改用行政裁罰處理。

2. 證物保存問題也不容易,須要克服。

3. 若以傷害作為證據,則人體會出現排毒現象,一旦排毒,即難以採證,也難以發現進入人體的物質,或者人體一旦康復,也已找不到致病菌源,這些都是問題。

4. 累積數據雖然是刑事食安的明確證據,但在地方上取締不易,因為會有踩線問題,反而用輔導方式或者小額處罰方式,較能達成解決地方食安的目的。

5. 地方來執行處罰,一方面處罰,二方面製造新聞,效果便會產生。

(三) 環保局科長

現行的法令對業者比較有嚇阻效果的是勒令歇業。就行政法而言,以前的水污染防治法,最高處罰是60萬,後來修法到2,000萬,這個實質上是具有嚇阻的效果;但是其他的法令,像是廢棄物清理法處罰的額度還是不高,但廢棄物處理這一塊是相當龐大的,違法(棄置有害廢棄物)的利益也相當龐大。一個有害建設的污泥,可能外面的處理成本大概是在1萬多元或是2萬元一噸,但是如果隨意棄置的話,以一噸1萬元計算,一車大概可以載20噸,那就是20萬,去工廠載這些東西隨意棄置的話,就可以賺20萬,而且清運成本很低,再加上如果抓到的話判決也輕處罰也不重,這種情形之下很難達到嚇阻性的效用。以實務上經驗而言,對工廠比較有嚇阻性效用的是停工,因

爲有些工廠被抓到的話頂多就是判輕刑而已，因此停工是比較有嚇阻性效用。例如，日月光當時在意的不是60萬的罰鍰，而是他停工的那段時間實質上的損失遠大於罰鍰。所以不管是任何企業最擔心的都是停工，停工期間的損失包括營運沒有辦法持續，或是客層的流失，因爲國外比較有規模、制度的客戶看到工廠被停工或是被處罰的話，會把訂單轉到其他公司去，這個對業者才是一個比較實質上的懲罰。

伍、結論

　　治亂世用重典，此一詞或許有其道理。然而，用重典的前提必須是治理亂世。而今，我國爲法治國家，人民民主素養觀念根深蒂固，以亂世稱之未免不妥。

　　再言之，只要是制裁，無論是行政罰抑或是刑罰皆以有法律規範授權爲前提，行爲構成該當法律規範之不法行爲爲要件始進行裁罰。然而，在進行調查之際，行爲人的阻擋、滅證或是污染自然易散導致不易調查；又或是行政機關與檢警單位之協調不易，以及機關間移送等問題。即使，上述問題檢警機關與行政機關皆能夠克服，要能夠證明污染與損害之因果關係亦是一大難題，種種因素皆可能造成不法行爲人逍遙法外之結果。

　　是故，本計畫以爲，若要針對處理公共危害事件而作修法。應雙管齊下，法定最低罰則應予以提高，使嚇阻力加強。但是不可顧此失彼，應以先行政後司法作爲方向，加強增修行政管制以及行政制裁之辦法，並且修改行政罰法第26條第1項之刑事優先原則，擴大其他種類之行政罰優先的例外範圍。以罰鍰與沒入以外的其他種類之行政罰作管制後之先行制裁，如若行爲人不予改正，再予以刑事制裁或是行政罰鍰與沒入，如此既符合刑法謙抑性，又不浪費司法資源。

參考文獻

一、中文文獻

1. 王毓正，〈論環境法於科技關連下之立法困境與管制手段變遷〉，《成大法學》，第12期，2006年12月。

2. 史慶璞，〈公害犯罪與社會立法〉，《工業污染防治》，第18卷第2期，1999年4月。

3. 李寧修，〈「預防原則」於食品安全法制之應用〉，行政院國家科學委員會專題研究計畫，2012年2月。

4. 林山田，《刑罰學》，臺灣商務印書館，2005年，修訂本。

5. 林錫堯，《行政罰法》，元照出版，2013年，2版。

6. 余振華著，《刑法違法性理論》，元照出版，2001年。

7. 吳啓賓，〈公害與法律〉，《法令月刊》，第41卷第10期，1990年10月。

8. 黃茂榮，《法學方法與現代民法》，自版，2011年，增訂6版。

9. 黃俊杰，《行政罰法》，翰蘆圖書出版，2006年，頁124。

10. 黃士元，〈從適用論刑法第58條規定之存廢——兼評「沒收新法——雷神索爾的戰錘」幾點質疑〉，《台灣法學雜誌》，第297期，2016年6月。

11. 邱聰智，《公害法原理》，輔仁大學法學叢書編輯委員會，1987年，增訂再版。

12. 傅玲靜，〈我國化學物質法制規範體系之檢討——以德國法制之觀察及比較為中心〉，《科技法學評論》，第10卷第2期，2013年12月。

13. 彭鳳至，〈一事不二罰原則與「一行為不二罰原則」之辯證2——為司法院釋字第604號解釋請命〉，《司法周刊》，第1729期，2014年12月。

14. 蔡震榮，〈行政罰之管轄權確定原則〉，廖義男主編，《行政罰

法》，元照出版，2008年，2版。

15. 蔡震榮、鄭善印，《行政罰法逐條釋義》，新學林出版，2008年，2版。
16. 蔡震榮、鄭善印、周佳宥，《行政罰法逐條釋義》，新學林出版，2019年，3版。
17. 蔡志方，《行政罰法釋義與運用解說》，三民出版，2006年。
18. 詹鎮榮，〈行政罰定義與種類之立法政策上檢討——以裁罰性不利處分與沒入為中心〉，《法學叢刊》，第61卷第4期，2016年10月。
19. 程明修，〈行政罰法之比較法研究與修正建議〉，法務部委託研究案，研究期程：2018年5月到12月。
20. 游文昌，〈一行為不二罰之探討——以關稅案件為中心〉，中原大學財經法律學系碩士論文，2020年6月。

二、日文文獻

左伯仁志，《制裁論》，有斐閣，2009年。

三、德文文獻

Götz, Allgemeines Polizei-und Ordnungsrecht, 14. Aufl., 2013

家圖書館出版品預行編目資料

察行政法之變遷與行政罰法之實踐／蔡震榮
著.-- 初版.--臺北市：五南圖書出版股份
有限公司, 2023.04
面；　公分

BN 978-626-366-023-6(平裝)

CST: 警政法規　2.CST: 行政罰

5.81　　　　　　　　　　112005447

1RD4

警察行政法之變遷與行政罰法之實踐

作　　者 ― 蔡震榮(378.1)

發 行 人 ― 楊榮川

總 經 理 ― 楊士清

總 編 輯 ― 楊秀麗

副總編輯 ― 劉靜芬

責任編輯 ― 林佳瑩

封面設計 ― 陳亭瑋

出 版 者 ― 五南圖書出版股份有限公司

地　　址：106台北市大安區和平東路二段339號4樓

電　　話：(02)2705-5066　傳　　真：(02)2706-6100

網　　址：https://www.wunan.com.tw

電子郵件：wunan@wunan.com.tw

劃撥帳號：01068953

戶　　名：五南圖書出版股份有限公司

法律顧問　林勝安律師

出版日期　2023年 4 月初版一刷

定　　價　新臺幣480元

經典永恆·名著常在

五十週年的獻禮 —— 經典名著文庫

五南，五十年了，半個世紀，人生旅程的一大半，走過來了。

思索著，邁向百年的未來歷程，能為知識界、文化學術界作些什麼？

在速食文化的生態下，有什麼值得讓人雋永品味的？

歷代經典·當今名著，經過時間的洗禮，千錘百鍊，流傳至今，光芒耀人；

不僅使我們能領悟前人的智慧，同時也增深加廣我們思考的深度與視野。

我們決心投入巨資，有計畫的系統梳選，成立「經典名著文庫」，

希望收入古今中外思想性的、充滿睿智與獨見的經典、名著。

這是一項理想性的、永續性的巨大出版工程。

不在意讀者的眾寡，只考慮它的學術價值，力求完整展現先哲思想的軌跡；

為知識界開啟一片智慧之窗，營造一座百花綻放的世界文明公園，

任君遨遊、取菁吸蜜、嘉惠學子！